BONBONS
UND ANDERE
SÜSSIGKEITEN

Titel der Originalausgabe: Bonbons et Friandises
Übertragung aus dem Französischen: Christiane Schoelzel
Lektorat: Dieter Krumbach

ISBN: 3-86070-583-0

Printed in Spain

BONBONS
UND ANDERE SÜSSIGKEITEN

Annie Perrier-Robert

Fotos von Matthieu Prier

KARL MÜLLER VERLAG

VORWORT

Wer kennt ihn nicht diesen Satz:
„Wenn du brav bist, bekommst du auch 'nen Bonbon."
Und unsere Kinderaugen begannen zu leuchten.

Ein Bonbon – das bedeutet Vergnügen.
Als ganz kleine Kinder haben wir das Wort „Bonbon" gleich nach „Mama" und „Papa" gesprochen. Es ist ein Ausdruck des Verlangens. Alle Kinder der Welt empfinden Freude beim Lutschen eines Bonbons. Dies ist die weltweite Sprache des ersten Glücks.

Dann vergehen die Jahre, man wird älter. Da taucht die Erinnerung wieder auf an die erlebten Gefühle beim Zerlutschen eines Wildkirschbonbons, eines Karamelbonbons, einer Milchkaramelle oder einer Honiglakritz-Pastille auf der Zunge.
Wie süß waren diese ersten Genüsse! Es war die Geburt der Leidenschaft für Leckereien.
Heute kann man ermessen, wie sehr die Zuckerbäcker Zivilisatoren waren. Sie haben zur guten Seite des Lebens beigetragen.
Nicht umsonst sind sie schließlich im vorigen Jahrhundert „Händler des Vergnügens" genannt worden.

Der Entstehungsgeschichte der Süßigkeiten nachzuspüren hat für uns Erwachsene ebenfalls seinen Reiz. Hierin liegt ein neues Vergnügen: das des Wissens. Wir verdanken es Annie Perrier-Robert, die eine Expertin für Süßigkeiten geworden ist. Mit diesem Buch setzt sie einem Kulturgut ein Denkmal, das es wahrlich verdient hat, ins Programm der Lebensfreude aufgenommen zu werden.

Guy Urbain
Süßwarenhersteller

ROSALIE SWEET

INHALTSVERZEICHNIS

EIN HISTORISCHER STREIFZUG DURCH DIE WELT DER SÜSSIGKEITEN

Alles begann mit dem Honig ... Ihm verdanken wir die ersten Schritte der „Süßwarenherstellung". Die Antike kannte den süßen Geschmack nur durch ihn. Als Grundnahrungsmittel bot er sich für zahlreiche kulinarische Verwendungen an und diente besonders dazu, verschiedene Früchte beim Einkochen haltbar zu machen. Dabei fehlte der Aspekt der Nascherei bei dieser Praxis keineswegs – die schon die Süßigkeiten ahnen ließ, an denen das Mittelalter dann so reichlich Freude zeigen sollte.

Etwa 600 Jahre vor unserer Zeitrechnung war in Mesopotamien der Anbau eines aus Asien stammenden dicken Schilfrohres unternommen worden, das ohne Zutun der Bienen „Honig" erzeugte. Im 4. Jahrhundert v. Chr. wußten die Griechen, daß diese sagenhafte Pflanze im fernen Indus-Tal wuchs; die Truppen Alexanders des Großen hatten sie während ihrer Expedition in diese Gegend erstmals gefunden. Doch dieser „Schilfhonig" wurde, außer zu medizinischen Zwecken, sehr selten verwendet.

Im 1. Jahrhundert n. Chr. vermutete der griechische Arzt Dioskurides den Anbau des Zuckerrohrs in Indien und am Persischen Golf. Der Islam förderte seine weitere Verbreitung. Tatsächlich interessierten sich die Araber dafür und kultivierten das Zuckerrohr (*Saccharum officinarum*) an den Küsten Nordafrikas. Danach mußte die Verbreitung des Islam im Mittelmeerbecken abgewartet werden, damit der Anbau sich erweitern konnte. So gelangte es im 8. Jahrhundert bis nach Sizilien und Andalusien. Dennoch blieb der Zucker im restlichen Europa selten, bis Handelsbeziehungen mit den Arabern seine Verbreitung ermöglichten. Den Kreuzzügen verdanken wir, daß die christlichen Reiche das entdeckten, was der Chronist Guyot de Provins als „eine Art weißen Schnees oder auch Salzes, das die Araber aus honiggefüllten Schilfrohren gewinnen und zucre nennen", beschreibt. Zypern und Kreta, beides venezianische Besitzungen, zählten ab dem 13. Jahrhundert zu den Ländern seiner Wahl. Mit seinen Pflanzungen blieb Sizilien also der Haupt-Produzent des Abendlandes. Und der Hafen von Venedig blieb das wichtigste Zentrum für die Weiterverarbeitung des Zuckers, der aus dem Morgenland kam.

Die Einführung dieser neuen Ingredienz in das Gebiet der Süßwaren konnte nur sehr langsam vonstatten gehen. Aufgrund seines hohen Preises war der Zucker noch ein Luxusartikel, und es gelang ihm erst in der Renaissance, die Oberhand über den Honig zu gewinnen.

In der Folge jedoch sollten die „Fortschritte" der Süßwarenherstellung untrennbar mit der Verbreitung des Zuckers verbunden sein.

Links: ***Der Geschmack*****, dritter Teil des Teppichs** ***Der Dame mit dem Einhorn*****. Musée de Cluny, Paris.**

Als Bonbonniere dienender Tafelaufsatz aus emailliertem und vergoldetem Kupfer. Arbeit vom Ende des 16. Jahrhunderts. Musée des Antiques de la Porte de Hal, Brüssel.

In den Zeiten der „Épices de chambre"

Wenn die Perser die ersten zu sein scheinen, die im 5. Jahrhundert die Fabrikation fester Zuckerhüte entwickelt hatten, so waren die Araber zweifellos die ersten, die Rezepte für Süßigkeiten auf Zuckerbasis schufen. Ein aus Bagdad stammendes und auf 1226 datiertes Kochbuch belegt bereits zahlreiche Rezepte von großem Können und stellt einen ersten Entwurf der feinen Kunst des Zuckerbäckers dar.

Vom 13. Jahrhundert an benutzte man Zucker mehr und mehr zu demselben Zweck wie ursprünglich den Honig, nämlich zum „Einmachen" aller Arten von Gewürzen und Schalenfrüchten, wodurch man Leckereien erhielt, die in Frankreich unterschiedslos „Drageries" (oder „Drageryes") genannt wurden oder „Épices de chambre" (auf deutsch wohl: „Specereien"). Nelken, Ingwer, Koriander, Anissamen, Wacholderbeeren, Pinienkerne, Walnüsse, Haselnüsse, Mandeln usw. wurden zunächst einfach im geschmolzenen Zucker gewälzt. Dann entwickelten sich die Rezepte weiter. Später wurden die „Kerne" in einen Zuckersirup getaucht, bevor sie auf dem Feuer in einem Tiegel goldbraun geröstet wurden; dieser Arbeitsvorgang wurde mehrmals wiederholt, so daß die Zuckerumhüllung recht dick und fest wurde.

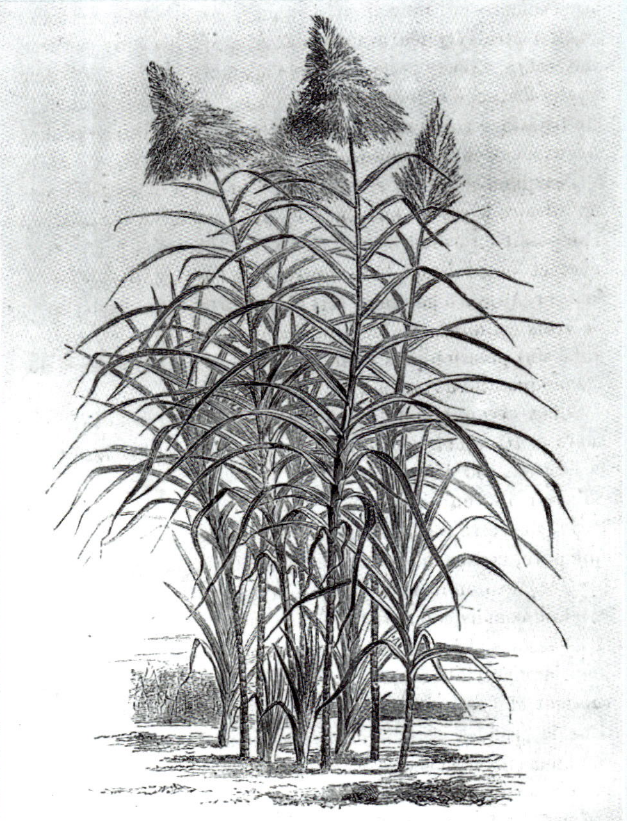

Zuckerrohr

Es war üblich, daß jedes üppige Mahl mit einer Nachspeise endete, die aus einem süßen und würzigen Wein (dem Hypocras), einer Art Oblaten, Schalenobst und diesen Süßigkeiten bestand. Es war auch Sitte, daß jeder Gast über eine Bonbonniere verfügte. Man knabberte zur Parfümierung des Atems und – da ja jeder Süßigkeit ein therapeutischer Zweck zugeschrieben wurde –, um seine Verdauung nach dem reichlichen Mahl zu unterstützen. Ihre Beliebtheit war so groß, daß man immer etwas zum Naschen bei sich hatte, um es u. a. im Schlafzimmer vor dem Zubettgehen zu sich zu nehmen. Daher leitet sich also die Bezeichnung „Épices de chambre" ab.

Diese Spezereien waren so gefragt, daß sie ein beliebtes Geschenk darstellten. Sie erwiesen sich folglich als sehr nützlich, wenn es darum ging, die Gunst sehr bedeutender Persönlichkeiten zu erwecken. Die Prozeßführer schenkten den Richtern Süßigkeiten als Dank für den günstigen Ablauf ihres Prozesses. Die Magistrate verehrten sie den in ihrer Stadt auf der Durchreise befindlichen Persönlichkeiten. Im Jahre 1460 hielten z. B. Ludwig XI. und die Königin Charlotte feierlichen Einzug in Paris. Jean de Troyes berichtet: „zu der Stunde, als besagte Königin, ihre Hofdamen und -fräuleins ihr besagtes Schiff bestiegen, in welchem durch besagte Bürger der besagten Stadt ihnen ein schöner Hirsch aus Konfitüre präsentiert wurde, der die Wappen der selbigen edlen Königin um den Hals hängen hatte; und da waren mehrere weitere schöne Bonbonnieren voller Spezereien, schöner Konfitüren und dergleichen."

Der Zucker war ein Luxusartikel, dessen Verkaufsmonopol sich wegen der Heilkräfte, die man ihm zuschrieb, die Apotheker aneignen wollten – wie auch bei anderen Gewürzen. Das erklärt übrigens, daß die Abhandlungen der Kochkunst im Mittelalter kaum Bezug auf diese Zutat nehmen. Gewiß, am Ende des 14. Jahrhunderts empfiehlt der *Menagier de Paris*, ein Werk für die häusliche Wirtschaft, das ein wohlhabender Bürger für seine junge Ehefrau geschrieben hatte, jedem Hochzeitsmahl eine Mischung von „épices de chambre" beizufügen, die aus 1 Pfund Orangeat, 1 Pfund Zitronat, 1 Pfund rotem Anis, 1 Pfund Rosenzucker und 3 Pfund weißen Dragees bestand. Doch das ist eher Ausnahme, denn außerhalb von Königs- und Fürstenhöfen herrschte weiterhin der Honig vor.

Die Süßigkeiten nahmen also nur langsam Einzug in die Ernährungsgewohnheiten. Und das je nach Land mehr oder weniger deutlich. So enthielten die Rezepte in England 30 % Zucker gegenüber nur 5 % in Frankreich. Es mußte abgewartet werden, bis Europa vom Ende des 14. Jahrhunderts an seinen Zuckerhandel organisierte (mit Venedig als Hauptstadt), daß Vasco da Gama eine neue Gewürzstraße eröffnete und das Zuckerrohr in Santo Domingo und in Westindien eingeführt wurde, damit ein echter Aufschwung der Süßwarenherstellung möglich wurde. Im 15. Jahrhundert verloren die „Zimmerspezereien" zunehmend an Beliebtheit. Ihrem Geschmack fehlte die Feinheit, und man hatte sie über. Die zunehmenden Importe machten den Zucker mit der Zeit immer erschwinglicher, was zugleich einen größeren Erfindungsreichtum förderte. Die Vorliebe wandte sich also den kandierten Früchten, dem Quittenbrot, dem „Nougat", den echten Dragees (zuckerüberzogene Mandeln nach Art von Verdun) zu ... Die Süßwarenfabrikation hatte ihren Weg gefunden.

Süßholz verkaufender Händler im Mittelalter, Auszug aus dem *Tacuinum Sanitatis*, Lüttich, Universitätsbibliothek

DIE MODE DER „KONFITÜREN"

Mit der Renaissance verstärkte sich der Geschmack für das Süße, die Mode der „Drageries" und in der Folge davon verbreitete sich der Gebrauch von Bonbonnieren. Selbst wenn der Zucker teuer blieb und die Apotheker ihn weiterhin als ihre Domäne ansahen, so wurde er fortan in ausreichenden Mengen eingeführt. Die Süßwarenfabrikation begann sich aufzubauen. Sie teilte dem Zucker drei unterschiedliche Nutzungsweisen zu: Süßen, Einmachen und Verzieren.

Es wundert nicht, daß in Venedig, das eine sehr wichtige Rolle beim Raffinieren des aus dem Morgenland importierten Zuckers übernahm, Süßigkeiten eine besondere Rolle spielten. Seine Zuckerbäcker genossen einen guten Ruf. Diese Leidenschaft der Venezianer für raffinierte Süßigkeiten war so groß, daß der Senat mehrere Gesetze erlassen mußte, um sie zu zügeln! 1541 erschien in Venedig das *Bastiment de recettes*, das in demselben Jahr ins Französische übersetzt wurde und in Lyon herauskam. Durch dieses Werk entdeckte Frankreich die Kunst der Konfitüren und kandierten Früchte, in denen die Italiener so glänzten. 1555 waren es dann die *Secreti del reverendo Donno*

Dessert-Stilleben von Georg Flegel, München Alte Pinakothek

VON DEN WOHLTATEN DES ZUCKERS

Seit seiner Einführung aus dem Orient wurde der Zucker als so etwas wie ein Heilmittel angesehen. Die Apotheker übernahmen den Verkauf und vertrieben ihn unzenweise. Daraus ergab sich, daß seine Verwendung in der Zuckerbäckerei dieser eine therapeutische Bedeutung verlieh, was häufig auf Kosten der Leckerei geschah. Die Süße auf Zuckerbasis wirkte, so sagte man, herzstärkend und leicht abführend, wie Barbara Ketcham Wheaton in ihrer Analyse der Ernährungstheorie jener Epoche erklärt: „Das Funktionieren des Darmes beschäftigt die Ärzteschaft gehörig, vielleicht, weil dies eine der wenigen Körperfunktionen ist, bei denen die Ärzte wissen, daß ihre Heilmittel sicher wirken. Die Apotheker und Doktoren sind also die ersten, die eine gewisse Erfahrung mit dieser technisch so anspruchsvollen Ingredienz erwerben. Da es in ihrem Beruf normal war, daß man lesen und schreiben konnte, waren die ersten wirklich neuen Rezepte, die gedruckt wurden, Rezepte von Süßwaren." Und es stimmt, daß wir ihnen die ersten Bücher verdanken, die mit Süßigkeiten zu tun haben.
Doch wenn sich auch die Ärzteschaft bevorzugt für Süßigkeiten interessierte, so stieß sie ab dem 17. Jahrhundert längst nicht mehr auf einhellige Zustimmung. Antoine Furetière sah darin eine „schlechte Nahrung" nach dem Vorbild der „Reizmittel". Sie dienten weniger der Ernährung, sondern sie konnten auch der Gesundheit abträglich sein. Argumente, die die Verleumder der Leckereien im Laufe der Zeit im Gedächtnis behielten ...

Alessio Piemontese. Diese Abhandlung, die 1557 ins Französische übersetzt wurde und in Antwerpen erschien, in Paris dann 1558, quillt über von „medizinischen Geheimnissen, geeignet, die Gesundheit zu erhalten", und enthält wertvolle Rezepte für Süßigkeiten.

Lange betrachtete man die Heirat Katharinas von Medici mit dem zukünftigen König Heinrich II. im Jahre 1533 als Schlüsseldatum der französischen Süßwarenfabrikation. Sicher, im Zuge dieser Verbindung drang das italienische Können auf dem Gebiet der Schleckereien nach Frankreich vor, doch übte dies nur einen einfachen Einfluß auf die Geschmacksentwicklung aus. Die Franzosen hatten sich bereits mit leckeren Spezialitäten angefreundet, wie die Zeit des Mittelalters belegt, und ihr Beitrag zur Entwicklung der Süßwarenherstellung sollte entscheidend sein. Das erste französische Buch über Süßwaren, das 1555 in Lyon erschien, verdanken wir Michel de Nostre-Dame, alias Nostradamus, dem berühmten Arzt und Astrologen. Als Frucht seiner Beobachtungen, die er während seiner Reisen nach Italien anstellte, behandelt dieses *Excellent et très utile opuscule* (Ausgezeichnete und äußerst nützliche kleine Werk) Konfitüren und Gelees, das Einkochen, die Bereitung von Marzipan und Nougat, die Herstellung von Sirups usw. Die Rezepte verwenden als Süßungsmittel entweder Zucker oder Honig. Als erfahrener „Confiturier" legt Nostradamus den Akzent auf die Qualität des zu verwendenden Zuckers. „Denn aus schöner Ware wird ein schönes Werk; und aus häßlicher oder schlechter ein schlechtes Werk."

Während in Frankreich die Zuckerbäckerei zur Kunst heranreifte, verwendete man Zucker in England zögerlicher – ab dem letzten Viertel des 16. Jahrhunderts. Die hauptsächliche genossene Süßigkeit der Epoche war eine aus Zucker und Gummiarabikum zusammengesetzte Paste, die in verschiedenen Formen hergestellt wurde. Dieses Rezept aus dem Mittleren Osten hatte den Ärmelkanal überquert, nachdem es bereits Italiener und Franzosen verführt hatte.

Auf dieser Grundlage wurden die Techniken am Ende des 16. Jahrhunderts und zu Beginn des 17. Jahrhunderts weiter vervollkommnet. Desgleichen dehnte sich der Zuckerrohranbau immer weiter aus. Die Pflanze gedieh auf der Insel Madeira und auf Guinea. Bald wurden die brasilianischen Pflanzungen am produktivsten. Und Lissabon trat schließlich an die Stelle Venedigs als erster Zuckerhafen Europas.

Was die Süßigkeiten im eigentlichen Sinne betraf, so gab es die „Épices de chambre" noch, doch versanken sie langsam ins Vergessen. Die im Mittelalter erhobene Unterscheidung zwischen flüssigen und trockenen Konfitüren galt weiterhin, und so blieb es auch bis zum Ende des 17. Jahrhunderts. Das ist insofern wichtig für die Geschichte der Süßigkeiten, als man daraufhin unter „trockenen Konfitüren" die Fruchtgelees (oder -pasten) verstand, ebenso wie kandierte Früchte und Gemüse, die man ungezwungen mit den Fingern aß. Doch neben diesen traditionell gewordenen Süßigkeiten war dem Erfindungsreichtum keine Grenzen gesetzt. Trotz der hohen Preise erlebte jede Neuheit großen Erfolg. In Frankreich konnte sich diese Kreativität erst nach dem erfolgreichen Zuckerrohranbau auf den Antillen wirklich äußern. Ein ganz entscheidendes Datum für die Süßwarenherstellung wurde das Jahr 1667. In diesem Jahr erscheint *Le Parfaict Confiturier* (Der Perfekte Zuckerbäcker), der „lehrt, wie man gut alle Arten Konfitüre fabriziret, ebenso trockene wie flüssige Kompotte, Obst, Salate, Dragees, köstliche Getränke und andere Mund-Delikatessen." Der Autor dieses Werkes – François Pierre, sieur de la Varenne, Koch des Marquis d'Uxelles – kodifizierte die Arbeit des Zuckerbäckers, präzisierte die Zutaten (Gewürze, Farbstoffe, parfümierte Sirups, Liköre) und definierte die unterschiedlichen Stadien der Zuckerverarbeitung. Mit beigefügten Rezepten gab er der Kunst der Süßigkeitenherstellung einen entscheidenden Schwung.

Der Wettlauf um die Dragees, Stich von Gustave Doré, erschienen im *Journal amusant* vom 5. Juli 1856.

Unten: Der Süßwarenhändler, Stich von Engelbrecht, 18. Jahrhundert

Wenn auch die Süßigkeiten ein Privileg der aristokratischen Schichten blieben, so war doch ihr Erfolg beträchtlich. Fulbert Dumonteil erklärt in bezug auf die Tischsitten des 17. Jahrhunderts: „Es ist eine Sirupflut, eine Zuckerlawine, eine Dragee-Orgie. Jeder will seine Bonbons griffbereit haben, um jederzeit einen im Munde haben zu können, und die hübschesten Münder der Welt tun nichts als knabbern. Der Magen protestiert umsonst, und die Migräne rächt sich. Wie soll man den Mächten Naschhaftigkeit und Mode widerstehen?"

EINE ENTSCHEIDENDE ENTWICKLUNG

Die Entwicklung der Gastronomie zeigt, daß der Genuß der Augen langsam dem des Gaumens wich. Und diese Aufwertung des Geschmacks, die sich im 17. Jahrhundert abzeichnete, bekräftigte sich im 18. Jahrhundert.

Die Süßwarenfabrikation schaffte es allmählich, die Domäne von Fachleuten zu werden und die meisten der genossenen Süßigkeiten zu produzieren. Gerstenzucker (Malzbonbons), Fruchtpastillen, Gummibonbons, Lakritze usw. – das „Universum der Bonbons" wurde durch neue Produkte bereichert, und Paris, die Hauptstadt der Rohstoffe und der fertigen Produkte aus allen Teilen Frankreichs und sogar aus der ganzen Welt, wurde zur wichtigsten Stätte dieser Süßigkeitenproduktion. Die französische Gastronomie hatte ihre Adelsbriefe erworben – zahlreiche französische Köche arbeiteten im Ausland, besonders im Dienste der Herrscher von Hannover, Preußen und Sachsen. Nun war es an der Reihe der französischen Zuckerbäckerei, sich als eine der kreativsten und ausgesuchtesten zu erweisen – neben der italienischen und spanischen.

Die Belegschaft der Süßwarenfabrik Jacques in Verviers, nahe Lüttich in Belgien, um 1898

EINE NASCHHAFTE JURY

In seinem *Manuel des amphytrions* (Handbuch der Gastgeber, 1808) enthüllt der Gastronom Grimod de la Reynière seinen Geschmack in Sachen Leckereien. Seine Vorliebe gewährt er dem Gelee aus Zitronat, das er als „nicht gewöhnliches Gericht" bezeichnet, und dem Nougat, in Zucker eingebrannt oder mit Haselnüssen, das er für ein sommerliches Mahl empfiehlt.

Dieser berühmte Feinschmecker hatte eine „Kost-Jury" gegründet, die jeden Dienstag in seinem Pariser Hotel in der Rue des Champs-Elysées zusammentraf. Ab 1807 durften Frauen an der Jury teilnehmen, hatten jedoch kein Stimmrecht. Ein berühmter Konditor der Epoche, Rouget, der als Kanzler und Justizminister waltete, erfand für diese Sitzungen unzählige Backwerke und neue Bonbons, die er mit reizvollen Namen meist zu Ehren bekannter Persönlichkeiten taufte. So schuf er für den Empfang der Mademoiselle Mars am 26. Mai 1812 köstliche Bonbons aus parfümiertem Sirup, die er „Perlen der Unbefangenen" nannte.

Eine Anzahl von Zuckersiedereien, die in Rouen, Nantes, La Rochelle, Bordeaux und Marseille eingerichtet wurden, bearbeiteten den Rohzucker, der von den Antillen, den französischen Inseln (Mauritius) und der Île de Bourbon (heute: Réunion) kam.

Nach und nach wurde Frankreich der wichtigste Zuckerlieferant in Europa. Dieser Zucker war noch ein sehr kostspieliges Luxusingredienz. Nichtsdestotrotz wuchs sein Erfolg weiterhin bei den Privilegierten. „Man gibt sich nicht einmal damit zufrieden, Zucker bei den Mahlzeiten zu verwenden, man trägt alle Arten von Süßigkeiten bei sich, um zu jeder Stunde davon essen zu können", schreibt Andry 1713 in seinem *Traité des aliments de caresme* (Abhandlung über die Nahrungsmittel der Fastenzeit).

Man blieb also dabei, ihm wohltuende Eigenschaften zuzuschreiben, um eine manchmal ausschweifende Naschhaftigkeit zu entschuldigen. Die süßen Gerichte wurden weiterhin als „medikamentös" angesehen. Das *Dictionnaire universel* (Universallexikon) von Trévoux von 1771 erwähnt als einzige Leckereien „die Süßigkeiten, und im allgemeinen das, was man Bonbons nennt". Tatsächlich verfei-

Junger Schwarzer, der auf der Weltausstellung von 1878 Bonbons verkauft. In *l'Illustration* erschienener Stich.

nerte die Süßwarenherstellung in diesem Jahrhundert der Aufklärung noch ihre Techniken. Im Jahre 1750 führte die Abhandlung von Menon mit dem Titel *La Science du maître d'hôtel, confiseur* (Die Wissenschaft des Haushofmeisters und Zuckerbäckers) die *Recherchen de la Varennes* über die Zuckerverarbeitung fort und benannte dreizehn Stadien zwischen dem Beginn des Kochens und der Umwandlung in Karamel. Mit Hilfe dieser neuen Errungenschaften vervielfältigten sich die Variationsmöglichkeiten. Zur Geschmacksgebung konnte man auf Früchte zurückgreifen: getrocknet, kandiert oder in Sirup eingelegt. Blumen und sogar Gemüse eigneten sich für süße Kompositionen. Man begann Pastillen, Tafeln und Dragees mit Kaffee herzustellen, denn dieser hatte in seinen Anfängen in Europa großen Erfolg.

Nichts schien sich mit der Wende zum 19. Jahrhundert wirklich zu ändern. Die Süßwarenherstellung vergaß nicht die gleichsam therapeutische Berufung, die sie seit ihren Anfängen innehatte. So kann man im Vorwort der *l'Art du confiseur* (Die Kunst des Zuckerbäckers) von 1801, einem auf französisch verfaßten Werk von Louise-Auguste B. Utrecht, der Witwe eines berühmten Zuckerbäckers aus Berlin, lesen: „Man betrachtet die Wirkungen von Früchten in Branntwein, der verschiedenen Sorten Sirups und gesüßter Samen als sehr willkommen. Viele Menschen, die eine entschiedene Abneigung gegen gewöhnliche Medikamente haben, nehmen sie mit Vergnügen aus der Hand des Zuckerbäckers, der es versteht, sie durch angenehme Form und Geschmack zu verkleiden. Wieviele Kranke finden Linderung durch ein gutes Gelee! (...) Dabei höre ich nur von solchen Konfitüren sprechen, die nach sicheren und guten Prinzipien bereitet worden sind: denn im gegenteiligen Falle wären dieselben Zutaten von sehr schädlicher Wirkung und oft gefährlich für die Gesundheit."

Doch diese Anpassung der Rolle des Zuckerbäckers an die des Apothekers verwischte sich bald, dank einer Generation erfindungsreicher Zuckerbäcker. Ihr Erfindungsreichtum schuf alle Sorten von Süßigkeiten: Dragees, Bonbons, Pastillen, Pasten, kandierte Früchte usw. Die großen Städte versahen sich mit anziehenden Läden, in die die wohlhabende Kundschaft strömte. Paris strotzte vor Zukkerbäckern: Berthellemot, Lemoine, Rouget, Janvel. ... Die Pralinen des „Treuen Schäfers" galten als unwiderstehlich, ebenso wie die kandierten Früchte von Madame Fontaine.

Dieser überwältigende Aufschwung der Süßwarenherstellung war nur dank der „Erfindung" des Rübenzuckers möglich. Am Ende des 16. Jahrhunderts hatte Olivier de Serres den Reichtum bemerkt, den die Runkelrübe an Zucker aufwies, doch man mußte auf das 18. Jahrhundert und die Arbeiten des Preußen Marggraf warten, ehe diese Entdeckung Früchte brachte. Jedoch war die Qualität des Produkts kaum zufriedenstellend, und sein Preis hoch.

Dem Franzosen Benjamin Delessert gelang schließlich zu Beginn des 19. Jahrhunderts das so lange erhoffte Ergebnis. Und im Morgengrauen des industriellen Zeitalters, in den 70er Jahren des 19. Jahrhunderts, war Frankreich der wichtigste

Berlingots aus Nantes und Le Négus aus Nevers, zwei der ältesten französischen Spezialitäten

europäische Produzent von Rübenzucker. Die Entdeckung eines neuen Zuckers erlaubte so die Demokratisierung süßer Produkte und besonders aller Arten dieser Süßigkeiten, die man am Ende des 19. Jahrhunderts „petits bonbons" nannte und die jetzt viel gehandelt wurden. Sie stießen bei den Kritikern nicht immer auf Wohlwollen. So definierte es zu seiner Zeit das *Journal le Cri du peuple:* „Der petit bonbon meint die Honigpastillen ebenso wie die Überraschungsschachteln, die Pfeifenschlangen, die legendäre Zuckerpfeife, den Schokoladenschwan, die Lakritzstange, jedenfalls alle die Süßigkeiten, die zum Ziel haben, die Ruhe der guten Kinder und der Eltern zu gewährleisten – auf Kosten des Magens der Kinder. Die Verbraucher finden sich unter den Kindern der wenig wohlhabenden Klassen: Die Kundschaft setzt sich vor allem aus kleinen Ladenbesitzern der Vorstädte und umliegenden Ortschaften zusammen: Krämer, Kurzwarenhändler, Buchhändler und auch die Händler, die am Tor der öffentlichen Gärten, auf Plätzen oder am Eingang der Krankenhäuser stehen."
Die Definition mag heute karikaturenhaft erscheinen, denn diese „petits bonbons" waren über Generationen hin das Glück der Kinder und beinhalten für die Erwachsenen noch immer die Sehnsucht nach ihrer kindlichen Nascherei.

DER TRIUMPH DER SÜSSWARENHERSTELLUNG

Zu Beginn des 20. Jahrhunderts scheint die Kunst des Konditors ausgelernt zu haben. Die Techniken sind erfunden. Fulbert Dumonteil gibt in *La France gourmande* (1906) an: „Seit einigen Jahren hat die Kunst des Konditors märchenhafte Fortschritte erzielt. Er variiert die Bonbons ins Unendliche, gibt ihnen alle Formen, alle Farben, alle Nuancen, jeden Geschmack, jeden Duft. Dieser Bonbon ist eine Blume, eine Pflanze, ein Strauß, ein Zweig, eine Frucht, ein Insekt – was weiß ich? Hier ein Bund Gemüse, Haselnüsse, Rosen, Schnecken, ein Nest, ein Büschel Veilchen; dort Eßkastanien oder saure Gurken, ein Kolibri, ein Skarabäus, ein Schmetterling. Und jeden Tag zerbrechen sich die Konditoren den Kopf darüber, wie sie die Mischungen vervielfältigen können, um der Naschhaftigkeit eine ungeheure Zahl von neuen Bonbons schenken zu können, Triumph der Phantasie, Vergnügen der Augen und Genuß des Mundes."
Die ausschweifende Phantasie der Süßwarenfabrikation betraf vor allem Frankreich, das in bezug auf die Qualität und die Präsentation seiner Produkte den ersten Platz einnahm. Inzwischen war jedoch die Konkurrenz spürbar geworden. Andere Länder legten mehr Wert auf die Produktivität als die Feinheit im Geschmack. In Europa war dies der Fall in England, das Spezialist für Lakritzbonbons geworden war. Die Prioritäten mußten also neu gesetzt werden. Die Fortschritte der Mechanisierung begünstigten diese Entwicklung. Und ohne daß deshalb die große handwerkliche Zuckerbäckerei verschwand, die über die vorangegangenen Jahrhunderte gewachsen war, entstand von den 20er Jahren an eine Massenproduktion, die zu einer größeren Demokratisierung der Bonbons führte. Die Turbulenzen des Zweiten Weltkrieges verlangsamten diesen Prozeß etwas, doch die Zuckerwarenherstellung strukturierte sich schließlich auf wirksame und dynamische Weise. Heute ist sie – ob industriell oder handwerklich, höchst modern oder ihren überlieferten Traditionen treu – aus ihren Ursprungsländern herausgetreten, um Grenzen zu überschreiten und zu versuchen, über die Unterschiede des Geschmacks und des Ernährungsverhaltens hinweg zu erobern.

EINIGE DATEN AUS DER GESCHICHTE DER SÜSSWARENHERSTELLUNG

- Die Kreuzzüge machen das Zuckerrohr ab dem 12. Jahrhundert in Europa bekannt.
- Vom 13. Jahrhundert an erweist sich der Zucker nach und nach in der Süßwarenfabrikation als überlegen.
- Das Dragee taucht 1220 offiziell in Verdun auf.
- 1533 begibt sich Katharina von Medici nach Frankreich, um den zukünftigen König Heinrich II. zu ehelichen. Mit ihr wird das Wissen der italienischen Zuckerbäcker in Frankreich bekannt.
- Der Florentiner Pastilla führt 1600 die Pastille in Frankreich ein.
- Der Koch des Marschalls du Plessis-Praslin erfindet 1650 die gebrannte Mandel.
- Im Laufe der 2. Hälfte des 17. Jahrhunderts erfindet der Deutsche Franz Marzip das Marzipan und gründet seine Firma in Lübeck.
- Im 18. Jahrhundert beginnen die Franzosen die Herstellung von Gummibonbons. Diese sind seit langem durch die Orientalen bekannt, die sie aus einem mit Zucker- und Honigsirup bearbeiteten Gummi fabrizierten.
- Dem preußischen Chemiker Marggraf gelingt 1748 der Auszug und die Festigung von Rübenzucker.
- 1750 schafft der Süßwarenhersteller Pecquet aus der Rue des Lombards in Paris das moderne Dragee.
- Der Engländer George Dunhill entwickelt 1760 in Yorkshire die ersten Lakritzbonbons auf der Grundlage von Süßholzsaft und Zucker.
- Der Holländer Theodorus van Haaren entwickelt 1792 in Den Haag den Haagschen Hopje.
- In den letzten Jahren des 18. Jahrhunderts industrialisiert François Charles Achard in Schlesien den Prozeß des Auszugs von Rübenzucker, der von Marggraf entwickelt worden ist.
- 1812 gelingt dem Franzosen Benjamin Delessert der industrielle Auszug des Rübenzuckers, seine Klärung und Herstellung des ersten Zuckerhutes.
- Die Erfindung von Likörbonbons 1815 ist auf einen gewissen Gilé, den Werkmeister bei einem Pariser Süßwarenhersteller, zurückzuführen. 1821 beginnt ihre Fabrikation.
- Die englischen Bonbons (Drops) werden von dem Engländer John Tavernier 1830 auf den Kontinent importiert.
- 1830 werden in Frankreich die Fondants (weiche Bonbons) erfunden.
- Der Franzose Moulefarine erfindet 1845 die erste Drageemaschine.
- 1846 wird das Patent für die Drageeturbine eingereicht, die Peysson geschaffen und verbessert hat. Die Drageeherstellung tritt in das moderne Zeitalter ein.
- Die ersten Gummibonbons werden in England 1879 durch den Franzosen Claude Gaget hergestellt, der von einer der wichtigsten englischen Firmen aufgefordert worden ist, die Produktion zu gewährleisten.
- In den 70er Jahren des 19. Jahrhunderts entwickelt der Franzose Georges Forest den gefüllten Bonbon aus gekochtem Zucker.
- Die ersten Karamellen werden 1882 durch den Amerikaner R. S. Murray in England eingeführt, der im darauffolgenden Jahr seine Fabrik in London gründet.

Innenansicht des Geschäfts Les Marocains in Vichy

Plakat vom September 1950

Die Verführung der Nascherei

So wie es die Geschichte gezeigt hat, waren die Süßigkeiten in ihren Anfängen der Erwachsenenwelt vorbehalten, wobei sich lange Zeit nur die Wohlhabenderen den Genuß erlauben konnten. Mit dem Aufschwung der Zuckerrübe im 19. Jahrhundert entwickelte sich die Produktion der „kleinen Bonbons“ von großer Anziehungskraft für die kleinen Leckermäuler.

Übrigens könnte das Wort „Bonbon“ selbst die Beziehung zur Kindheit herstellen, denn die Verdoppelung der Bezeichnung „bon“ („gut“) geschieht nach dem Muster der so häufigen Silbenwiederholungen in der Sprache ganz kleiner Kinder. Es soll vom Beginn des 17. Jahrhunderts stammen. Wenn es ursprünglich zur Benennung jeder Süßigkeit gedient hatte, so beschränkte man sich in der Folge eher auf die kleinen Leckereien aus aromatisiertem und in der Regel gefärbtem Sirup. Es ist bekannt, daß der Mensch von Geburt an durch Süßes angezogen wird.

IM HERZEN DES WERKES DER COMTESSE DE SÉGUR

Seltsamerweise hat die Comtesse eine Kindheit verlebt, die aus Entbehrungen bestand, obwohl die Familie Rostopchine sehr reich war. Vielleicht erklärt dies, warum eine ihrer Sorgen das Verhältnis der Kindheit zu den Süßigkeiten war – was auch in die Handlungen ihrer Bücher Eingang fand.

In *Les Malheurs de Sophie* widmet sie ihnen ein ganzes Kapitel rund um ein Paket kandierter Früchte und Aprikosengelee, das aus Paris angekommen ist. Das Kind soll seine Neugier und seine Naschhaftigkeit beherrschen. Seine Geduld wird also auf eine harte Probe gestellt. Man muß warten können ... Sophie kann es nicht und widersteht nicht der Versuchung, heimlich diese Süßigkeiten anzuknabbern, obwohl ihre Mutter sie außer Reichweite auf ein hohes Regal in ihrem Schlafzimmer gestellt hat. Doch da sich die Knabberei hinzieht, ist die Schachtel schließlich von ihrem köstlichen Inhalt geleert, und nach einer unruhigen Nacht mit einem der moralisierendsten Träume bezahlt das Mädchen ihr „Vergehen“ dadurch, daß sie ihrer Mama alles gesteht, die ihr ganz einfach verbietet, „kandierte Früchte zu essen, solange noch welche da sind“.

Marie-Louise Audiberti analysiert ganz richtig: „Diese Naschkatze Sophie de Réan kann der Versuchung nicht widerstehen. Ihre Mutter setzt ihr immerzu Spielzeug und köstliche Süßigkeiten vor die Nase, und das kleine Mädchen soll lernen, ihr Vergnügen hinauszuschieben. Nicht berühren, nicht essen. Raum zwischen sich und den Dingen lassen. Das ist es, was man Erziehung nennt. Eine recht grausame Erziehung ...“

Mit dem süßen Geschmack ist folglich die Vorstellung von Vergnügen untrennbar verbunden. Und auf diese Beziehung stützte sich die Erziehung lange Zeit, um das Verhältnis der Kinder zu den Bonbons zu reglementieren. Daraus ergab sich, daß der Bonbon zur Belohnung

„Kleiner Engel, ich habe Euch einen Bonbon mitgebracht. Ich werde ihn Euch geben, wenn ich gehe ...“ „Ach, mein Herr, gib' ihn mir gleich und dann geh.“

Stich von Gavarni aus *Les Enfants terribles*, einer Folge von Bibliographien, die zwischen 1837 und 1843 erschien.

Les bonbons Dolis, un vrai délice – **Schreibunterlage zu Werbezwecken aus den 50er Jahren**

DER PREIS VON ALICE

Endlich schien der Dodo zu einem Ergebnis gekommen zu sein und sagte: „Jeder hat gewonnen, und jeder muß auch einen Preis bekommen."
„Aber wer soll denn die Preise stiften?" fragten viele Tiere.
Darauf deutete der Dodo mit seinem Finger auf Alice und sagte: „Sie natürlich!" Sofort wurde Alice von der ganzen Gesellschaft umringt und alle schrien: „Preise! Preise!"
Alice wußte nicht, was sie tun sollte. Ratlos steckte sie eine Hand in ihre Tasche und fühlte dabei zu ihrer großen Freude eine Schachtel. Jetzt erinnerte sie sich: Sie hatte gestern abend die Bonbons geschenkt bekommen. Schnell holte sie die Schachtel heraus und verteilte die Bonbons als Preise. Auf jeden kam genau ein Stück.

Lewis Carroll, *Alice im Wunderland*, 1865

EIN SPAZIERGANG AUF DEN BOULEVARDS

Die Boulevards waren mit buntbemalten Buden übersät, die den Fußgängerstrom leiteten, ihm schelmisch zuzwinkerten und zur Aufmerksamkeit zwangen. Olivier und sein Onkel blieben vor einer von ihnen stehen, die ganz aus abgeschrägten Spiegeln auf weißem Grund und barock wie die Monumente aus Schmalz war; auf einem vergoldeten Untergrund triefte da die rosafarbene und grüne Eibischpaste zwischen Kokosnüssen in Form von Affenköpfen, Bataillonen von Nougat aus Montélimar, Süßholz und gebrannten Mandeln, die in einem Kupferkessel brodelten. Der Chef zerschlug mit dem Hammer Alpenbonbon-Blöcke, während seine Frau mit Schönschrift Vornamen auf Lebkuchenschweine malte.
„Such dir eine Süßigkeit aus", schlug Onkel Henri vor.
Oliviers Augen glänzten vor Begehren, glitten über diese Auswahl an Köstlichkeiten, und er erinnerte sich an seinen ersten Spaziergang mit seinem Onkel wegen eines Besuchs beim Direktor der Schule in der Rue Eugène-Varlin. Es tat ihm leid um den Roudoudou*, er sagte jedoch um der Erinnerung willen:
„Einen Pfefferminzlutscher, Onkel."
Und Onkel Henri verlangte: „Einen Pfefferminzlutscher!" worauf der Händler wiederholte: „Einen Pfefferminzlutscher? Bitte, mein Kleiner."
„Danke, mein Herr, danke, Onkel."

* ein Geleebonbon

Robert Sabatier, *Trois Sucettes à la menthe*, 1972

wurde. Die Vorstellung des Verbotenen, die sich natürlicherweise daraus ergab, drängte sich manchmal heftig auf, wie manche Texte aus dem 19. Jahrhundert belegen. Das bemerkenswerteste Beispiel ist das Werk der Comtesse de Ségur, in dem die Naschhaftigkeit zum Vergehen wird, wie der Diebstahl, und wo das

THE SATURDAY EVENING
POST
SEPTEMBER 23, 1944
10¢
INSURANCE
ORTGAGE CO.
.03
1¢ each
BANKRUPT ITALY
IS CAPABLE OF ANYTHING
By ALLEN RAYMOND
WHAT THE
BUZZ BOMB MEANS TO YOU
MARTIN SOMMERS
DEMAREE BESS

Vergnügen unerbittlich durch die Angst vor dem Tadel beeinträchtigt wird. „Der naschhafte Drang, der heftig als lebenswichtiger Drang empfunden wird, ist ein gebrochener, gezwungener Drang, durch eine mindernde, moralisierende und puritanische Sicht unnatürlich geworden", erklärt Catherine Turlan.

Dieses Bild der „schuldigen" Naschhaftigkeit finden wir in vielen anderen Kinderbüchern der Epoche wieder. Unter Verlust eines natürlichen Verhaltens, auf gewisse Weise „diabolisiert". Doch zugunsten einer Vergeistigung der Süßigkeiten und des Vergnügens, das sie erzeugen konnten. In einem Kinderlied ist z.B. ausschließlich von Zuckerwerk die Rede: ein Palast aus Nougat wird da beschrieben, mit Sesseln aus Kandis und Bettdecken aus gebrannten Mandeln.

Seitdem haben sich die Dinge glücklicherweise ziemlich verändert. Die Entwicklung ist fortgeschritten. Die kindliche Naschhaftigkeit wird nicht länger als ein Fehler betrachtet. Sie ist banalisiert worden, und die Werbung hat sie sogar immer mehr ermutigt.

„Umgekehrt machte ich mir das Privileg der Kindheit, für die Schönheit, Luxus und Glück noch eßbare Dinge sind, leidenschaftlich zunutze: in der Rue Vavin blieb ich starr vor Bewunderung in den Anblick der transparenten Fruchtpastetenherrlichkeiten und des vielfarbigen Blütenflors der sauren Drops versunken stehen. Ich war ebenso begierig auf ihre Farben, Grün, Rot, Orange und Violett, wie auf das Gaumenvergnügen, das sie mir verhießen. Oft wurde mir das Glück zuteil, daß meine Bewunderung in genießerisches Schwelgen einmündete. Mama zerstampfte Pralinen in einem Mörser, sie mischte die körnig-pudrige Substanz mit einer gelben Creme; das Rosa der süßen Füllungen stufte sich in erlesenen Tönungen darin ab: ich tauchte meinen Löffel in etwas wie Abendröte."

Simone de Beauvoir, *Memoiren einer Tochter aus gutem Hause*, 1958

Umschlag der *Saturday Evening Post* vom 23. September 1944, The Penny Candy Store von Stevan Dohanos

„Nun, Onkelchen (...) ! Ja, wer hat denn meine ganzen Lakritze aufgegessen? Nein, hör mal, Onkelchen, mit unserer Freundschaft wird's bald aus sein! Ersetzt du mir sie wenigstens?"
„Gilberte, benimm dich!" zankte Frau Alvarez. „Sitz ordentlich. Glaubst du, Gaston hat Zeit, sich um deine Lakritze zu kümmern? (...)"
Lachaille juniors Blick folgte dem abgenützten Kartenspiel, mit dem Gilberte hantierte. Er kämpfte gegen eine schreckliche Lust, ein wenig zu weinen, sein Leid zu klagen, im alten Lehnstuhl einzuschlafen oder Pikett zu spielen.
„Aber nein," sagte er, „lassen Sie doch das Kind gewähren. Hier kann ich wenigstens atmen. Und mich ausruhen. Gigi, wir spielen um zehn Kilo Zucker, ja?"
„Dein Zucker lockt mich nicht. Lieber Bonbons."
„Das ist doch dasselbe. Und Zucker ist gesünder."
„Das sagst du, weil du ihn machst."
„Gilberte, wo bleibt der Respekt?"

Colette, *Gigi*, 1943

Ob reich oder bescheiden, bleibt der Bonbon trotz allem Synonym für das Vergnügen. Wenn er auch heute allen zugänglich ist und die Hersteller ihn sehr häufig nach dem Geschmack der Kinder und ihren Mitteln entwerfen, so hat er doch nichts verloren von seiner Rolle als

„Plus", das dazu da ist, das Leben angenehm zu machen.
Und das, obwohl er sich im Laufe der zweiten Hälfte des 20. Jahrhunderts wiederholten Angriffen der Zahnärzte gegenübersieht, die sich in einen heftigen Kampf gegen den Zucker gestürzt haben, und auch den Verfechtern der gesunden Ernährung ziemlich schwer im „Magen liegt".

MARZIPAN-PRALINEN

400 g Marzipan-Rohmasse
80 g Puderzucker
80 g gehackte Walnüsse
1 Schnapsglas Rum (2 cl)
1 Schnapsglas Maraschinolikör (2 cl)
400 g Blockschokolade
40 halbe Walnußkerne

Die Marzipan-Rohmasse mit dem gesiebten Puderzucker, den feingehackten Walnußkernen, dem Rum und dem Maraschinolikör gut verkneten. Die Masse auf einer Arbeitsfläche 1 cm dick ausrollen und mit einem scharfen Messer in 2 x 3 cm große trapezförmige Stücke abschneiden.
Die Blockschokolade grob zerkleinern und im heißen Wasserbad auflösen. Die Schokolade bis kurz vor dem Erstarren wieder abkühlen lassen und dann noch einmal leicht erwärmen. Die Marzipanstücke auf eine Gabel spießen und rundherum in die Schokolade tauchen.
Die Pralinen auf einem Kuchengitter etwas abtropfen lassen und in die noch weiche Schokoladenglasur jeweils eine halbe Walnuß drücken. Die Schokoladenglasur antrocknen und im Kühlschrank vollständig erstarren lassen.

QUITTENBROT

2 kg frische Quitten
abgeriebene Schale von
1 Orange und 1 Zitrone
2 Teel. gemahlener Zimt
2 Eßl. Kirschwasser
je 50 g Zitronat und Orangeat
etwa 1 kg Zucker
Für die Form: Alufolie

Die Quitten mit einem Tuch gründlich abreiben, vierteln und die Stiele und die Blütenansätze entfernen. Die Quittenviertel mit Wasser bedecken und 45 Minuten bei milder Hitze zugedeckt kochen lassen. In einem Sieb abtropfen lassen und in eine Schüssel geben.
Die Orangen- und die Zitronenschale, den Zimt und das Kirschwasser mit den Quitten mischen und alles über Nacht zugedeckt stehen lassen.
Das Zitronat und das Orangeat sehr klein wiegen.
Die Fettpfanne des Backofens mit Alufolie auslegen. Das Quittenmus durch ein Haarsieb streichen, abwiegen, und mit der gleichen Menge Zucker mischen. Das Mus unter ständigem Rühren mit einem Holzlöffel so lange kochen, bis es sich vom Topf löst. Zuletzt das Zitronat und das Orangeat untermengen. Das Quittenmus 1 cm hoch in die ausgelegte Fettpfanne streichen und bei 50 °C auf der mittleren Schiebeleiste 3–4 Stunden trocknen lassen.
Erkalten lassen, in gleich große Rauten schneide und in dem restlichen Zucker wenden.

RAHMKARAMELLEN

300 g Zucker
⅛ l kochendes Wasser
1 Eßl. Butter,
⅛ l Sahne
1 Päckchen Vanillezucker
Für das Backblech: Alufolie
und Öl

Ein Backblech mit Alufolie auslegen und diese mit Öl bestreichen.
Den Zucker in einer Pfanne unter ständigem Rühren bräunen, bis er sich aufgelöst hat. Das kochende Wasser nach und nach zugießen, danach die Butter, die Sahne und den Vanillezucker unterrühren. Das Zuckergemisch unter ständigem Rühren so lange kochen lassen, bis die Masse dick wird.

Die Masse 1 cm dick auf das vorbereitete Backblech streichen. Wenn die Karamelmasse beginnt, fest zu werden, schneidet man sie mit einem scharfen Messer in 1 cm große Würfel. Die Bonbons voneinander trennen, damit sie nicht zusammenkleben können, und gut abkühlen lassen.

Wenn Sie die Rahmkaramellen verschenken wollen, dann sieht es besonders hübsch aus, wenn Sie jede Karamelle in ein Stückchen farbiges Cellophanpapier wickeln.

▼ **Ich möchte eine Schachtel Hustenbonbons ..." „Ist es für Euch, mein kleines Fräulein?" „Die Bonbons ja, aber den Husten hat meine Großmutter."**

Die „Wohltaten" der Leckerei

„Die Kunst des Konditors umfaßt alle Dinge, die mit dem Hersteller von Süßwaren, Branntwein, Parfüm, Limonade, selbst mit der Heilkunst etwas zu tun haben, und bietet ihrem Liebhaber eine unerschöpfliche Quelle von Verwendungsmöglichkeiten und Annehmlichkeiten. In einem Wort, diese Kunst (...) scheint nur geschaffen zu sein, um dem Geschmack auf tausend Arten zu schmeicheln und mehr als alles andere zu den Genüssen des Lebens beizutragen." Diese Definition gibt J.-J. Machet in *Le Confiseur moderne* (Der Moderne Konditor) zu Beginn des 19. Jahrhunderts.

> „Meinem Auge bieten sich in völliger Unordnung riesige und bewegliche Hochzeitsfeierlichkeiten eines Gamaches, wo Bedienstete mit Schirmmützen aus silbernem und goldenem Lorbeer servierten; die Betonung steigerte sich vom Knoblauch zur Wurst, von der Wurst zum Berlingot, vom Berlingot zum Nougat, vom Nougat zum Guignol, vom Guignol hin zu solcherlei anderen aufeinander folgenden Einzigartigkeiten."
>
> Saint-Pol Roux, *La Rose et les épines du chemin*, 1895-1900

Für den Erwachsenen wie für das Kind drückt sich die Süßwarenindustrie in Begriffen der Verführung aus. Süßigkeiten, Leckereien, Schleckereien, Näschereien ... Welch' kleinen köstlichen Dingen sieht sich der Mensch gegenüber, nur zu seinem Vergnügen!

Doch manchmal helfen sie ihm – jenseits aller Naschhaftigkeit –, bestimmte Schwierigkeiten zu überwinden: etwa Salmiakpastillen, die ursprünglich als „Anti-Tabak"-Mittel gedacht waren. Unter

„Ich habe Jahre gebraucht, um zu verstehen, daß die Nervenschwäche und die Gewissensbisse Mamas eine verdrängte Naschhaftigkeit waren, ein seelisches Knabbern, ein geheimer Genuß, wie wenn man mit einer Dose ins Bett steigt, die voll Bonbons ist, voll von Mandel- oder Pistaziendragees, Rahmschokoladenfondants mit Mandelcreme oder einer Füllung aus Kirschwasser, glasierten Maronen, Karamellen, die die Bettwäsche beschmieren, und gebrannten Mandeln."

Blaise Cendrars, *Bourlinguer*, 1948

anderen Bedingungen werden Bonbons zum Stimulans, „wohltuende" Pastillen, lindernde Kräuterbonbons, etc.

„Er stand auf und öffnete schwermütig eine kleine vergoldete Dose, deren Deckel mit glitzernden Steinen besetzt war.
Sie war voll von violetten Bonbons; er nahm einen heraus, und – ihn mit den Fingerspitzen leicht berührend –, dachte er an die seltsamen Eigentümlichkeiten dieses Bonbons. Damals, als er sich seiner Impotenz klar ward, als er noch ohne Bitterkeit, ohne Bedauern, ohne neues Verlangen an das Weib dachte, legte er einen dieser Bonbons auf die Zunge, ließ ihn zergehen, und plötzlich stiegen mit einer unendlichen Sanftheit verwischte Rückerinnerungen an wollüstige Ausschweifungen in ihm auf.
Diese Bonbons, von Siraudin erfunden und mit dem lächerlichen Namen 'Perles de Pyrénées' bezeichnet, enthielten einen Tropfen Sarcanthusöl. Sie drangen in die Schleimhäute ein und erinnerten ihn an die Wollust aromatischer Küsse.
Gewöhnlich lächelte er beim Einatmen dieses verliebten Aromas, das ihm ein Teilchen Nacktheit vor das geistige Auge führte und für einen Augenblick wieder das Verlangen nach dem noch vor kurzem angebeteten Geruch bestimmter Frauen in ihm rege machte.
Jetzt wirkten sie nicht mehr heimlich und leise, sie beschränkten sich nicht mehr darauf, das Bild ferner und konfuser Ausschweifungen anzufachen – im Gegenteil, die Schleier zerrissen, und vor seinen Augen entstand die verkörperte, zudringliche, brutale Wirklichkeit.
An der Spitze der Fata morgana ehemaliger Geliebten, welche der Genuß dieses Bonbons in klaren Zügen zu zeichnen half, befand sich eine mit großen weißen Zähnen, mit einer Haut wie von rosa Atlas, die Nase wie gemeißelt, mit kleinen Mäuseaugen und kurz abgeschnittenem blondem Haar.
Sie hieß Miss Urania, war Amerikanerin (...)"

J.-K. Huysmans, *Gegen den Strich*, 1884

UNERLÄSSLICH FÜR RAUCHER: DER „CACHOU"

Die Cachou-Pastille wurde ursprünglich mit Katechu hergestellt, der braunen und duftenden Substanz, die aus dem Holz und den frischen Schoten einer bestimmten Akazienart (*Acacia catechu*) gewonnen wurde. Sie wächst in Indien und Birma. Ein weiterer Baum, der Katechu liefert, ist eine Palme, die Betel- oder Arekapalme (*Areca catechu*), die ebenfalls in den warmen Zonen Südostasiens wächst. Die Substanz wird bei ihr aus den muskatnußähnlichen Samen der Frucht gewonnen, die „Betelnuß" genannt wird.
Dem Katechu werden schon seit langer Zeit adstringierende und magenfreundliche Wirkungen zugeschrieben. Daher resultiert seine Verwendung in der Arzneimittelherstellung.
Die Cachou-Pastillen werden, so sagt das *Manuel-Roret du confiseur et chocolatier* (Roret-Handbuch des Süßwaren- und Schokoladenfabrikanten), benutzt, „um den Atem zu desinfizieren, besonders den der Raucher". Genauer führt es aus: „An erster Stelle kommt die Katechu-Paste, die für die Chinesen und Japaner das ist, was für die Inder der Betel ist. Sie wird aus einer Mischung von gleichen Teilen Katechu, Günsel, Rotang und Talkum bereitet." Am Ende des 19. Jahrhunderts parfümiert man den Cachou mit Veilchen, Orangenblüten, Rose, Vanille, Zimt, usw.
Doch für die Mehrheit von uns bedeutet der Cachou vor allem eine kleine runde, gelbe Dose mit einer kleinen Öffnung an der Seite, die, ganz nach Belieben des Verbrauchers, köstliche kleine Lakritzkugeln herausfallen läßt – ein Bild, das wir dem Drucker und Verleger Sirven aus Toulouse verdanken, dem Schöpfer dieser Dose, die dazu bestimmt war, die Erfindung von Léon Lajaunie aufzunehmen. Dieser Apotheker in Toulouse erfand 1890 die Lakritzpastillen, die den Atem erfrischen sollten und Rauchern empfohlen wurden. Der Erfolg übertraf alle Hoffnungen. Über 350 000 Dosen wurden 1905 hergestellt, fast eineinhalb Millionen waren es zu Beginn der 20er Jahre! Es wurde nötig, 1926 in Toulouse eine Fabrik zu bauen. Trotz dieser Entwicklung blieb der Cachou seiner ursprünglichen Rezeptur treu. Heute hat sich die Vorliebe für diese Pastillen, die auf der Zunge so erfrischend wirken, keinesfalls verringert, und die Produktion beziffert sich per Millionen Büchsen.
Die Grundlage des Cachou ist eine weise durchdachte Verbindung aus mehreren Lakritzen, die aus dem Iran, der Türkei und China stammen und alle einen unterschiedlichen Geschmack und eine andere Stärke haben. Die Süßholzpaste wird mit verschiedenen Zutaten angereichert, deren Rezept ein Geheimnis bleibt; doch darunter befindet sich selbstverständlich das Katechu (Betelnußextrakt). Anschließend wird die Paste mit dem Extrakt englischer Minze aromatisiert. Am Ende aufeinanderfolgender Arbeitsgänge wie Walzen, Trocknen und Schneiden werden die erzeugten Körner mit einer Mischung aus Benzoe und Mastix von der griechischen Insel Chios überzogen. Dann kommt die Verpackung mit 260 bis 272 Körnern pro Dose. Auch in Italien und besonders in Großbritannien finden wir ähnliche Produkte wie den Cachous, deren Rezepturen der der Toulouser Pastillen ähneln.

VOR ALLEM NEUGIERDE

Das knisternde Papier verursachte einen beträchtlichen Lärm – das Papier, das die glockenförmigen Karamellen und die Quinquins umwickelten; mehr als die, welche die Hopjes bekleideten (...). Was mich bei den Bonbons immer mehr anzuziehen begann, solange ich mit Florent zu tun hatte, das war die Vorstellung, unter mehreren aufeinanderfolgenden Zuckerschichten den Kern oder die Wahrheit einzupacken, oder auch die Verzweiflung, das Verlangen oder die Sünde. Die Bonbons übermitteln eine Art Pille weiter, auf die wir ein klein wenig ängstlich warten, solange wir sie noch nicht mit der Zungenspitze gespürt oder hineingebissen haben. Sie sind wie die Sonaten, Theorien, Religionen, die Liebe, vielleicht sogar die Angst – die ebenso mehr oder weniger siruphaltige oder bittere Zuckerhüllen sind, die ihrerseits mehr oder weniger kühne oder grobe Nacktheiten bekleiden. Doch um die Wahrheit zu sagen, empfinde ich eben aus diesem Grunde so viel Neugierde wie wenig wirklichen Geschmack für die „Bonbons“, die „Süßigkeiten“, die „Leckereien“, die „Schleckereien“, die „Näschereien“.

Pascal Quignard, *Le Salon du Wurtemberg*, 1986

Linke Seite:
Mit LEO signiertes Plakat, entworfen am Ende des vorigen Jahrhunderts für die Gesellschaft Carenou et Tur, die später von der Gesellschaft Riqlès-Zan übernommen wurde.

Von „Dragoirs“, Konfektschalen und Bonbonnieren

Wie schon der Name andeutet, waren die „Drageoirs“ früher eine Art Schalen oder Kelche, die auf hohen Füßen standen und dazu dienten, die „Drageries“ aufzunehmen, d. h. die Süßigkeiten und „Épices de chambre“, die am Ende der Mahlzeit gereicht wurden. Das 14. und 15. Jahrhundert brachte prächtige Exemplare hervor. Mit Süßigkeiten garniert, standen sie oft auf der Anrichte, und in der Erwartung, den Gästen kredenzt zu werden, waren sie mit feinen Servietten bedeckt. Die Bonbons wurden mit den Fingern entnommen, manchmal aber gab es zu der einzelnen Schale Löffel, die auf dem als Untersatz dienenden Tablett bereit lagen, das auch Fruchtpasten Platz bot.

Zahlreiche mittelalterliche Schriften, die von prunkvollen Empfängen berichten, erwähnen folglich die Präsenz eines „Dragoirs“. Dieses brachte ein Ritual zur Geltung, und es war eine Ehre, die Verantwortung dafür anvertraut zu bekommen. So oblag dem Heerführer Frankreichs diese Aufgabe beim König. Das Inventarverzeichnis von Karl VI. weist 1399 eine Konfektschale aus, „auf deren Grund eine Emailarbeit zu sehen war, auf der der gute Heerführer Duguesclin dem König Spezereien serviert“. Ein anderes Zeugnis dieses Dienstes stammt aus der Feder von Olivier de la Marche. In seinen *Mémoires* schreibt er: „Der erste Kammerherr nimmt das Dragoir (…), dann reicht er das Dragoir der größten Persönlichkeit des herzoglichen Hauses und bedient den Fürsten, gibt es dem ersten Kammerherren zurück, und der erste Kammerherr reicht es wiederum dem Verantwortlichen für die Spezereien, dieser händigt alle Dragees und Süßigkeiten aus.“ Bei bestimmten Gelegenheiten gehörte das Reichen des Dragoirs nicht zum Mahl, sondern folgte anschließend. So schrieb Froissart über den Empfang im Louvre-Palast zu Ehren der Gesandten des englischen Königs, die 1390 zu Friedensverhandlungen gekommen waren: „Sie haben hier wohl gespeist und in kurzer Zeit, und der Heerführer und der Sire de Coucy haben ihnen bei Tische Gesellschaft geleistet; und nach dem Essen sind sie ins Schlafgemach des Königs zurückgekehrt; sie blieben dort so lange, daß man ihnen Wein und Spezereien in großen Dragoirs aus Silber und Gold brachte.“ Es kam auch vor, daß man eine Konfektschale in seinen Gemächern behielt, um seine Naschhaftigkeit zu befriedigen.

Die Konfektschale war ein Geschenk, das sich Herrscher und hochgestellte Persönlichkeiten untereinander machten. In der Tat zeigen die Vermögensverzeichnisse der Epoche, daß dies einer der luxuriösesten Gegenstände war. Eine Kristall-Konfektschale mit emailliertem Fuß wird im Inventar der Königin Clémence von 1328 aufgeführt; und eine Konfektschale aus emailliertem Silber in dem des Erzbischofs von Reims aus dem Jahre 1389. Der herzogliche Sammler Louis d'Anjou besaß eine „azurblaue emaillierte mit Blümchen und Tierchen“ nach Avignon-Manier, die zuvor dem päpstlichen Schatz angehört zu haben scheint. Ein anderes Stück wird beschrieben: „Ein Dragoir aus vergolde-

EIN NASCHHAFTER MINISTER

„Monsieur de Corbière, der sehr redliche und vornehme Minister unter Ludwig XVIII. war ein großer Bonbon-Liebhaber. Er trug stets vier oder fünf Bonbonnieren bei sich, die ausgezeichnete Arbeiten waren und großen Wert besaßen. Er war jedoch sehr zerstreut. Eines Tages beim Rat des Königs holt er in der Hitze des Gesprächs vertraulich nacheinander drei Bonbondosen aus der Tasche und stellt sie ganz familiär auf den Tisch.
„So“, sagt Ludwig XVIII. lächelnd, „der Herr Graf von Courbière ist dabei, seine Taschen auszuleeren.“
„Sire“, erwidert der Minister lebhaft, „ist es nicht besser sie zu leeren, als sie sich zu füllen?“

Fulbert Dumonteil, *La France Gourmande*, 1906

Drageoir aus Gold, blauer, weißer und glänzender Emaille, 1789 geschaffen von Joseph-Étiennes Blerzy, Musée Cognacq-Jay, Paris.

tem Silber, dessen Ränder der Schale sechs azurblaue Emaillen tragen, und im Inneren jedes Emails werden ein Mann und eine Frau dargestellt, die zu sprechen vorgeben, und sich gegenseitig verliebte Zeichen machen, und es befinden sich zehn Männer und Frauen auf grünen Terrassen, und in der Mitte dieser Schale befindet sich ein Liebesgott, der in jeder Hand zwei Pfeile hält."

In einem faszinierenden Artikel über dieses Thema, der 1960 in der *Revue des fabricants de confiserie, chocolaterie, confiturerie, biscuiterie* (Revue der Hersteller von Süßwaren, Schokolade, Konfitüre, Gebäck) erschien, beschreibt F. Klein-Rebour andere berühmte Konfektschalen: „ein goldüberzogenes, mit Rubinen und Saphiren verziertes Dragoir", das das Inventar Karls V. aufweist; „ein mit mehreren Perlen und Edelsteinen besetztes Dragoir",

> „Und er zog eine wunderbare Bonbonniere aus der Tasche, die aus einem einzigen Smaragd gehöhlt war und mit einer goldenen Schraube geschlossen wurde, die sich aufschrauben ließ und dann einer erbsengroßen, kleinen Kugel von grünlicher Färbung Bahn machte. Diese Kugel hatte einen scharfen und penetranten Geruch; es waren vier oder fünf davon in dem Smaragd vorhanden, und er faßte ein Dutzend. Die Bonbonniere lief am Tisch herum. aber man bewunderte mehr den herrlichen Smaragd, als daß man sich die Pillen ansah oder an ihnen roch, während die Gäste sie sich reichten."
>
> Alexandre Dumas, *Der Graf von Monte-Christo,* 1846

das der Vater von Philippe dem Schönen verpfändet hatte und das der königliche Sohn ihm 1497 für 12 000 Golddukaten abkaufte; „ein hohes und schönes Dragoir aus vergoldetem, getriebenem Silber", das 1523 Margarete von Österreich gehört hatte; und schließlich „ein Dragoir in Form eines Kelches, mit einem ziselierten Deckel auf alte Art, das mit Granaten, Amethysten, Saphiren, Rubinen, Barockperlen bereichert war" und das Franz I.

Dragoir aus dem 18. Jahrhundert in Form eines Frauenkopfes auf goldener Unterlage, Paris, Musée Cognacq-Jay

1538 bei einem Goldschmied aus Antwerpen erwarb. Im 16. Jahrhundert galten die Goldschmiede von Augsburg und Nürnberg als Meister in der Herstellung von Konfektschalen. Die hohen Kelche mit der Eierleiste aus ihrer Fabrikation wurden zuweilen von einer Statuette überragt.

Das bedeutet, daß die Süßigkeiten einen nicht zu übersehenen Platz in der Eßkultur des Mittelalters und der Renaissance einnahmen.

KÖSTLICHE TASCHEN-BONBONNIEREN

Eine andere Art Bonbonniere hatte sich, parallel dazu, aus der Gewohnheit entwickelt, einige Süßigkeiten bei sich zu tragen. In der mittelalterlichen Lebenskunst spielte dies eine Rolle. Es handelte sich um eine winzige Dose, die die Frauen am Gürtel trugen, und die die Männer auf der Vorderseite ihrer Kniehosen unterbrachten. Die einen wie die anderen bewahrten darin Leckereien oder parfümierte Früchte auf. Unter Heinrich III. kam das Tragen der Bonbonniere wirklich in Mode. Und diese Praxis galt nur an den königlichen und herrschaftlichen Höfen. Die Dose wog 50 bis höchstens 150 g. Sie war äußerst raffiniert, am häufigsten von runder Form, ziseliert oder emailliert, aus hellem oder braunem Schildpatt, mit Gold-Einlegearbeiten verziert. Es kam vor, daß sie mit Edelsteinen geschmückt war. Die ziselierte Bonbondose des Herzogs von Guise ist berühmt geworden. Sie erscheint im Bericht seiner Ermordung von Pierre de

> „Im Saal, nach den großen Mählern, gab es makellose weiße Tücher, mit denen man sich den Mund abtupfte, wenn das Dragoir geöffnet wurde."
>
> Eustache Deschamps, *Miroir du mariage,* 14. Jahrhundert

l'Estoile aus dem Jahre 1588: „Darauf bat ihn der König durch Revol, der ihn antraf, als er damit fertig war, in einem silbernen Dragoir, das er bei sich trug, einige Weintrauben oder Pflaumen einzuschließen, die er für seine Übelkeit genommen hatte."

Es war ebenfalls eine Taschenbonbonniere, die Heinrich IV. auf der Foire Saint-Germain erwarb, um sie César de Vendôme zu schenken: eine wertvolle silberne Mathematiker-Bonbonniere, in die die zwölf Himmelszeichen eingraviert waren. Was uns von Gabrielle d'Estrées überliefert wurde, ist eine hübsche, emaillierte und diamantenverzierte Dose mit dem Monogramm des Königs.

Im Laufe der folgenden Jahrhunderte blieb der Gebrauch der Taschenbonbonniere ein Zeichen des Standes. Im 17. und 18. Jahrhundert machten die Bonbons Furore. Und, so erklärt der berühmte Gastronom Fulbert Dumonteil, da blühten „diese niedlichen und reizenden Dosen, diese erlesenen Bonbonnieren fein mit Gold oder Silber ziseliert, aus Edelhölzern, Elfenbein, Schildpatt, mit seltenen Steinen verziert, mit märchenhaften Malereien geschmückt – liliputanische Meisterwerke berühmter Künstler. Die großen Damen spielten mit der Bonbonniere wie mit dem Fächer, legten eine ganz besondere Grazie an den Tag, sie zu öffnen, sie zu schließen, sich gegenseitig Bonbons mit Vanille-, Veilchen- und Rosengeschmack anzubieten. Wie der Fächer, hatte die Bonbonniere zwischen den geschickten und leichten Fingern der Frau ihre Bedeutung, ihre Sprache symbolisierte eine Idee, brachte ein Gefühl, eine Sympathie, eine Zurückweisung, ein Versprechen, ein Bekenntnis zum Ausdruck." Doch dieser Gegenstand voller Raffinesse, ja Geziertheit, der erst gegen 1770 den Namen Bonbonniere annahm, war nicht allein den Frauen vorbehalten. Jeder modische Mann war es sich selber schuldig, eine kleine Bonbonniere in der Tasche zu haben, so daß er seinen Freunden ein paar Bonbons anbieten konnte. Nicht einmal der König entkam dieser Mode. Saint Simon berichtet, daß Ludwig XIV. gerne Anisbonbons lutschte, die er in einer Taschenbonbonniere aufbewahrte. Im allgemeinen war die

THEATERSCHLACHT UM EINE BONBONNIERE

Die Uraufführung des Stückes *Coeur à Gaz* von Tristan Tzara anläßlich der „Soirée du Coeur à Barbe" am 6. Juli 1923 im Théâtre Michel in Paris war sehr bewegt. Kein Wunder, dies war ein Avantgarde-Stück! Und die Dada-Bewegung wurde nicht einhellig aufgenommen. Doch die „Belehrung" ging über das vorherzusehene Maß hinaus. „Ich erinnere mich an diesen Abend, der durch eine Unordnung gekennzeichnet war, die an ein Gemetzel grenzte", berichtet Georges Huguet in *L'Aventure dada* (Das Abenteuer Dada, 1957). Als die Vorstellung ihrem Ende zuging, erhoben sich im Saal Proteste, die Schauspieler mußten mit dem Spielen aufhören, und André Breton, der unerwartet auf die Bühne gestiegen war, ergriff heftig für sie Partei. Das Publikum reagierte auf diesen „Demonstranten", den Aragon und Benjamin Péret zu verteidigen suchten. Schließlich trat wieder Ruhe ein, und Paul Eluard stieg seinerseits auf die Bühne, um dort ebenfalls vom Publikum angegriffen zu werden. „Als sich das Handgemenge auflöste, als sich das Durcheinander legte," so erzählt Georges Huguet, „schien die Stille unnormal, und ich höre noch den Direktor des Théâtre Michel, der sich angesichts der herunterhängenden Klappsitze die Haare raufte, vor Reihen von aufgerissenen Sesseln und der verwüsteten Bühne klagen: ‚Meine Bonbonniere, meine Bonbonniere!"
Viel später, als er sich seine Erinnerungen mit Eluard ins Gedächtnis rief, erzählte mir dieser davon voll Reue. Er war nicht gerade stolz auf die Heldentat und flüchtete sich in die Ironie. „Diese beschädigte Bonbonniere," so sagte er im wesentlichen, „hat mir eine Sendung bestempelten Papiers eingebracht, auf dem mir Schadenersatz von seiten Tzaras abverlangt wurde."

Bonbonnieren mit Oxydations-Effekt, um 1880 in den Ateliers Christofle geschaffen. Die Motive entstehen durch die Ablagerungen der Metalle und chemische Farb-Patina, Paris, Musée Bouilhet Christofle.

Bonbonniere rund, ziemlich flach und hübsch verziert. Auf dem Deckel fand man zuweilen ein Miniaturportrait. So sind Dosen mit dem Portrait von Maria-Josepha von Sachsen, der Gemahlin des französischen Thronfolgers und Mutter des Königs Ludwig XVI., oder auch der Königin Marie Leszcińska nach Nattier erhalten geblieben. Jede künstlerische Strömung trug ihren mehr oder weniger erlesenen Stil. Jede Epoche bemühte sich, ihre Zeichen einzuprägen. So schuf das 18. Jahrhundert die Bergamotte-Dose, deren Futter in Form der Schale dieser Zitrusfrucht die Süßigkeiten parfümierte (siehe S. 46).

Obwohl die wertvollen Dosen nicht an Beliebtheit verloren, tauchten nach und nach schlichtere Bonbonnieren auf, die auch für die mittleren und unteren Schichten erschwinglich waren.

DIE SALON-BONBONNIEREN

Was die alte Tisch-Bonbonniere betrifft, die durch die Taschen-Bonbonnieren in den Schatten gedrängt worden war, so verschwand erstere niemals ganz. Sie wurde zur Konfektschale, mit der sich zukünftig jeder elegante Salon schmücken mußte, zum Dekorationsobjekt, rund oder oval, aus Silber, Porzellan, Keramik, Kristall usw., zum Gebrauchsgegenstand, der dem Dienste der Süßigkeiten anheimgestellt war. Die großen Konditoren des 19. Jahrhunderts schufen eigene Kreationen, um ihre Bonbons darin zu verkaufen. Und zahlreiche Künstler arbeiteten an ihrer Verzierung. So wurden etwa Stiche der Pariser Bilderfabrikation mit leichten Themen, die oft von der Mythologie inspiriert waren, benutzt. Basan und Crépy d. Ä. waren beispielsweise bekannt dafür. Der Kupferstich wurde auf den Deckel geklebt und durch einen goldenen oder geprägten Metall- oder Papprahmen gehalten. Eine Lackschicht oder eine ausgeschnittene Glasscheibe kam zum Schutz dazu.

Indessen wollte manch einer originelle Werke schaffen, und der klassische Stil der Bonbonnieren machte oft phantasievollen Formen Platz. Dies ist der Fall bei dem Geschirr der Reservisten von 1875, das ein Artikel in *Le Monde illustré* vom 25. Dezember desselben Jahres auf den Rang eines Kunstwerkes erhebt: „Ein Kochgeschirr, das dem absolut gleicht, aus dem einen Monat lang unsere tapferen Reservisten ihre Ration gegessen haben. Es ist frappierend: Form, Farbe, Wehrnummer, nichts fehlt – nicht einmal die patriotische Bemerkung. Der Deckel trägt tatsächlich diese drei einschlägigen Begriffe: Remember – Patience – Persévérence.

„Öffnet! Oh! Welch appetitliche Suppe! Man äße davon; ja, aber eine Fee hat das Festessen der Lager in eine wunderbare Bonbonniere verwandelt, in der der feinste Geschmack, die harmonischsten Düfte vereinigt sind."

Glücklicherweise durften die Bonbonnieren in ihrer Gestaltung meist geschmackvoller bleiben als das genannte Beispiel. Der Gebrauch hat sich mit der weiteren Variation der Schachteln, verschiedener Dosen und Körbe, in denen die Hersteller jetzt üblicherweise ihre Produkte anbieten, etwas verwischt (siehe S. 121). Doch auch heute ist nichts geselliger als eine hübsche Bonbonniere, die bereit steht, um ihren leckeren Inhalt zur Kaffeestunde oder zur kleinen nachmittäglichen Zwischenmahlzeit zu enthüllen.

Moderne Bonbonnieren aus der Sammlung Kenya bei Puiforcat. Sie bestehen aus versilbertem Metall, der Knauf ist aus farbigem Lack.

BONBONS AUS KINDERTAGEN

In den Begriffen Süßwarenfabrikation oder Konditorei werden alle die Produkte zusammengefaßt, die sich aus der Bearbeitung des Zuckers ergeben. Die Franzosen haben dafür die Bezeichnung Confiserie, die Engländer Candy production, die Italiener Confetteria, die Spanier Confittería.

In dieser Welt der Süßigkeiten genießt eine ganze Palette die bevorzugte Gunst der Kinder, während die Erwachsenen darin ihre Gefühle von früher wiederfinden. Manche Leckereien besitzen den süßen Geschmack des Zuckers und des Frucht-, manchmal Blütenaromas; die Bonbons werden geknabbert oder gelutscht, während die Schaumzuckerwaren und Gummibonbons auf angenehme Weise gekaut werden können.

Jede Süßigkeit hat eine Geschichte, die oft sehr alt ist und an die sich manchmal eine legendäre Aura knüpft. Jede stellt eine Etappe in der Entwicklung der Zuckerwaren dar. Alle gehören unserem süßen Kulturgut an. Da sind einige der großen regionalen Spezialitäten, wie „la Bêtise de Cambrai“ oder der „Apfelzucker“ aus Rouen. Da sind die „kleinen Bonbons“ des 19. Jahrhunderts, die aus Rübenzucker gemacht wurden. Da sind schließlich die Bonbons, die Charles Monselet 1866 als „modern“ bezeichnete, da er Mühe hatte, ausreichend starke Qualitätsbezeichnungen zu finden. „Welche verschiedenartigen, umfassenden Gefühle liegen doch in den Bonbons von heute!“ sagte er. „Welcher vom Engelwurz trunkene Musiker wird die Symphonie des Genusses schreiben? Doch wohin treibt mich mein Delirium der Orangenblüten? Ein noch so empfindsamer Komponist kann niemals den Zitronen-, Erdbeer- oder Himbeergeschmack in Noten fassen! Wie schade! Es gibt also Träume, die man um keinen Preis verwirklichen kann.“

Das Geheimnis des gekochten Zuckers

Zuckerrübe

Die Süßigkeiten, die zunächst den Honig verwendeten, dann, vom Mittelalter an, den Rohrzucker, blicken auf eine lange Küchentradition zurück.

Der Gebrauch des Rübenzuckers ab dem 19. Jahrhundert trug zur Entwicklung der Bonbons aus gekochtem Zucker bei – einer Kategorie der Süßwarenfabrikation, die eine Vielzahl von Spezialitäten umfaßt, die häufig recht alt sind und nach denen die Erwachsenen oft verrückter sind als die Kinder. Diese Bonbons, die verbreitetsten der Welt, entstehen durch Kochen von Kristallzucker allererster Qualität, der aus 60 bis 70 % Zucker als Basis besteht, wobei der Rest aus Wasser zum Auflösen des Zuckers und aus Glucosesirup gebildet wird, der verhindern soll, daß der Zucker nach dem Kochen wieder kristallisiert. Diese Bonbons aus gekochtem Zucker können hart oder gefüllt sein.

KLATSCHMOHN-BONBONS

„6 Unzen Klatschmohn-Blüten, 2 Pfund Zucker. Den Mohn in einem Schoppen Wasser zum Kochen bringen; um einen starken Absud zu erhalten, auf ¾ reduzieren. Den Zucker auf getrenntem Feuer bis zum starken Bruch kochen. Wenn man etwas Öl auf den Marmortisch gegeben hat, gießt man den Zucker darauf und formt mit der Ausstechform Bonbons oder kleine Tafeln, die in Büchsen gefüllt werden, nachdem sie mit Papierwickeln verziert wurden, falls dies für ratsam erachtet wird.
Früher fanden Klatschmohn-Bonbons wegen Absatz, und das nicht ganz ohne Grund, denn sie wirken beruhigend und erleichtern das Lösen eines trockenen Reizhustens."

J.-J. Machet,
Le Confiseur moderne, 1817

„Sie (Minnie) seufzt, ihr angebissenes Stück Kuchen zwischen den Fingerspitzen haltend:
„Ich habe keinen Appetit."
(...)
„Auf was hast du denn Appetit? Auf frische Butter mit geröstetem Brot? Auf Weißkäse?"
„Nein, ich möchte einen Negerkuß."
„Damit wäre meine Tante wohl kaum einverstanden", bemerkt Antoine ohne weitere Verwunderung. „Außerdem ist das nichts Gutes."
„Doch, es ist gut! Ein Negerkuß mit rotem Zuckerguß, nicht zu frisch, so daß sich die Füllung zäh ziehen läßt und der hartgewordene Eierschaum zwischen den Zähnen kracht (...)."

Colette, *Geträumte Sünden*, 1909

Die schöne Forestine, die in allen Regenbogenfarben schillert, wurde 1879 entwickelt und ist der älteste gefüllte Bonbon der Welt. Die Marquises toulousaines, mit karamelisiertem Zucker umhüllte Bonbons, stammen aus dem Jahre 1900.

ROSENBONBONS

„Man nehme duftende Rosenblätter und zerstoße sie in einem Mörser, bis sich eine Paste bildet. In einem Tiegel bereite man einen Sirup aus Zucker und etwas Wasser. Auf 200 g Zucker gebe man eine walnußgroße Menge Blütenteig. Wenn der Zucker bis zum Kettenflug gekocht hat, füge man den Teig dem Sirup hinzu und rühre mit einem Holzlöffel, damit alles gut gemischt wird. Die Masse 1 bis 2 Minuten kochen lassen, dann den Tiegel vom Feuer nehmen und weiter umrühren. Der Teig soll recht fest werden, jedoch nicht zu zäh. Mit einem Löffel forme man rasch kleine Haufen auf einem Blatt weißen Pergamentpapiers. Man trage dafür Sorge, daß die Bonbons nicht am Papier kleben, und löse sie ab, bevor sie erkaltet sind."
PS „Gleichermaßen werden Veilchenbonbons mit duftenden Veilchenblüten hergestellt."

Blanche Caramel,
Le Nouveau Livre de cuisine, 1939

DIE QUALITÄTSBEZEICHNUNGEN

Die „fruchtgefüllten" Bonbons unterliegen strengen gesetzlichen Bestimmungen, und jeder Bezeichnung entspricht eine bestimmte Füllung, von der natürlichsten bis zur am wenigsten raffinierten.
In der Reihenfolge ihrer Nennung:
- Kirschfüllung aus reiner Frucht: Die Füllung wird ausschließlich aus Zuckerstoffen und Fruchtmark hergestellt und mit natürlicher Fruchtessenz aromatisiert.
- Kirschfüllung mit natürlichen Aromen: Die Füllung besteht aus Zuckerstoffen und dem Mark einer oder mehrerer Früchte (z. B. Apfel) und wird mit natürlicher Kirschessenz aromatisiert.
- Kirschfüllung: Die Füllung besteht aus Zuckerstoffen und dem Mark einer oder mehrerer Früchte (z. B. Apfel) und wird mit natürlicher Kirschessenz aromatisiert, die künstlich geschmacksverstärkt ist.
- Kirschfüllung mit künstlichem Aroma: Die Füllung besteht aus Zuckerstoffen und dem Mark einer oder mehrerer Früchte (z. B. Apfel) und wird mit künstlichem Aroma aromatisiert.

Bonbons mit flüssiger Füllung:
- Kirschgeschmack mit natürlichem Aroma: Der Sirup für die Füllung wird mit natürlicher Kirschessenz aromatisiert.
- Kirschgeschmack: Der Sirup für die Füllung wird mit natürlichen Kirschessenzen aromatisiert, die künstlich verstärkt werden.
- Kirschgeschmack mit künstlichem Aroma: Der Sirup für die Füllung wird mit künstlichem Aroma aromatisiert.

Im ersten Fall handelt es sich um eine Masse aus gekochtem Zucker, die in Form gebracht wird. Die Karamelbonbons, der Gerstenzucker, der Apfelzucker, die meisten Pastillen, die englischen Drops, die Rocks, die Bergamottebonbons, eine große Zahl der Pfefferminz- oder Honigbonbons usw. zählen zu dieser Kategorie.

Im zweiten Fall bildet der gekochte Zucker eine „Kruste", die eine „Füllung" umhüllt; das Innere kann aus Fruchtmarmeladen bestehen, einer Flüssigkeit (Sirup oder Likör) oder auch aus einem weichen Karamel. Unter den gefüllten Bonbons nehmen die Nougat-Bonbons einen „wunderbaren" Platz ein: Ihre Kruste besteht aus gekochtem Zucker, ihre Füllung aus Praliné-Nougat. In Frankreich ist einer der feinsten Bonbons dieser Art die Forestine de Bourges, eine Süßigkeit aus glänzendem Zucker, die mit einem cremigen Schokoladen-Nougat gefüllt ist.

Die Blätter-Nougat-Bonbons weisen äußerste Raffinesse auf: Ihre Herstellung ist sehr delikat, da ihre Füllung abwechselnd aus sehr feinen Lagen Nougat und gekochtem Zucker besteht.

Jedes Land hat die Bonbons aus gekochtem Zucker seinem eigenen Geschmack angepaßt: Italien z. B. gewährt seine Vorliebe dem köstlich duftenden Fruchtfleisch der Zitrusfrüchte (Apfelsine und Zitrone), für die Sizilien eines der Hauptanbaugebiete ist. Auch die Bonbons mit Mohrrübenauszügen oder Kräutern sind beliebt.

> „Wir hatten ihm den Spitznamen Kuchen-Papa gegeben, und er war stolz darauf. Seine Taschen quollen stets über von Schätzen: sauren Drops, Berlingots, Lakritzbändern, Keksen, und dazu Bildern – denen aus dem Café Gilbert oder von Félix Potin, das waren bunte Karten mit einem Rätsel. Sucht den Dieb!“
>
> Robert Sabatier, *Trois Sucettes à la menthe*, 1972

ZITRONENBONBONS

Zutaten: 250 g Zucker, 1 Eiweiß, die abgeriebene Schale einer unbehandelten Zitrone.
Den Zucker, das Eiweiß und die geriebene Zitronenschale mischen, bis man eine recht feste Masse erhält. Diese zu kleinen Haufen auf ein mit Backpapier belegtes Backblech geben. Einige Minuten im recht heißen Ofen backen.

Werbung aus den 50er Jahren für weihnachtliche Süßigkeiten

In allen Geschmacksrichtungen: Pastillen

Als Voll-Bonbon aus gekochtem Zucker, von geringer Größe, von glattem und glänzendem Aussehen, hat die Pastille eine jahrhundertealte Geschichte. Sie ist in Frankreich von einem italienischen Konditor, dem Florentiner Jean Pastilla geschaffen und eingeführt worden. Dieser Günstling der Medici gehörte dem Gefolge Marias von Medici an, als diese sich nach Frankreich begab, um im Jahre 1600 Heinrich IV. zu ehelichen. Die kleinen Bonbons, die er herstellte – in allen Geschmacksnoten: Rose, Veilchen, Minze, Erdbeere, Himbeere, Vanille, Iris, Nelke, Heliotrop, Engelwurz usw. –, erfuhren einen beachtenswerten Erfolg.

Im 19. und zu Beginn des 20. Jahrhunderts erlebten diese Bonbons einen enormen Aufschwung. Manche Städte, wie Tours, machten daraus sogar eine Spezialität. Diese undurchsichtigen oder transparenten Pastillen gab es mit dem Geschmack nach Schokolade, Kaffee, Lakritz, Orange, Ananas, Veilchen, Rose, Jasmin, Reseda, Narzisse, Bergamotte usw. Die Klatschmohn-Pastillen wurden mit einem Absud aus Klatschmohnblüten und Vanille aromatisiert. Die Mandelmilch-Pastillen wurden aus frischen Mandeln und Bittermandeln bereitet. Die Fruchtpastillen, die mit Fruchtsaft parfümiert wurden, trugen häufig die Bezeichnung „Merveilleuses“, und die Orangenblütenpastillen „Pains de fleur d'oranger“. Das *Manuel-Roret du confiseur et chocolatier* erwähnt sogar „erotische Pastillen“ auf Ingwer-, Katzenminze-, Nelken-, Kubebe, Mastix-, Moschus-, Amber- und Safranbasis.

Welches auch immer das gewählte Aroma war, wenn man die Pastille sauer machen wollte, fügte man dem Teig ein wenig Zitronensäure bei. Schließlich gab es zu -zig Geschmacksrichtungen auch -zig Farben. Man färbte die Pastillen mit Safran, Orange oder Rosenwasser, sogar mit

Likör (mit Chartreuse waren sie gelb, mit Sherry-Brandy rosa, mit Cassis rot etc.). Es gab zwei-, drei- und vierfarbige Pastillen. Wenn sie weiß mit einer zweiten Farbe waren, nannte man sie „Coupées à la reine".

Die Pastillen mit Pfefferminze, Zitrone oder doppelkohlensaurem Natron galten als erfrischend und verdauungsfördernd. Im Gefolge dieser wohltuenden Bonbons fand man in den Apotheken hustenlösende Pastillen, Brustpastillen, Pastillen gegen Sodbrennen usw., mit mehr medizinischer als kulinarischer Bestimmung. Übrigens übertrugen manche Kurorte eigens hergestellten Pastillen die anerkannten Wirkstoffe ihrer Heilwässer. Dies war der Fall in Vals und Vichy.

Noch heute wäre Vichy ohne seine Pastillen nicht denkbar. Diese entstanden, als der Chemiker Jean-Pierre-Joseph Darcet die Möglichkeit entdeckte, durch Verdampfen die Wirkstoffe aus dem Wasser des Kurortes herauszuziehen. An die Stelle des bis dahin benutzten doppelkohlensauren Natrons konnten Salze gesetzt werden, die aus den Thermalwassern stammten. Und 1825 wurden die ersten Pastillen durch einen Apotheker aus Vichy, M. Bartillat, hergestellt. Der Erfolg war so groß, daß dieser von 1830 an 5000 davon pro Tag erzeugte. Dennoch wurde erst 1833 das Markenzeichen „Pastille Vichy" durch die neuen Betreiber der Kureinrichtung, die Brüder Bosson, zum Patent angemeldet. Die Kaiserin Eugenie, die mehrmals in Vichy Aufenthalt nahm,

DREI METHODEN ZUR PASTILLENHERSTELLUNG

Das Produkt des Pastillenherstellers („Pastilleurs"), die traditionelle Pastille, wurde früher auf drei verschiedene Arten gefertigt.

Die „Tropfen"-Pastillen erhielt man mit weißem Raffinadezucker, der in Wasser gelöst, aromatisiert oder auch nicht, und dann bis zum Bruch gekocht war. Nachdem man sie vom Feuer genommen hatte, fügte man Puderzucker, der Farbe und Aroma gab hinzu. Diese Pastillen verlangten den Gebrauch eines kleinen Tiegels mit Tülle, der versilbert oder aus Kupfer sein sollte, und der, wenn die Kochzeit des Zuckers beendet war, das Tropfen des Zuckerteiges durch die Tülle auf eine geölte Fläche gestattete. Jeder Tropfen nahm beim Trocknen Halbkugelform an. Im Trockenofen wurden die Pastillen zuende getrocknet, was ihnen Glanz und Festigkeit verlieh. Tiegel mit zwei bis drei Abteilungen wurden für gemischte Pastillen verwendet. Die mechanischen Pastillenmaschinen, die immer perfektionierter wurden, haben eine manuelle Fertigung ersetzt.

Die „geformten" Pastillen wurden nach dem Beispiel vieler anderer Bonbons in Stärke gegossen. Es handelte sich dabei u. a. um Gummipastillen, Brustpastillen oder „Minister" genannte Pastillen, die Süßholz-, Anis-, Iris- und Fenchelauszüge enthielten. Schließlich wurden die „gestanzten" oder „gestempelten" Pastillen mit einem speziellen Locheisen geschnitten, das den Namen der Pastille trug. Dies war der Fall bei den Vichy-Pastillen.

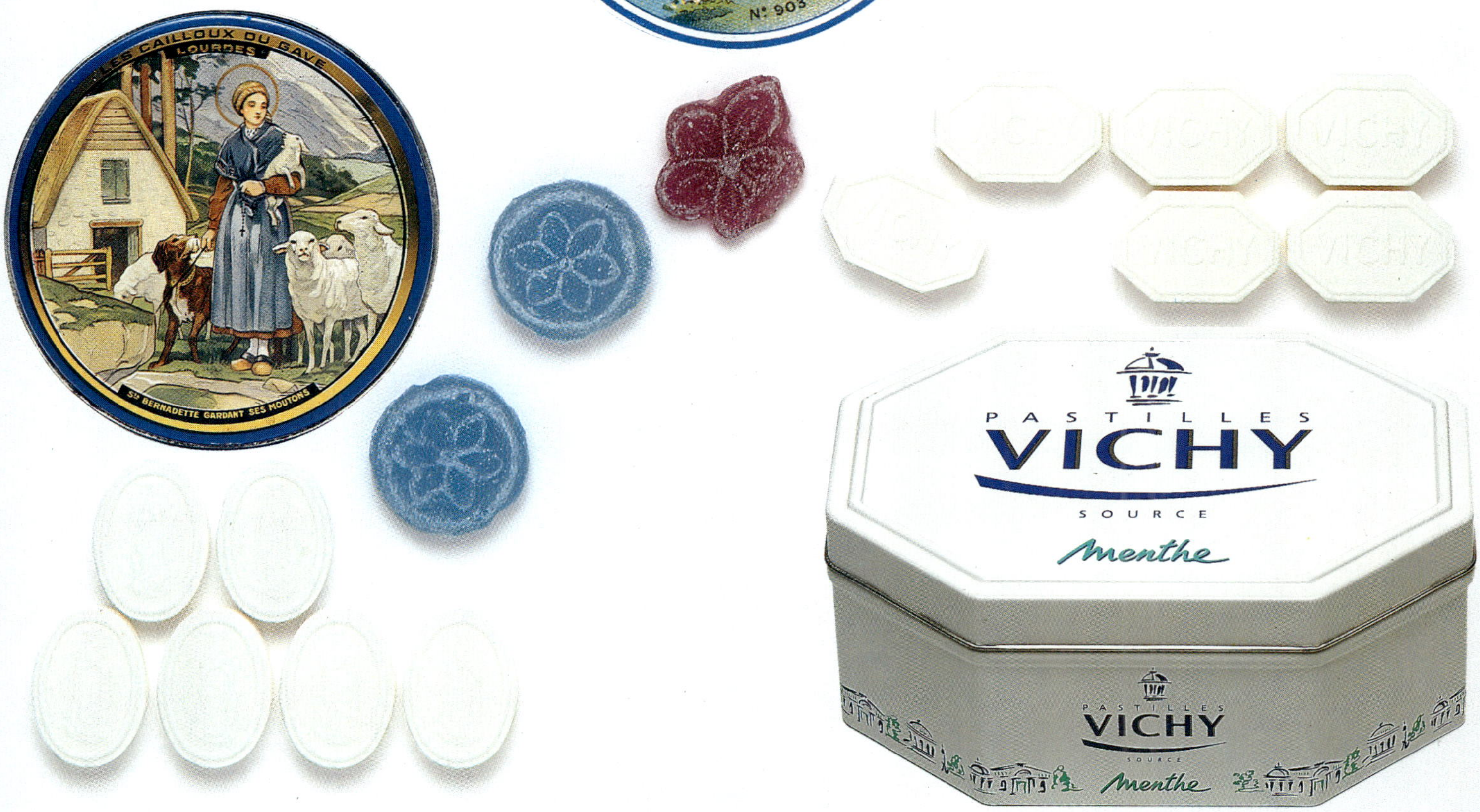

ZITRONENPASTILLEN

„Man reibe die Schale einer Zitrone auf ein Stück Zucker von 350 bis 400 g. Man zerstoße den Zucker, gebe ihn durch ein Sieb und gieße den gefilterten Saft einer Zitrone und einen Schluck Wasser darüber.
Nachdem man diese Mischung mit Hilfe eines Spachtels gut bearbeitet hat, gib man etwa die Hälfte des Zuckers in einen kleinen Tiegel mit Tülle, den man auf ein mittleres Feuer stellt. Man erhitzt ihn und rührt dabei um, bis er flüssig ist, jedoch nicht vollständig aufgelöst, und anschließend gießt man ihn durch Neigen der Tülle des Tiegels in kleinen gleichgroßen Portionen auf die Bleche.
Ebenso verfahre man mit der anderen Hälfte des Zuckers. Die Pastillen sind mehr oder weniger groß, je nachdem, welche Menge Zucker man auf einmal fallen läßt; um sie jedoch alle gleich zu machen, bediene man sich eines dünnen Drahtes, mit dem man den Zukker schneidet, während er aus der Tülle des Tiegels fließt."

Marie-Anne de Cellay,
Crèmes, pâtisseries, bonbons et liqueurs de ménage, 1909

schätzte diese Pastillen sehr und verbreitete die Gewohnheit unter ihren Ehrendamen. Dazu erkannte im Jahre 1862 ein kaiserlicher Erlaß ihre Originalität an. Das trug zur Bekanntheit der wohltuenden Pastillen bei.

Die achteckigen Vichy-Pastillen wurden lange Zeit aus frischem duftenden Teig geschnitten und dann im Ofen getrocknet. Diese traditionelle Fabrikation wurde bis 1954 beibehalten – als die erste Pastille aus Preßzucker produziert wurde.

Aus 1 l Wasser werden etwa 5 g Mineralsalze extrahiert, die aus einer großen Menge doppelkohlensaurem Natron, Kalzium, Kalium, Magnesium, Eisen und Lithium und weiteren Spurenelementen bestehen. Diese Salze werden in getrockneter, zerstoßener Form dem Zucker und der Glucose beigemengt.

Der daraus entstehende Teig, der feucht und körnig ist, wird an warmer Luft getrocknet, dann mit einem natürlichen Aroma (Minze, Zitrone, Anis) versehen, bevor er in einen Druckapparat gegeben wird, der den Pastillen ihre berühmte Form verleiht und den Markenstempel eindrückt.

Am Ende der Rivalitäten zwischen den verschiedenen Marken (Vichy-État, Vichy-Lardy, Vichy-Central) wurde die Betreibergesellschaft der Kureinrichtung Vichy 1966 von der Perrier-Gruppe aufgesogen und in eine neue Vichy-Pastillen-Gesellschaft zusammengefaßt.

Doch 1988 kaufte eine Filiale der Warner-Lambert-Gruppe, Parke Davis, die Vichy-Pastillen auf, die fortan unter dem Namen „Pastilles Vichy Source" vertrieben wurden.

Zu Beginn der 90er Jahre ist neben die traditionelle Pastille noch eine neue getreten, deren Zusammensetzung seit 1825 unverändert ist. Es ist dies die Pastille „Vichy Forme" mit Pfefferminzgeschmack. Sorbit und Aspartam ersetzen hier den Zucker und erlauben einen kalorienarmen Genuß dieser „Bonbons".

Von „englischen Bonbons" und „Rocks"

Die Kochbücher der Jahrhundertwende quellen über von Rezepten für Pastillen und englische Bonbons (Drops).

Die Drops wurden 1830 durch den Engländer John Tavernier auf dem Kontinent eingeführt. Es handelt sich um einen Sirup aus Zucker, der nach der Aromatisierung mit einer sauren Fruchtessenz (Himbeere, Johannisbeere, Kirsche, Zitrone, Orange usw.) bis zum starken Bruch gekocht wird. Die Suche nach einem säuerlichen Geschmack machte zuweilen das Hinzufügen von Zitronensäure notwendig. Es war üblich, den Zucker in der Farbe der für das Aroma verwendeten Früchte zu färben. Vor der Erfindung der Dropsmaschine wurde der Zuckerteig in Formen gegossen. Dann tauchte die Maschine auf. Seitdem schnitt man den festgewordenen Zucker in 200 bis 250 g schwere Stücke, die zwischen zwei mit Vertiefungen versehene Kupferwalzen gegeben wurden, um den Drops die gewünschte Form zu verleihen.

Drops gab es in allen Formen. Das *Manuel-Roret du confiseur et chocolatier* liefert eine „ernstgemeinte" Liste davon: „Birnen, Äpfel, Aprikosen, Pfirsiche, Wal-

nußkerne, Johannisbeeren, Weintrauben, Himbeeren, Erdbeeren, Ananas, Mandeln, Haselnüsse, Melonen, Erbsen, Weizenähren, Kaffeebohnen, Eicheln, Muscheln, Fische, Füllhörner, Holzschuhe, Fliegen, Schmetterlinge, Körbe, Musikinstrumente, Buchstaben, Kreuze, Hörnchen, Sterne, Köpfe, Haustiere, Fässer, Anker, Boote, Lyren, Austernkörbe, Helme, 20-Kilo-Gewichte, Eiffeltürme, Kreisel, Hufeisen, Kleeblätter, Regenschirme usw." Die Auswahl ist heute weitaus begrenzter, denn der säuerliche Geschmack ist auch nicht mehr so beliebt.

Die „Rocks" sind eine Schweizer Erfindung. Aus gekochtem Zucker, voll, hart und zylindrisch, verdanken sie ihr hübsches Aussehen der klugen Verteilung unterschiedlich gezogener, heller, weißer und bunter Zuckermassen. Heute finden wir sie in verschiedenen Ländern.

Die schottische Süßwarenherstellung kennt neben anderen Spezialitäten einen Edinburgh Rock, eine Leckerei in Pastelltönen und mit delikatem Geschmack, die man dem Konditor Alexander Fergusson im 19. Jahrhundert zuschreibt.

ENGLISCHE PASTILLEN

So wurden früher die Likör-Pastillen genannt. Ihre Erfindung geht auf das Jahr 1815 zurück. Ursprünglich goß man die Zuckermasse auf Papier, später jedoch in Stärke. Die weißen Pastillen hatten Pfefferminzgeschmack, die rosafarbenen schmeckten nach Maraschino, die grünen nach Absinth usw. Man „lackierte" sie mit einer Mischung auf der Basis von Gummiarabikum, damit sie schöner aussahen.

Die traditionellen „Berlingots“

Sie sind weltweit eine der bekanntesten Spezialitäten der französischen Süßwarenherstellung. Die Verschiedenartigkeit ihrer Geschmacksrichtungen und ihr leicht säuerlicher Geschmack beschert den „Berlingots“ zahlreiche Anhänger. Dreieckig, mit aufgeblasenen Seiten, bestehen diese Bonbons aus Bändern gekochten Zuckers und Netzen aus geschlagenem und gefärbtem gekochten Zucker. Die Zusammenfügung der farblosen und farbigen Streifen variiert.

Früher wurde, wie auch heute noch auf Rummelplätzen, die an einem Haken hängende Zuckerwurst bearbeitet und langgezogen und dann mit der Schere zerschnitten. Heute erleichtert eine Maschine das Zerschneiden – leider geht dabei der volkstümliche Charakter verloren.

Diese Süßigkeit ist sehr alt. Die arabischen Konditoren stellten schon im Mittelalter einen ähnlichen Bonbon her. Tatsächlich enthält ein Kochbuch aus Bagdad von 1226 ein Rezept. Barbara Ketcham Wheaton beschreibt es folgendermaßen: „Man stellt einen Sirup aus Wasser und Zucker her, in den man Pistazien gibt, dann bearbeitet man die Mischung mit einem Stab, bis sie weiß wird, worauf man sie, wie die heutigen Berlingots, in Streifen und Dreiecke zerschneidet.“ Der Name des Bonbons ergab sich allerdings erst später: Das Wort „berlinguaux“ erschien erst 1618 mit der Bedeutung „eine Art Gebäck“. Er stammt vom italienischen „berlingozzo“ her, das „eine Art Marone“ heißt und auf das 15. Jahrhundert zurückzuführen ist.

Im Falle der „Berlingots“ aus Carpentras, den bekanntesten, lautete die Legende ganz anders. Zu Beginn des 14. Jahrhunderts ließ sich der angeblich französische Papst Cle-

EINE SCHACHTEL, ZWEI SCHACHTELN, ZWANZIG SCHACHTELN

„In Carpentras ist es üblich, Eysséric-Berlingots zu essen. Man findet sie mit Gottes Hilfe in einer reizenden, jedoch an dem kleinsten, unzugänglichsten Plätzchen gelegenen Süßwarenhandlung. Die köstlichen Berlingots von geometrischer Form, deren Namen mir endgültig entfallen ist, bernsteinfarben, mit Spiralen aus Gold gestreift, enthalten nur zwei überlieferte Geschmacksnoten, Minze und Zitrone. Die anderen sind unecht.
Nehmt eine Schachtel mit, zwei Schachteln, zwanzig Schachteln – man hat nie zu viele Berlingots.“

Robert-Robert,
Le Gourmand vagabond, 1928

mens V., der ehemalige Erzbischof von Bordeaux, im Wunsche, den Rom zerreißenden Unruhen zu entfliehen, in der Grafschaft Venaissin, die damals Lehensgut des Heiligen Stuhles war, nieder. Der Kirchenfürst genoß den Ruf des Genießers. Bei einem von ihm veranstalteten Bankett war der Höhepunkt eine Eiersüßspeise, die mit goldenen Karamelfäden dekoriert war. Der Koch kam auf die Idee, den Karamel, der ihm von dieser köstlichen Kreation geblieben war und den er nicht zu lange gekocht hatte, mit Minze- und Zitronenauszügen zu vermischen. Er bearbeitete den weichen, cremigen Teig mit ölbestrichenen Händen und formte ihn zu kleinen Stangen. Der erste, der diese Süßigkeit kosten durfte, war selbstverständlich der Papst, der sie so lecker fand, daß er ihr seinen Namen gegeben haben soll (Bertrand de Got).

Indessen reicht die Geschichte des „Berlingots" aus Carpentras zeitlich weniger weit zurück. Er soll in der Mitte des 19. Jahrhunderts erschienen sein. Die ersten „Berlingots" waren mit Pfefferminze aromatisiert, die in der Gegend reichlich wuchs, dann boten sich noch andere Geschmacksrichtungen an: Zitrone, Orange, Himbeere, Erdbeere, Johannisbeere, Anis, Kaffee usw. Zur Unterscheidung von den anderen „Berlingots" wurde ihre Eigenart in den 50er Jahren präzisiert. Von da an mußte der „Berlingot" aus Carpentras mindestens vierzig Netze aus gekochtem, geschlagenem, aromatisiertem und gefärbtem Zucker enthalten.

BERLINGOTS NACH HAUSFRAUENART

„Man bringe Zucker im warmen Wasser zum Schmelzen, füge den Saft einer Zitrone hinzu; man koche diesen Sirup bis zum Kettenflug. Jetzt rühre man einen beliebigen Saft hinein, dessen Geschmack die Bonbons bekommen sollen: Himbeer-, Erdbeer-, Kirschsaft usw. Man gieße den Zucker auf die vorbereitete Marmorplatte und bearbeite ihn; wenn er lauwarm und geschmeidig ist, rolle man diesen Teig unter den Händen und strecke ihn, bis eine daumendicke Stange entsteht. Man drehe ein letztes Mal diese Stange um sich selbst und schneide die Bonbons mit der Schere. Die Berlingots werden auf alle möglichen Arten gefärbt; die Fruchtsäfte geben ihnen bereits eine blasse natürliche Farbe, die man mit künstlichen Farben verstärken kann."

Madame Henriette,
Manuel de pâtisserie, 1908

Auch andere Gegenden besitzen ihre „Berlingots". Bayeux aromatisiert sie mit Minze. Châtellerault nennt sie „Berlingolettes" und Berck-Plage „Succès berckois" (der Erfolg von Berck). Cauterets stellt sie seit dem Ende des 19. Jahrhunderts her.

Die „Berlingots" aus Nantes sollen älter als die Spezialität von Carpentras sein. Andere bekräftigen im Gegenteil, daß sie von einer Marketenderin der Armeen Ludwigs XVI. aus Amerika eingeführt worden seien.

Eins ist gleichwohl gewiß: In Nantes wurde auf der Place Royale 1780 eine kleine Süßwarenhandlung zum Verkauf von „Berlingots" eingerichtet. Zunächst war es eine einfache Bretterbude, sie sollte sich jedoch zu einem richtigen Laden mausern, wobei sie ihr Schild „A la Renommée des véritables berlingots nantais" über fast zwei Jahrhunderte behielt. Der Erfolg, den diese Bonbons genossen, zog andere Fabrikanten an, und die Stadt erhielt auf diese Weise eine wohlschmeckende Spezialität.

Die Bonbonmasse entsteht durch Kochen einer Zuckerlösung, der Glucosesirup zugefügt wird; er wird gesäuert, aromatisiert und gefärbt, bevor er schließlich geformt wird.

Die Herstellung von Berlingots auf traditionelle Art: Die Zuckerkissen werden mit der Schere geschnitten.

Der Geschmack der Bergamotte

Wenn auch die Bergamotte-Essenz allgemein für ihren Gebrauch in der Arzneimittelherstellung und Parfümerie bekannt ist, desgleichen für ihr feines Aroma im Earl-Grey-Tee, ist doch die Frucht selber kaum bekannt. Es stimmt, daß sie nicht in allen Breiten gedeiht, und wenn sie auch nach dem Vorbild der Zitrone, der sie ähnlich sieht, die warmen und sonnigen Länder liebt, so trifft man sie gleichwohl nur in recht begrenzten Zonen an. So konzentriert sich ihr Anbau auf Kalabrien, in Süditalien, wo sie schon lange vor dem 18. Jahrhundert aufgetaucht sein soll. Die Anbaufläche bedeckt hier um Reggio di Calabria etwa 3000 ha und liefert 90 % der Weltproduktion an Bergamotte-Essenz; der Rest wird von Sizilien und den afrikanischen Ländern wie Elfenbeinküste und Guinea erbracht.

Es gibt wohl kaum eine Frucht, deren Herkunft so umstritten ist. Der Baum mit dem geraden, stark verzweigten Stamm kann 4 m Höhe erreichen, trägt längliche, tiefgrüne Blätter und, von November bis März, kleine weiße Blüten. Die Frucht, die reif blaßgelb ist, weist eine leicht rauhe Schale sowie ein grünlichgelbes, ziemlich saures Fruchtfleisch auf. Ob es wohl wegen ihres birnenförmigen Aussehens geschah, daß man ihr den Namen gab, der zunächst nur eine saftige Birnenart bezeichnete? Dieser Name soll, nach Ansicht mancher, vom Türkischen „beg-armadé" (Birne des Herrn) stammen. Andere leiten ihn lieber von Bergama ab, dem antiken Pergamon, das eines der wichtigsten Zentren Kleinasiens in der Provinz Izmir war oder aber von der lombardischen Stadt Bergame, wo der Anbau dieser Zitrusfrucht ursprünglich betrieben worden sein soll. Manche denken, Christoph Kolumbus hätte „Bergamotte-Orangen" von den Kanarischen Inseln mitgebracht und ihren Anbau in der Gegend von Berga in der Provinz Barcelona eingeführt, von wo sie nach Kalabrien „exportiert" worden seien. Das Geheimnis der Bergamotte dauert an.

Die Anfänge der Verwendung der Bergamotte-Essenz in der Süßwarenherstellung sind ebenfalls kaum bekannt. Es scheint, daß im Laufe des 18. Jahrhunderts Bergamotte-Bonbons einen regen Erfolg hatten. Die Pariser Konditoreien versuchten sich gegenseitig mit Neuschöpfungen auszustechen. Eine von ihnen, die das Firmenzeichen „Vieux Amis" (Alte Freunde) trug, zeichnete sich für ihren Gerstenzucker aus, so berichtet F. Klein-Rebour 1984 in einem interessanten Artikel über die Bonbons von früher. Sie „hatte nur den Gerstenzucker mit Bergamotte als Nebenbuhler, ‚einen gewöhnlichen Bonbon des seligen Königs Stanislas', der von Moutonneau in der Rue du Coq hergestellt wurde." Desgleichen geht Grimod de La Reynière ganz zu Beginn des 19. Jahrhunderts in seinem *Journal des gourmands* (Januar 1806) die Pariser Konditoren durch und erwähnt einen gewissen M. Bouchard, der sich im königlichen

Palast durch „die Komposition von Apfelsaft in Täfelchen mit Bergamotte und anderen Geschmacksnoten" hervortat.

Es scheint, daß man danach versucht habe, die Präsentation der Bergamotte-Bonbons zu verbessern. Victor Fournel erwähnt 1879 in den Rues de Paris den Erfolg, den um Neujahr herum diese Süßigkeiten hatten, denn man fand bei den großen Konditoren der Hauptstadt „die ganze Naturgeschichte aus Bergamotte, Kuckucke im Nest der Grasmücke, Grünkohl, Kartoffeln".

Heute ist die Bergamotte untrennbar mit Lothringen verbunden und noch mehr mit Nancy. Das jedoch ist eine ganz eigene Geschichte. Gewiß, die Lothringer kannten diese Frucht schon lange – vom 15. Jahrhundert an, so scheint es. Der Herzog René I. der Gute, aus dem die Geschichte den „guten König René" machen

BERGAMOTTE-BONBONS

In einen Stieltopf kommen 20 Stück Zucker und etwas Wasser; sie werden erhitzt, und wenn der Zucker geschmolzen ist, fügt man einen Eßlöffel Honig und einige Tropfen Essig hinzu. Man rührt das Ganze mit einem Holzlöffel um und erhitzt es, bis der Zucker eine leichte Karameltönung angenommen hat; der Topf wird vom Feuer genommen und mit 4 Tropfen Bergamotte-Essenz parfümiert; dann gießt man den Teig auf eine geölte Marmorplatte und schneidet ihn in kleine Quadrate, bevor er fest wird.

Blanche Caramel,
Le Nouveau Livre de cuisine, 1939

sollte, hatte eine Zeitlang die Herrschaft über das Königreich von Neapel, das auch Sizilien enthielt. Ist die Bergamotte durch den Herzog von Lothringen mit Hilfe der Geschenke, die ihm die Sizilianer machten, entdeckt worden? Oder brachte er sie selber von seinen Aufenthalten auf seinen Lehensgütern mit in seine Heimat?

Egal, wo hier die Wahrheit liegt, das 18. Jahrhundert mußte abgewartet werden, bevor die Bergamotte in der Gegend Fuß faßte.

Die Bergamotteessenz soll durch den König Stanislas Leszcynski in Nancy eingeführt worden sein, denn Parfüm war am Hofe groß in Mode.

Übrigens erwähnt der Hofkoch des Königs Stanislas Joseph Gilliers in seinem Werk *Le Cannaméliste français* (Nancy 1751) die Verwendung der Bergamotte-Essenz bei der Herstellung aromatisierter Pastillen.

Ihre Erfindung geht auf einen gewissen Jean Lillich zurück, der 1825 in Vellberg in Württemberg geboren wurde. Der Konditor ließ sich 1857 in Nancy nieder. Er ehelichte die lothringische Verkäuferin, Rosalie Bournique, die aus Abreschwiller an der Mosel stammte, wo sie 1830 geboren worden war. Aus dieser Ehe ging eine Tochter hervor: Jeanne.

Lillich kam bald zu Wohlstand und kaufte einen Laden in der Rue du Pont-Mouja. Sein Neffe soll ihm dabei geholfen haben, den für Nantes typischen Bonbon herzustellen.

Man nimmt auch an, daß einer seiner Freunde, der Parfümfabrikant war, ihm geraten hat, die Bergamotte-Essenz, die zu dieser Zeit sehr in Mode war, einem gekochten Zucker beizugeben. Wo auch immer die Wahrheit über die Schaffung dieser Süßigkeit liegen mag – diese wurde schnell bekannt. Lillich, der 1873 die französische Staatsbürgerschaft annahm, änderte seinen Namen in Lillig. 1879 verkauft er sein Geschäft an Charles Dussaulx, der ihn seinerseits 1901 an Albert Lalonde veräußerte.

Die Süßwarenhersteller der Stadt, die nun sehr zahlreich vertreten waren, machten aus der Bergamotte eine örtliche Spezialität, deren Erfolg nie nachgelassen hat. Der Konditor Jean Gouy, der sich auf der Place du Marché (heute Place Mengin) niedergelassen hat, war einer der ersten, die die „Bergamotte-Täfelchen", kleine Süßigkeiten von je etwa 4 cm^2 Größe auf den Markt brachte und einzeln verkaufte. Diese Spezialität behauptete sich bis zum Ende des 19. Jahrhunderts.

Während der Weltausstellung in Nancy im Jahre 1909 wurde die Bergamotte zur Attraktion, und die Besucher, die dazu aufgefordert wurden, sie zu kosten, waren sehr angetan. Fortan bekam die Spezialität aus Nantes hübsche kleine Dosen aus verziertem Blech. Eine kürzlich durchgeführte Studie hat es ermöglicht, etwa 250 verschiedene Dosen zu sammeln, die durch über 35 Süßwarenhersteller vertrieben worden sind. Was nicht alles die unstillbare Neugier der Sammler erwecken kann!

Heute ist dieser Bonbon, dem die Bergamotte-Essenz seinen eigentümlichen Geschmack und seine schöne, bernsteinartige Transparenz verleiht, die erste französische Süßigkeit, die ein Gütezeichen besitzt: das Gütezeichen „Lorraine" ist ihm im Oktober 1993 zuerkannt worden.

Ungewöhnliche Bonbonnieren

Das Zeitalter der Aufklärung, das sich für Raffiniertes begeisterte, konnte den köstlichen Wohlgeruch, der der Bergamotteschale entströmte, nicht so einfach übergehen. Seine Vorliebe für Dosen und Schachteln aller Art, ob wertvoll oder nicht, aber stets elegant und häufig mit Miniaturen verziert, ergänzte sich mit dem feinen Duft. So entstanden in Grasse, einem den Düften gewidmeten Ort, entzückende kleine Dosen, die dazu bestimmt waren, Süßigkeiten aufzunehmen.
Die ersten Bergamotes – so nannte man die Behälter – bestanden aus der Fruchtschale, die in zwei Hälften geschnitten, dann umgewandt und auf eine Holzkugel gestülpt wurde, deren Form sie annahm; sie wurde getrocknet und schließlich rundherum poliert. Die Dose, die man durch Zurechtfeilen der zwei Schalen-Hälften erhielt, wurde mit gravierten oder aus Tusche gezeichneten Motiven verziert. Diese relative Einfachheit ließ der Phantasie wenig Raum, und in Anbetracht des Erfolges dieser Gegenstände mußte eine andere Herstellungsart gefunden werden. Die Technik der Preßpappe, die einige Jahrzehnte zuvor entstanden war, bot sich sehr gut dafür an.
Eine echte Industrie entwickelte sich also in Grasse, von wo aus eine Vielzahl duftender Dosen ihren Weg nahm. Klein – ihr Durchmesser überstieg keine 7 cm –, in der Regel rund, doch auch oval oder herzförmig, wurden diese „Bergamotes" innen mit aufgeklebten Schalenstreifen versehen. Auf ihrem Deckel erhielt eine feine Gipsschicht ein sorgfältig gemaltes Dekor, das eine glänzende Lackschicht noch mehr zur Geltung brachte: Landschaften, Rokokoszenen, Genreszenen oder ver-

Kleiner Trommler, Bergamotte-Dose aus dem 18. Jahrhundert, mit Papiermasse überzogen und bemalt, Grasse, Musée international de la Parfumerie.

schiedene Motive, die zuweilen mit galanten Sprüchen versehen waren. Die Lieblingsthemen des 18. Jahrhunderts fanden hier einen neuen Untergrund voller Originalität. Wenn auch manche „Bergamotes" eine reliefartige Ornamentierung aufwiesen – häufig das Bildnis einer berühmten Persönlichkeit –, so gab es doch andere, themenorientierte, deren ganze Form aus bemalter, mit dem duftenden Futter versehener Preßpappe eine der Hauptgestalten der Commedia dell'arte oder eine der traditionell bei den provenzalischen Krippenfiguren dargestellten Personen als Büste oder in ganzer Figur abbildete.

Es muß auch vermerkt werden, daß bei größeren „Bergamotes" (bis 28 cm Durchmesser) ein leichtes Holz die Pappe ersetzte.

Doch welche Bestimmung ihnen auch immer zufiel, diese reizenden Schachteln überlebten nur die Zeit einer Mode. Bald wurden sie beiseitegelassen und kamen zum Gerümpel. Das *Dictionnaire Larousse* aus dem 19. Jahrhundert verzeichnet: „Der einzige Gebrauch, den man augenblicklich von den Früchten des gemeinen Bergamottebaumes macht, besteht darin, sie ganz in die Wäscheschränke zu legen oder sie bei sich zu tragen, um ständig von ihrem Geruch umgeben zu sein." Und heute gehören diese kleinen Bonbonnieren aus Grasse zu jenen etwas ungewöhnlichen Stücken, die als Zeugen einer Zeit und ihres Geschmacks von Sammlern sorgfältig im Verborgenen ihrer Vitrinen aufbewahrt werden.

Flache Bergamotte-Dosen aus dem 18. Jahrhundert, mit Papiermasse überzogen und dann verziert, Grasse, Musée international de la Parfumerie.

Gerstenzucker

Der Gerstenzucker ist eine der großen traditionellen Süßigkeiten. „Den echten Gerstenzucker," so lesen wir im *Dictionnaire de l'Académie des gastronomes* von 1962, „erhält man durch Beimischen eines mit geschlagenem Eiweiß vermengten Gersten-Absuds zu einem heißen Zuckersirup: Man schäumt ihn mehrmals ab, passiert ihn, und dann, nach dem Aufkochen, gießt man ihn auf eine geölte Marmorplatte, wo man vor dem Abkühlen den Zucker zu Stangen rollt."
Um ein schönes Gelb zu erhalten, war es üblich, einen leichten Safran-Absud hinzuzufügen. Das Rezept für gewöhnlichen Gerstenzucker war einfacher. Es war bis zum starken Bruch gekochter Zukker, dem ein leichter Gersten-Absud beigefügt und der oft mit Zitronen, Bergamotte-Essenz, Orangenblüten- oder Rosenwasser usw. parfümiert wurde. Dieser wurde in verschiedene Formen gebracht, in kleine Stangen gerollt oder zu Spiralen gebogen.
Seine Zusammensetzung entwickelte sich weiter, da man ab dem Ende des 19. Jahrhunderts dazu überging, den Zucker durch einen Zusatz von Glucose „dicker" zu machen, und da schließlich die Gerste verschwand. In Frankreich erlebte die-

ser Bonbon im Zweiten Kaiserreich eine lebhafte Begeisterung. Die Badeorte, die damals bei Hofe große Gunst genossen, machten daraus ihre Spezialität: Besonders Vichy. Doch waren sie nicht die einzigen. Denn der Gerstenzucker hatte schon den süßen Ruf von Tours begründet, das ihn mit Apfel oder Kirsche aromatisierte, und von Moret-sur-Loing, das ihn in natur bevorzugte.

Der sehr bekannte Gerstenzucker aus Moret war ursprünglich von den Benediktinerinnen hergestellt worden, die sich 1638 im Priorat von Notre-Dame-des-Anges niedergelassen hatten, das in Moret-sur-Loing (im späteren Département Seine-et-Marne) durch die Gräfin von Moret, Jacqueline de Bueil, gegründet worden war. Unter der strengen Zucht der Mutter Oberin Élisabeth Pidoux, fertigten die Nonnen im Verborgenen ihres Hauses ein unvergleichliches Produkt. Der Erfolg war riesig! Die höchsten Persönlichkeiten des Reiches und sogar die königliche Familie waren verrückt danach.

Bis 1758 hatten die Gerstenzucker-Stangen also keinen Mangel an Anhängern. Doch dann begann eine lange Finsternis. Unter der Revolution erlebte das Kloster schwierige Zeiten und wurde 1792 geschlossen. Damit war die Gerstenzucker-Herstellung unterbrochen. Sie lebte erst im 19. Jahrhundert wieder auf, als die Nonnen von Saint-Vincent-de-Paul sich in Moret niederließen und beschlossen, dem Bonbon ein zweites Leben zu verleihen. Das wertvolle Rezept war von einer Nonne des ehemaligen Priorats, sorgfältig aufbewahrt worden.

Von 1853 an ermöglichte die Großzügigkeit des Händlers M. Desmarais die Fabrikation. Eine schöne Zukunft lag vor dem „gemusterten, für Reiche und Arme wohltuenden, unter dem Namen Gerstenzucker bekannten Bonbon der Nonnen von Moret", so schrieb ein lokaler Historiker.

Der Gerstenzucker ist in vielen Ländern zu finden, in sehr verschiedenartigen Formen, sei er nun zu Stangen gerollt oder in verschiedene Formen gegossen.

SUGAR BARLEY

Die Bezeichnung „Gerstenzucker" scheint gerechtfertigt zu sein durch die ursprüngliche Zusammensetzung des Produkts. Dabei wird von denen, die Kompliziertheit und Einfallsreichtum suchen, angenommen, daß der ursprüngliche Name „gebrannter Zucker" lautete, und daß dieser jenseits des Ärmelkanals in „sugar barley" deformiert wurde. Da das englische Wort „Gerste" bedeutet, war der Bonbon also in Frankreich „sucre d'orge" (Gerstenzucker) genannt worden.

Apfelzucker

Der Apfelzucker ähnelt dem Gerstenzucker. Es handelt sich hierbei um einen Bonbon aus gekochtem Zucker, der mit Apfelgeschmack angereichert wurde. In der Gegend um Rouen im Herzen der Normandie, wo der Apfel alles beherrscht, wurde der Bonbon rasch zu einer lokalen Spezialität.

Früher wurde der echte Apfelzucker aus Reinette-Äpfeln hergestellt, die zu Mus gekocht und zur Saftgewinnung durch ein Sieb gegeben wurden; dieser wurde anschließend mit Zucker bis zum starken Bruch gekocht. Täfelchen, Pastillen und Stangen wurden mit zerstoßenem, durch

KIRSCHENZUCKER

Der sogenannte Kirschenzucker („sucre de cerise" oder „sucre à la cerise") ist ebenfalls eine alte Süßigkeit. Das Rezept war das gleiche wie für den Apfelzucker, wobei anstelle der Äpfel entstielte Kirschen zum Kochen gebracht wurden, bis sie ihren Saft abgegeben hatten. Manche begnügten sich damit, den Apfelzucker um des Eindrucks willen mit Karmin rot oder rosa einzufärben. Das *Manuel-Roret du confiseur* erläutert das Rezept für einen Apfelzucker ohne Äpfel, jedoch mit Zitronenschale, und fügt hinzu: „Anstelle der Zitrone kann man mit Himbeerextrakt aromatisieren, um Kirschenzucker zu erhalten." Eine umwerfende Logik für eine Nascherei!

GERSTENZUCKER IN PASTILLENFORM

„Man gebe in einen nicht verzinnten Stieltopf 125 g Zucker, mit einem halben Glas Wasser und dem Saft einer halben Zitrone. Diesen Sirup bringt man unter Umrühren zum Kochen, bis er den starken Bruch erreicht hat. Man nimmt den Topf vom Feuer, fügt dem Sirup einige Tropfen Anis-, Minze-, Zitronen-, Rum-, oder Kaffee-Essenz usw. bei und verteilt die Zubereitung auf einer geölten Marmorplatte. Sobald sie beginnt, fest zu werden, schneidet man sie mit einem Messer in kleine Quadrate, und zwar bevor sie vollkommen erkaltet ist."

M. Lechef,
La Cuisine de chez nous, 1930

Eine andere Spezialität auf Apfel-Grundlage, aber auch aus Calvados: der Brazadou.

ein Haarsieb passierten Zucker umhüllt. Doch dieses Rezept mußte fallengelassen werden, denn der Apfeldicksaft machte das Kochen sehr schwierig, und das erhaltene Produkt war nie ganz fest. Also beschloß man, den Zucker am Ende des Kochenvorgangs mit Apfelessenz zu würzen. Und vom Ausgang des 19. Jahrhunderts gewöhnte man sich an, den Apfelzucker, der in transparente Stangen gerollt war, in ein Blatt Stanniolpapier und dann in goldenes, silbernes oder bedrucktes Papier zu wickeln, das an beiden Enden stark gekräuselt war.

Apfelzucker geht bis in die Zeiten zurück, da die Apotheker auf gewisse Weise das Monopol der Zuckerwarenherstellung innehatten. Die Idee dazu hatte ein spanischer Apotheker, der nach Rouen gekommen war, um einen gewissen Pierre Dubosc die Kunst der Konfitürenherstellung zu lehren, desgleichen „den Stand des Zuckerfabrikanten und -sieders".

Die Süßigkeit wurde folglich mit therapeutischen Ingredienzen angereichert: Mit Sandelholz, Aloe oder anderen noch typischer als Heilmittel verwendeten Zutaten wirkten sie herzstärkend, bruststärkend und verdauungsregulierend. Ihrer Anwendung widerstand keine Melancholie.

Gleichwohl – wer wurde nicht durch diese köstlichen Bonbons verführt? Selbst die Kaiserin Marie-Louise war bei ihrem Besuch in Rouen im Jahre 1813 entzückt. Übrigens wurden sie immer mehr als Süßigkeiten angesehen, und der „pharmazeutische" Aspekt geriet immer weiter in Vergessenheit. Die Pariser Konditoren des 19. Jahrhunderts machten es sich zur Pflicht, sie in ihren luxuriösen Geschäften anzubieten. Und bis jetzt besteht die Tradition noch immer. Der Bonbon aus gekochtem Zucker wird heute mit natürlichen Apfelauszügen aromatisiert.

Der Zauber der Lutscher

Diese „großen Bonbons“ in allen Formen und Größen, allen Farben und Geschmacksrichtungen kennen weder Grenzen noch Moden. Welches Kind könnte der Versuchung dieser Süßigkeit widerstehen, die wegen ihrer Härte nur langsam, nach langem Genuß, der Naschhaftigkeit nachgibt? Selbst Erwachsene lassen sich dann und wann in Versuchung führen ...

Am 4. April 1924 meldete in Paris ein gewisser Evrard, Konditor und Begründer der Gesellschaft Evrard et Herbet, das Patent für den ersten Lutscher an. Er hatte einerseits bemerkt, daß die Kinder die Gerstenzuckerstangen lutschten, ohne sie vollständig auszuwickeln (aus Angst, sich die Finger zu beschmutzen) und hatte andererseits gesehen, wie in einer Jahrmarktsbude ein kleiner Holzstab in ein Stück gekochten roten Zuckers gestochen wurde, und so kam ihm der Gedanke, den Gerstenzucker auf ein Stäbchen zu spießen. So entstand der ovale Lutscher, der „fer de lance“ (Lanzenklinge) genannt wurde. Er wurde zuerst aus Karamel mit frischer Milch gemacht, dann wurden verschiedene Zuckersorten mit natürlichen Fruchtaromen hinzugefügt. Die Herstellung erfolgte selbstverständlich handwerklich. Eine Maschine (der sog. „pilulier“) formte kleine Mengen gekochten Zuckers, in die die aus Madagaskar stammenden Rohrstöcke gespickt wurden.

Doch in Anbetracht des Erfolges wurde rasch ein Gußform-Fließband entwickelt.

Die Begeisterung für die „Lanzenklingen“-Lutscher brachte noch eine Vielzahl ähnlicher Süßigkeiten bei anderen Süßwarenherstellern hervor. Mit Karamel oder Früchten paßten sich die Lutscher dem Geschmack jedes Landes an.

Französische, portugiesische, italienische, englische etc. in allen Formen, in allen Farben, in allen Geschmacksrichtungen gehen die Lutscher durch alle Generationen und widerstehen allen Moden.

Bonbons am Stiel: hier die bekannten Chupa-Chups

EIN BERÜHMTER LUTSCHERSTÄNDER

Der Porzellan-Präsentierständer „Pierrot Gourmand" ist heute ein seltenes Sammelobjekt.

Im 19. Jahrhundert war der Pierrot eine modische Figur. Der Mime Jean-Baptiste Gaspard Deburau schuf im Pariser Théâtre des Funambules mehrere Erfolgsstücke.

Sein Sohn Jean Charles trat in seine Fußstapfen. Und der Pierrot, der Held seiner Pantomimestücke, inspirierte den Zeichner Adolphe Willette zu einem poetischen Pierrot vom Montmartre.

Der Werbung der Epoche fehlte es nicht an Ideen: Die Gesellschaft Evrard et Herbet ließ 1892 das Modell eines Pierrots erstellen, der auf einer Mondsichel sitzt und Bonbons anbietet. Dieses Bild vom naschhaften Pierrot wurde schnell zum Sinnbild der Süßigkeit.

Erfrischende Pfefferminzbonbons

Die Minze scheint der gemeinsame Nenner der Süßigkeiten verschiedener Länder zu sein. Sie ist Grundlage von Bonbons für alle Gelegenheiten und sollte eigentlich immer greifbar sein. Unsere Zeit schätzt daran vor allem den erfrischenden Charakter, während das Interesse der vergangenen Jahrhunderte mehr auf den wohltuenden Eigenschaften der Pflanze lag.
Ohne zu den legendären Ursprüngen der Minze zurückzugehen, deren Name von dem der Nymphe Mintha abstammen soll, stößt man seit der Antike auf Spuren ihrer Verwendung als Parfüm oder Gewürz. Sie war bereits mit zahlreichen Tugenden geschmückt.
Im Mittelalter unterschied man drei Minze-Arten. Pierre de Cressens erläutert im 14. Jahrhundert: „eine ist echt und streng genommen eine Gartenpflanze; sie stärkt und regt mittelmäßig an. Die andere ist eine wilde Minze (…), die stärker anregt. Dann gibt es noch eine, die längere, breitere und spitzere Blätter hat; diese nennt man römische oder sarazenische Minze und allgemeiner noch das Kraut der Heiligen Maria. Sie wirkt stärker harntreibend als die anderen."
Heute ist die auf dem Gebiet der Bonbons meistgebrauchte Sorte die Pfefferminze (*Mentha piperita*) mit dem durchdringenden, fast aufdringlichen Geruch. Die Varietät „Mitcham" ist die begehrteste; sie verdankt ihren Namen der kleinen englischen Stadt in Surrey in der Nähe von London, wo sie herstammt und seit dem

UNGEZÄHLTE WIRKUNGEN

„Alle Minzearten wirken anregend, austrocknend und leicht adstringierend; sie stärken das Gehirn, das Herz, den Magen, sie vertreiben die Winde, widerstehen Gift, regen den Appetit an, lösen die Monatsblutung bei Frauen aus, unterstützen die Atmung und die Verdauung, mildern Säurebildung und Sodbrennen, bringen Erbrechen zum Stillstand, töten Würmer ab; man kann sie wie Tee einnehmen oder als Destillat, wie es Harmann bei unstillbarem Erbrechen empfiehlt. Ein Löffel dieses Destillats mildert heftige Leibschmerzen bei Kindern. Als Breiumschlag aufgetragene Blätter beruhigen Koliken, stärken den Magen. Das Öl, das durch Aufguß der Blätter und der Blüten von Frauenminze hergestellt wird, ist sehr gut bei allen Arten von Wunden und Prellungen, wobei es mit einer Kompresse aufgetragen wird."

La Nouvelle Maison rustique, 1804

Ein kleines Kissen aus geschlagenem Zucker mit dem Geschmack nach Mitcham-Minze, in das sich ein Streifen karamelisierten Zuckers geschlichen hat – das ist La bêtise de Cambrai.

Ende des 17. Jahrhunderts angebaut wird.

Dennoch existieren von dieser ausdauernden und resistenten Pflanze, die einst weit verbreitet war, mehrere Varietäten, so die „Milly“ oder die „Maine-et-Loire“, die alle wegen des Frischegefühls geschätzt werden, das sie im Munde erzeugen.

Die aus der frischen Minze hergestellte Essenz wird benutzt, um zahlreiche Bonbons zum Knabbern, Lutschen oder Kauen zu aromatisieren. Bonbons aus gekochtem Zucker, ob voll oder gefüllt, Pastillen, Dragees, Fondants, Kaugummis u. a. Der Geschmack ist so intensiv, daß einige Gramm der Essenz bereits genügen, um ein ganzes Kilogramm Zucker zu „imprägnieren“.

Von ausgeprägter Frische, werden die kühlen Minze-Bonbons mit einer Essenz parfümiert, die durch die Mischung von zwei Dritteln Minzeessenz mit einem Drittel Anisessenz hergestellt wird.

Unter der Vielzahl der Minzeprodukte sind die berühmtesten unbestreitbar die „Bêtises de Cambrai“, „mißlungene“ Bonbons, wie die Legende sagt, die aus der „Dummheit“ eines Konditorlehrlings entstanden, der im Laufe des ersten Drittels des 19. Jahrhunderts Zucker und Minze falsch dosiert und Luft in den Teig geblasen haben soll. Ein Irrtum, der diese „hygienischen“, verdauungsfördernden und erfrischenden Bonbons aus gekochtem Zucker nicht daran hinderte, ab etwa 1850 Gegenstand einer organisierten Fabrikation zu werden, rasch echten Erfolg zu haben und immerhin Cambrai eine weltbekannte Spezialität eingebracht hatte.

Das Herz der Bonbonkunst: Karamellen

Karamelbonbons bilden die Grundlage der Zuckerwarenherstellung und finden sich in fast allen Ländern. In Frankreich werden sie Caramels genannt und anderswo „Toffees“. Das französische Wort caramel, das sich vom spanischen caramel(o) aus dem 17. Jahrhundert ableitet, das seinerseits ein Erbe des portugiesischen caramelo ist, soll aus dem mittelalterlichen lateinischen Wort cannamellis, „Zuckerrohr“, oder anderen Quellen zufolge aus dem spätlateinischen calamellus, einer Verkleinerungsform von calamus (Schilf) stammen (wegen der Ähnlichkeit in der Form des gehärteten Zuckers mit einem Schilfstengel). Was die englische Bezeichnung Toffee angeht, so kommt diese von dem englischen Wort tough, das „zäh“ bedeutet. Zweifellos zählten die Karamellen aufgrund der Einfachheit ihrer Zusammensetzung zu den ersten Süßigkeiten auf Zuckerbasis. Ihre Herstellung war zunächst recht „grob“, und nach dem Vorbild der anderen Süßigkeiten wurden sie mit „therapeutischen“ Eigenschaften versehen. Im 17. Jahrhundert definiert das Wörterbuch von Furetière den Karamel als „Droge, die die Apotheker gegen Schnupfen zubereiten, die besonders aus stark gekochtem Zucker besteht“. Dennoch probierte man bei diesem Bonbon bald andere Geschmacksrichtungen aus, wie Schokolade, Kaffee oder Vanille. Man fand später Zitronen-, Orangen oder Zitronatkaramellen. Bei den Mandelmilchkaramellen wurden dem Zucker und der Milch süße und bittere Mandeln sowie etwas Orangenblüten beigemischt. „Zuerst werden die Karamelbonbons in ein dünnes Papier eingewickelt, das einen Spruch, ein Bilderrätsel, eine Parole, ein Sprichwort, eine berühmtes Ereignis, ein Kunstwerk trug“, beschreibt das *Manuel-Roret du confiseur et chocolatier*. Die Karameltafel von etwa 4 cm^2 Größe, auf die reliefartig ein allegorisches Bildchen gedruckt war (Adler, Lilie usw.), kam ebenfalls in Mode. Diese Tafeln, die wie die Karamelbonbons zubereitet wurden, erlaubten auch verschiedene Geschmacksrichtungen durch Absude aus getrockneten Klatschmohnblüten, Himbeere, Orange usw. Sie wurden rosa oder gelb getönt.

Die berühmten Marocains, die in Vichy hergestellt werden.

Heute sind Zuckersirup, Glucosesirup, Milch und tierische oder pflanzliche Fette die Zutaten des Karamels. Der Zucker spielt hier also immer eine wichtige Rolle. Je nach Grad der Erhitzung der Mischung ist der Bonbon entweder weich oder hart. Je nach Natur und Dosierung der verschiedenen Komponenten kommt zu

Mit allen Größen und Formen ist die Bandbreite der Karamelbonbons nahezu unendlich.

der Bezeichnung „Karamel“ oder „Toffee“ die Präzisierung mit Milch, mit Sahne oder mit Butter, mit Schokolade, Kaffee, Vanille usw. Manchmal werden Trockenfrüchte (geröstete Haselnüsse, Pistazien usw.) dem Karamel untergemischt.

Früher wurden Karamelbonbons handwerklich hergestellt und mit Hilfe eines Schneidegeräts aus Blech zerteilt, das 24 bis 88 Fächer enthielt, oder mit einem Messer mit kreisförmigen Klingen. Jetzt hat eine Maschine den Menschen verdrängt, um den Karamellen ihre Form zu verleihen. Die „weichen“ Karamellen verdanken ihre Weiche den Pflanzenfetten oder der Butter und der Sahne, die dem Zuckersirup, dem Glucosesirup

und der Milch beigefügt werden – doch auch der Tatsache, daß bei ihrer nur mäßigen Kochtemperatur keine Karamelisierung des Zuckers stattfindet.

Auf französischer Seite ist die Vielfalt der Karamelbonbons sehr groß; jede Gegend macht es sich zur Ehre, ihre eigenen zu haben. Der Anfang des 20. Jahrhunderts war besonders fruchtbar, was Neuschöpfungen anging. In Vichy wurden am Tage nach dem Ersten Weltkrieg die „Marocains“ von einem gewissen Konditor Martin geschaffen. Der Name dieser Bonbons, die aus Butter, Milch, Zucker, Vanille und Crème fraîche komponiert wurden, erinnert an die regelmäßigen Besuche der Kurgäste aus Nordafrika in Vichy während der großen Zeit des Kurortes. In Nevers ist der „Négus“, der auch zu dieser Art Bonbons gehört, eine weiche, in gekochten Zucker gehüllte Karamelle.

Seine Geschichte ist noch älter, da er 1901 entwickelt wurde,

KARAMELBONBONS NACH HAUSMACHERART

„In einen nicht zinnbeschichteten Stieltopf gieße man ein halbes Pfund Zucker und ein Glas Wasser; auf das Feuer setzen; schmelzen lassen, bis der Teig eine braune, jedoch nicht schwarze Färbung annimmt. Vom Feuer nehmen. Die Mischung auf eine zuvor geölte Marmorplatte gießen, dann den Teig in kleine Quadrate schneiden. Wenn man eine Karamelform besitzt, ist es vorzuziehen, den Teig in diese geölte oder gebutterte Form zu gießen. So vermeidet man das Zerschneiden des Karamels.“

Für weichen Karamel mit Kaffeegeschmack „bringt man in einem Stieltopf 125 g Zucker gerührt in drei Löffel Milch zum Schmelzen. Man rührt, bis sich der Zucker gut aufgelöst hat, fügt 80 g Honig hinzu und 150 g Doppelrahm. Gut umrühren. Gegen Ende der Kochzeit zwei Löffel Kaffee-Essenz hinzufügen. Beenden, wie oben angegeben.“

Karamellen mit Schokolade werden so hergestellt:

„100 g Zucker, einen Löffel Honig, ein Glas Doppelrahm, 125 g Schokolade. Den Zucker in einen nicht verzinnten Stieltopf geben. Ihn sehr langsam mit einigen Tropfen Zitronensaft schmelzen lassen, dann den Honig und die Sahne hinzufügen. Ständig rühren, bis der Teig dick und golden wird. Nun die fein geriebene Schokolade zufügen. Beenden wie oben.“

M. Lechef,
La Cuisine de chez nous, 1930

um den offiziellen Besuch des abessinischen Kaisers Menelik in Frankreich zu feiern.

Eine andere berühmte Persönlichkeit hat bei dem Konditor Jean Sauvadet in Lapalisse im Departement Allier 1922 die „Vérités de Lapalisse" angeregt. Es handelt sich um Jacques II. von Chabannes (1470-1525).

Bordeaux hat seine „Niniches" mit Schokolade, Saint-Jean-de-Luz seine „Kalougas" mit Kaffee und Schokolade. Saint-Armand-les-Eaux, das berühmt ist wegen seines Glockenspiels mit 47 Glocken, ist es fast ebenso wegen seiner „Clochettes du carillon", Karamelbonbons, deren Form an Glocken erinnert, und die noch wie damals mit flandrischer Butter auf offenem Feuer in einem Kupferkessel gebraut werden.

Die „Chuques" aus dem Norden erblickten 1887 das Licht der Welt – dank eines

Die Toffees Nonsuch, die zur Erinnerung an den herrlichen Palast so genannt werden, den sich Heinrich VIII. im 16. Jahrhundert im englischen Surrey erbauen ließ, werden mit einem Hammer verkauft, der die Trennung der Karamellen voneinander ermöglicht.

KARAMEL UND TOFFEES: EINE GEBRAUCHSANWEISUNG

1. Die Bezeichnungen „Toffees" und „Karamel", mit einem Qualitätsmerkmal versehen oder auch nicht, jedoch nicht durch eine der untenstehenden Bezeichnungen vervollständigt, sind Süßigkeiten vorbehalten, die durch das Kochen von Zucker, Glucose (oder Invertzucker), Speisefetten und (ggf. entrahmter) Milch bereitet werden. Die Fette müssen mindestens 6 % des Endprodukts ausmachen und die aus der Milch stammende Trockenmasse ebenfalls mindestens 6 % des Endprodukts.
2. Die Bezeichnungen Milch-„Toffee" und -„Karamel" mit einem Qualitätszusatz oder nicht, sind Toffees und Karamel vorbehalten, die mit Vollmilch hergestellt wurden (mit Ausnahme der entrahmten Milch). Das Endprodukt muß mindestens 6 % der Trockenmasse aus der Milch beinhalten (davon 25 % Butterfette).
Ein Zusatz anderer Speisefette ist erlaubt. Seine Prozentsatz schwankt, je nachdem, ob es sich um weichen oder harten Karamel handelt.
3. Die Bezeichnungen Sahne- oder Butter-„Toffees" oder „Karamel" mit einem Qualitätszusatz oder nicht sind Toffees und Karamel vorbehalten, die durch Kochen von Zucker, Glucose, Milch, Sahne oder Butter nach den für Milchprodukte geltenden Bestimmungen hergestellt werden. Das Endprodukt muß mindestens 3 % Butterfette enthalten, unter Ausschluß jedes anderen Fettes, das nicht aus der Milch stammt.

Konditors aus Douaisis, der den Einfall hatte, seinen Karamel mit „mildem" Kaffee (mit Zichorienzusatz) zu aromatisieren und mit Zucker zu umhüllen.
Eine jüngere Neuerung basiert auf alten Traditionen. Der C.B.S., ein Karamelbonbon mit gesalzener bretonischer Butter, ist seit 1977 die feine Spezialität von Quiberon.
Gesalzene Butter, Mandeln, Hasel- und Walnüsse bilden eine äußerst glückliche Verbindung, der die Prise Salz eine besondere Note voller Eleganz und Originalität verleiht. Noch näher sind uns die „Tunelières" mit Butter und Sahne. Wie schon der Name erraten läßt, verdanken diese aktuellen Karamellen ihre Existenz dem Tunnel unter dem Ärmelkanal. Dies sind französisch-englische Karamelbonbons par excellence: Sie werden in England herge-

DIE TOFFEES

„In einem Tiegel oder Stieltopf 100 g Butter mit 600 g Zucker schmelzen lassen, den Tiegel auf ein sehr schwaches Feuer setzen, mit einem Holzlöffel umrühren, bis der Zucker geschmolzen ist und knusprig wird, den Saft einer halben Zitrone hinzufügen und alles auf eine gebutterte Platte geben, die Oberfläche mit einem Messer glattstreichen, dann die Karamelbonbons schneiden."

Louis Maillard,
La Cuisine de familles, 1889

HISTOIRE DU TUNNEL
INCLUS - INCLUDED
HISTORY OF THE TUNNEL
ENGLAND
LONDON
Dover
Calais
THE CHANNEL
Gourmandises du Tunnel
Les Tunelières
PARIS
Gourmet Fudge
FRANCE
Henri Willig
BUTTER BONBONS HOLLAND
BRISTOW'S of DEVON
The Butter Scotch makers of today
CAMEO
BUTTERSCOTCH
MADE IN SCOTLAND
ENGLISH DAIRY CREAM TOFFEE
TUCKERS
BON BONS
CARAMELS
au Lait entier et à la Crème
COFFEE CANDIES
NETTO 200 g / NET 7 oz
DE EENIGE ECHTE
DIE EINZIG ECHTEN
RADEMAKER'S
HAAGSCHE
HOPJES
EIIR
POST OFFICE

ANNO 1880
ENGLISH
Dairy Cream Fudge
TUCKERS
NET 6 oz 170 g e
Clotted Cream
Bon Bons
TUCKERS
Taveners
Olde English
TOFFEES
Morris Dancers
Net Weight: 500g 17½oz
Net Weight: 480g 17oz
WALKER'S
TOFFEES
GRADE 1
NONSUCH
REGISTERED
"Delicious To The Palate"
Bristow's
ORIGINAL
BUTTER
SCOTCH
Ingredients: Sugar, Glucose Syrup, Butter, Sweetened Condensed Skimmed Milk, Salt.
250 g 8.82 oz e
Bristow's of Devon
Crediton, Devon, England
EX17 1ET

stellt und zum Verpacken nach Frankreich gebracht.

Übrigens ist der Karamel der allgemeinen Tendenz gefolgt. So ist Fruchtfleisch eine Zutat seiner Zusammensetzung geworden: das Fruchtfleisch der schwarzen Johannisbeere und Vanille-Karamel für „caracassis", Passionsfrucht und Schokoladenkaramel für „Chocopassion" oder auch Apfelfruchtfleisch und Kaffee-Karamel für „Carapomme".

In den anderen Ländern ist der weiche Karamel sehr verbreitet. Er wird häufig in natur oder mit Fruchtgeschmack angeboten und ist Bestandteil des süßen und tra-

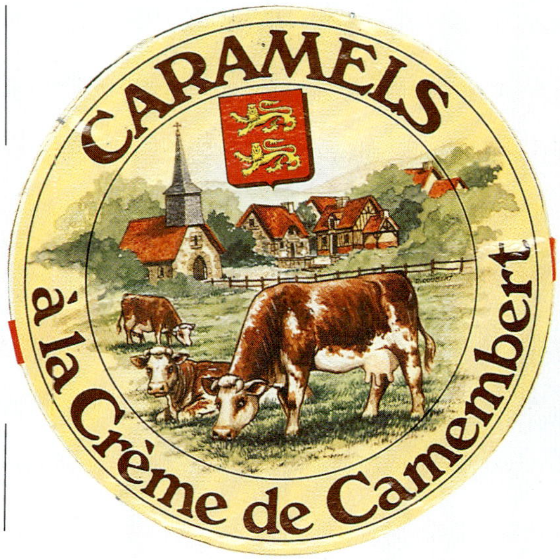

GLASGOW TOFFEES

Zutaten: 125 g Butter, 125 g weißer Zucker, 125 g brauner Zucker, 15 cl Milch, 175 g Glucosesirup, 75 g dunkle Schokolade, ½ Teelöffel Vanilleessenz.

Die Butter in einem Stieltopf schmelzen lassen. Den Zucker, die Milch, den Sirup und die in kleine Stücke gebrochene Schokolade hinzufügen. Langsam erhitzen, um den Zucker aufzulösen, dann zum Kochen bringen. Rasch unter ständigem Rühren bis zum schwachen Bruch (130 °C) kochen lassen. Nun vom Feuer nehmen und die Mischung erstarren lassen. Die Vanilleessenz zugeben. Auf eine geölte Marmorplatte gießen. Wenn der Karamel fast kalt ist, zu Bonbons schneiden.

Rezept aus *Scottish Regional Receipes*, Catherine Brown, 1981

Die Karamelbonbons mit Camembert-Rahm werden, wie es sich gehört, in einer runden Spanschachtel angeboten.

ditionellen Erbes aller Länder. Eine Ausnahme bilden die „Babeluttes", Butterkaramellen, die man an der belgischen Küste findet und die eine eigene Spezialität sind. Gleichwohl steht es an, hier auf die Toffees einzugehen, die dieser Kategorie weicher Bonbons angehören. Die bekanntesten werden in Großbritannien hergestellt, wo bestimmte Firmen ihnen ihre gesamte Tätigkeit widmen. In England, wie auch in Schottland, gibt es die verschiedensten Rezepte. In Devon werden sie durch die Clotted cream (dreifache Sahne) außergewöhnlich cremig. In Dun-

DIE CANOUGATS AUS SAINT-ÉTIENNE

„Saint-Étienne ist die Heimat der Canougats: Man lasse auf einem lebhaften Feuer zur Herstellung eines festen Teiges ein Glas Milch, oder bevorzugt Sahne, ein Glas Zucker und zwei Stücke Schokolade kochen. Am Ende der Kochzeit füge man ein Stück Butter von der Größe einer Walnuß und 3 Löffel Honig hinzu.
Das Ganze streiche man auf den geölten Marmor und zerschneide es in Quadrate, bevor man es abkühlen läßt; dieser Bonbon ist ausgezeichnet.
Für Canougats mit Kaffeegeschmack, Minze usw. gibt man in einen nicht verzinnten Kupfertopf ein Glas Sahne und ein Glas Zucker. Man stellt den Topf auf ein kleines Feuer und rührt um, bis die Sahne einen Milchkaffeeton annimmt.
Nun fügt man die Kaffee-, Anis- oder andere Essenz hinzu. Man schneidet es in Stücke, nachdem man die Masse auf eine geölte Marmorplatte gegossen hat. Diese Bonbons sollen etwas weich sein und an den Zähnen leicht hängenbleiben."

Marie-Anne de Cellay,
Crèmes, pâtisserie, bonbons et liqueurs de ménage, 1909

dee, dem Mandel-Importhafen, werden sie mit dieser köstlichen Schalenfrucht zusätzlich garniert. In Glasgow kommen Schokolade und Vanille usw. hinzu.

Die „harten“ Karamellen bieten ein anderes Vergnügen, sind aber nicht weniger lecker. Man kaut sie nicht wie ihre „weichen“ Verwandten, die ein wenig den Kaubonbons ähneln, doch man knabbert sie oder läßt sich Zeit und lutscht. Sie gehören zur Familie der gekochten Zuckerbonbons mit glatter Struktur. Zuckersirup, Glucosesirup und aromatisierte Milch werden bei hoher Temperatur gemischt und erhitzt, was eine mehr oder weniger starke Karamelisierung bewirkt. Daraus ergeben sich die typische Farbe und der Geschmack.

Die Niederlande haben sich auf dem Gebiet der harten Karamellen mit Hopjes, die schon lange produziert werden (siehe S. 69), und den Roomboter, die so gut nach Butter schmecken, hervorgetan. Jenseits des Ärmelkanals ist der Butterscotch, ein harter Butterkaramelbonbon, sehr geschätzt.

„Ich sah die abgemagerte, stolze Ibelle an, die schnaubte vor Wut und Zorn, weil Seinecé ihr – wie einem ‚Gast‘, sagte sie, und ‚für Karl und dich‘, hatte er die Unverschämtheit besessen, hinzuzufügen – eine Büchse gesalzener Butterkaramellen aus Caen geschenkt hatte – von denen ich ihm früher einmal gesagt hatte, wie gern ich sie gegessen hatte, als wir als kleine Kinder unsere Ferien im Cotentin, in der Nähe von Coutances verbracht hatten.“

Pascal Quignard,
Le Salon du Wurtemberg, 1986

ANGUS TOFFEES

Zutaten: 750 g Kristallzucker, 50 g geriebene Mandeln, 25 g Butter, 20 cl Milch, 1 Teelöffel Mandelessenz.
Die Butter in einem Stieltopf zum Schmelzen bringen. Die Mandeln, den Zucker und die Milch hinzufügen. Solange umrühren, bis der Zucker aufgelöst ist. Zum Kochen bringen und bis zum Ballen weiterkochen (120 °C). Vom Feuer nehmen und etwa fünf Minuten lang schlagen, bis die Mischung andickt. Jetzt die Mandelessenz zugeben. Auf eine eingeölte Marmorplatte gießen. Warten, bis der Karamel fast erkaltet ist, um die Bonbons zuzuschneiden.

Scottish Regional Receipes,
Catherine Brown, 1981

Sehr englisch sind die weichen Karamellen mit Sauermilch, die die Form von Figuren oder Gegenständen bekommen.

Eine Karamelle geht um die Welt

Wer hat in Frankreich noch nicht Gelegenheit gehabt, ein Carambar zu lutschen, und wer hat nicht seine Konsistenz und sein Kakaoaroma gemocht? Über 653 Millionen Exemplare von diesem Bonbon sind im Laufe eines einzigen Jahres (1993) in Frankreich verzehrt worden. Das kommt in etwa dem Gewicht des Eiffelturmes gleich und entspräche einer Länge von 49 000 Kilometern, wenn man die Karamellen aneinanderlegt. Eine nicht zu verleugnende Popularität!
Doch da die Naschhaftigkeit keine Grenzen kennt, müssen auch die jährlich in alle Welt verkauften 42 Millionen Carambar berücksichtigt werden, denn die anderen europäischen Länder und selbst ferne Territorien wie Japan oder Taiwan haben Gefallen an dieser Süßigkeit gefunden.

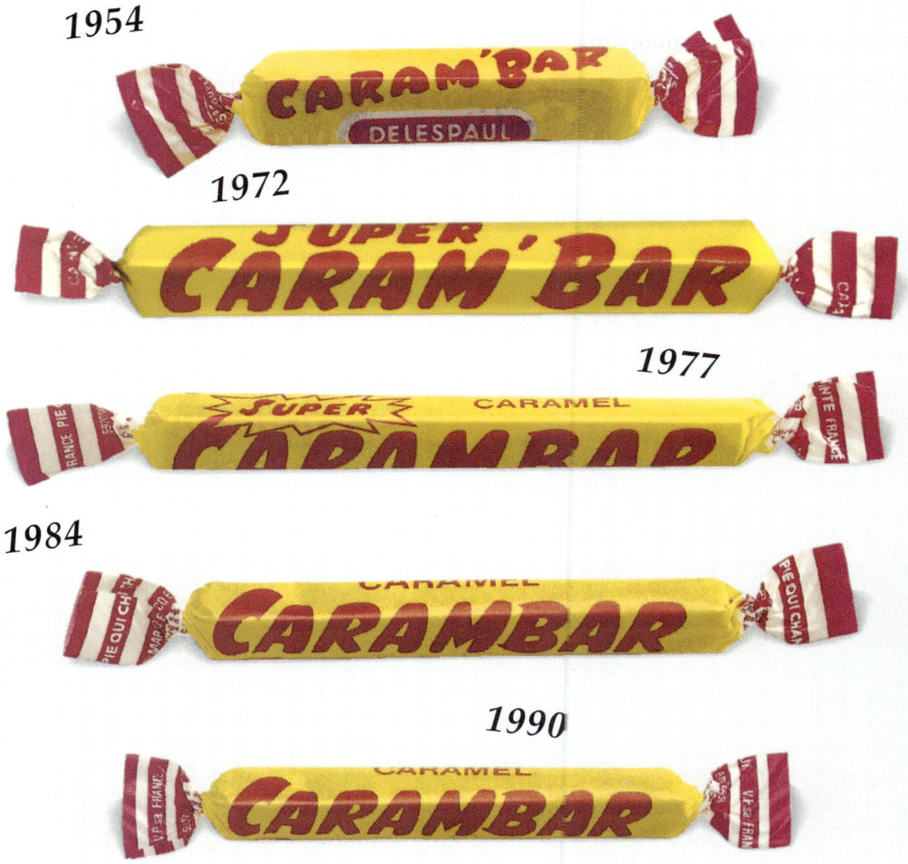

Die Firma Delespaul-Havez, eine Schokoladenfabrik mit alter Tradition und Sitz in Marcq-en-Baroeul im Norden Frankreichs, mischte 1954 Kakao und harten Karamel zu einem originellen Bonbon von der Länge einer Gerstenzucker-Stange, die sorgfältig in ein farbiges Papier eingewickelt wurde. Sein Name lautete Caram'bar. Sein Preis: 5 Centimes. Und ein unfehlbarer Werbetrick: Auf jedem Bonbon versprachen D.H.-Punkte (für Delespaul-Havez) den Kindern attraktive Geschenke. Der Erfolg war umwerfend und hat bisher keinen Einbruch erlitten. Dennoch – weit davon entfernt, in seinem ursprünglichen Rezept zu erstarren – hat sich der Karamelbonbon nach und nach „bewegt", um auf die Erwartungen der Naschkatzen einzugehen. So wurden die Sammelpunkte 1969 durch Rätsel und lustige Geschichten ersetzt, die ins Innere des Einwickelpapiers kamen. Ihre jungen Anhänger wurden sogar dazu aufgerufen, kleine Texte zu liefern, und die besten „Autoren" wurden durch ihr Gewicht in Bonbons belohnt. Drei Jahre später, 1972, war nur noch die Rede vom Super Caram'bar für 10 Centimes, dann, 1977 vom Super Carambar für 20 Centimes und schließlich 1984 vom Carambar für 30 Centimes. Von den 70er Jahren an kamen zu dem traditionellen Carambar andere Süßigkeiten mit Fruchtgeschmack, Mandelcreme und Cola hinzu, die ebenfalls erfolgreich waren.

Berühmte Hartkaramellen: Holländische Hopjes

Harte Karamelbonbons entstehen durch das langsame Erhitzen einer Mischung aus Milch, Zuckersirup und Glucosesirup auf eine hohe Temperatur. Oft werden sie noch zusätzlich mit Kaffee-, Kakao- oder Vanillegeschmack versehen. Der berühmteste unter ihnen, der holländische Hopje, blickt auf eine lange und traditionelle Geschichte zurück.

1792 sah sich der Botschafter der Niederlande bei der österreichischen Regierung in Brüssel, Baron Hop, gezwungen, die Stadt zu verlassen, die von der Armee des französischen Generals Dumouriez eingenommen war. Er floh also mit den Österreichern nach Roermond, dann begab er sich auf Befehl der holländischen Regierung nach Den Haag, wo er am 17. November 1792 ankam. Er richtete sich in dem bequemen Haus des Konditors Theodorus van Haaren im schönsten Viertel der Stadt ein.

Als großer Freund des Kaffees bat der Baron eines Tages seinen Gastgeber, ihm eine Süßigkeit mit Kaffeegeschmack zu schaffen. Was sogleich geschah.

Aus einer harmonischen Mischung aus Zucker, Crème fraîche und Kaffee entstand eine Leckerei, die den Baron entzückte – bis zu seinem Tode im Jahre 1808. Er selbst verbrauchte sie in Mengen, doch er verschenkte sie auch an alle seine Freunde. Eine Rechnung über eine Summe von 8 Gulden, die in seinen Papieren gefunden wurde, belegt seine letzte Lieferung; für diese Zeit war das eine beachtliche Summe! In Erinnerung an den naschhaften Baron tauften seine Freunde den Bonbon „Hopje".

Das Haus Frank Rademaker aus Rotterdam sollte das Rezept dieses Karamelbonbons erben. So wurde die Tradition fortgeführt, getreu dem ursprünglichen, für den Baron erfundenen Rezept. Ein Museum in Den Haag widmet sich heute dem Hopje als großer holländischer Süßigkeit.

Ein Soldat trat ein, legte seine Mütze auf den Mitteltisch, hockte sich hin, band die Schnürsenkel seiner Schuhe los, erhob sich wieder, zog eine Handvoll saurer Drops und holländischer Hopjes aus der Tasche. Er setzte sich auf einen eisernen Hocker und begann, sie sorgfältig auf dem Mitteltisch zu verteilen, im Dreieck, als Rhombe, dann als arabisches Quadrat. „Krick, krack, krock," flüsterte er, wobei er die Silben hämmerte. „Ri-go-la, ri-go-lo." Dann faltete er das weiße Papier eines Hopje auseinander, führte den kleinen schwarzen und bitteren Kaffeewürfel an seinen Mund und fuhr mit abwesendem Blick fort, die Bonbons auf einem imaginären Damebrett zu versetzen.

Pascal Quignard,
Le Salon du Wurtemberg, 1986

AMARELLI
AMARELLI
AMARELLI
LIQUIRIZIA
GARANTITA PURA
AMARELLI
ROSSANO
EmKa

Eine süße Wurzel: Süßholz

Die Griechen kannten es unter dem Namen *Glukurrhiza* und die Römer als *Liquiritia*. Sein Ursprung liegt also weit zurück. Schon frühe Kulturen hatten seine Eigenschaften entdeckt und verzehrten bereits seine Wurzel. Ägypter und Babylonier benutzten sie eingeweicht mit Zimt und Anis zur Bekämfung der Pest. Der griechische Naturforscher Theophrastus sollte später einer der begeistertsten Anhänger werden: Ihm zufolge heilte die „süße Wurzel", dem Honig beigemengt, Geschwüre, milderte trockenen Husten und bewahrte vor Durst. Die Römer gebrauchten sie, um die Anämie zu besiegen. Plinius selbst riet, das „Holz" zu kochen, um den Saft herauszuziehen, der anschließend durch die Wirkung der Hitze angedickt wurde.

Im Mittelalter verhalf seine lindernde Wirkung dem Süßholz dazu, in bestimmte Heilmittel aufgenommen zu werden, die besonders gegen Halsschmerzen, Husten, Magenschwerzen und Verdauungsprobleme angewendet wurden. Man kaute Süßholz bei Zahnfleischgeschwüren. Und man verspürte wegen seines „zuckrigen" Geschmacks zweifellos schon ein gewisses Vergnügen bei seinem Verzehr. Währenddessen sollte die therapeutische Berufung im Laufe der Jahrhunderte bestehen bleiben – dieses Produkt war lange Zeit auf dem Ladentisch des Apothekers zu finden. Dann, vom Ende des 19. Jahrhunderts an, verschwamm die Süßholzwurzel allmählich zugunsten einer im höchsten Grade naschhaften Bestimmung, und das Süßholz fand Eingang in die Welt der Süßwarenfabrikation.

Die Türkei, Spanien, Italien und die Départements in Zentralfrankreich waren nach den 80er Jahren des 19. Jahrhunderts die großen Lakritzehersteller. Von da an sah man die Herstellungsformen, die wir

Werbeplakat von Auzolle anno 1910

auch heute kennen. Arthur Mangin erklärt in *Les Plantes utiles* (1886): „Den Dicksaft oder Saft des Süßholzes (...) erhält man durch das lange Kochen des Süßholzes in Wasser. Wenn der Absud der Wurzel alle löslichen Stoffe entnommen hat, läßt man es in Schüsseln verdampfen, dann entfernt man diesen Extrakt mit Eisenspachteln, und gießt ihn zu Stangen von 12 bis 15 cm Länge auf 1,5 bis 2 cm Durchmesser, die fast immer an einem Ende durch den Stempel der Fabrik abgeflacht sind.

Für den Gebrauch bei empfindlichen Personen und Kennern bereitet man Süßholzsaft mit Anis, der gewöhnlich die Form kleiner zylindrischer, in sich gedrehter Stäbe hat.

Schließlich findet man auch bei den Apothekern, Konditoren und Kolonialwarenhändlern Lakritzpaste, die etwa wie die Brustbeeren- oder die Flechtenpaste hergestellt wurde, wo jedoch die Fabrikanten es nicht unterlassen können, tatsächlich Süßholzsaft beizufügen. Die Käufer wür-

EINE NÜTZLICHE PFLANZE

Die ausdauernde einjährige Pflanze, die zur Familie der Hülsenfrüchte gehört und der Linné den wissenschaftlichen Namen *Glycyrrhiza glabra* verlieh, wächst meistens wild.

Im Mittelalter befand man, das beste Süßholz sei gelb und biegsam und wüchse in sandigem Boden. Die Wurzeln weisen einen Durchmesser von 5 bis 15 mm auf.

Die Gebiete des Süßholzanbaus sind heute Spanien, Süditalien, Griechenland, die Türkei, Syrien, der Iran, Südrußland (die Wolga- und die Schwarzmeergegend) und China.

Das Ausreißen der Wurzeln erfolgt alle drei bis fünf Jahre, vor dem Aufsteigen des Saftes im Frühjahr, und ist ganz besonders heikel. Nach der Ernte wird das „Holz" gemahlen und in einem mit Wasser gefüllten Sterilisierapparat aufgekocht. Der erhaltene Saft, der dick und von brauner Farbe ist, wird anschließend durch Verdampfen konzentriert und in Formen gegossen.

So erhält man den „Süßholzsaft" in schwarzen, harten und zerbrechlichen „Broten", die der Konditor dann je nach Verwendungszweck bearbeitet. Gleichermaßen werden Stangen und Pastillen hergestellt.

Glycyrrhiza glabra

AUS DER GESCHICHTE EINES BERÜHMTEN MARKENZEICHENS

Im 19. Jahrhundert ist Uzès eine wohlhabende Stadt. Zahlreiche Industrien sind hier angesiedelt, wie Töpfereien, Spinnereien und Webereien, Papier- und Süßwarenfabriken.
In der Mitte des 19. Jahrhunderts erleidet die Gegend eine Krise der Seidenproduktion, bedingt durch eine Krankheit. Diese Krise löst in Verbindung mit der Zuckerkrise eine dynamische Reaktion auf Seiten der Industriellen aus, die sich nach anderen Produktionszweigen umsehen mußten, besonders nach der Lakritzherstellung.
- 1855 kauft der aus Uzès stammende Henri Lafont, der schon mehreren Tätigkeiten nachgegangen ist, eine ehemalige Papierfabrik im Ort Californie am Ufer des Alzon in Uzès. Sieben Jahre später eröffnet er eine Lakritzfabrik an dieser Stelle und vertraut die Leitung Alphonse Perdrix an.
- Beim Tode von Henri Lafont wird die Lakritzfabrik von seinen Schwagern Henri Abauzit und Léonce Vincent übernommen; sie bekommt den Namen „Abauzit et Vincent", und später, nach dem Tode von Léonce Vincent und der Heirat der Tochter Henri Abauzits mit Paul Aubrespy, nennt sie sich „Abauzit, Perdrix et Aubrespy".
1884 reicht Paul Aubrespy das Markenzeichen „Zan" ein. Die Geschichte sagt, daß beim Essen mit Freunden in einem Pariser Restaurant Paul Aubrespy dem Gebrabbel eines Kindes zugehört habe. Der kleine Junge, der von allem kosten wollte, sagte zu seiner Mutter: „Maman, z'en veux! Maman, donne-moi z'en!" (Mama, ich will das! Mama, gib mir was davon!). Aus der Kindersprache soll so der berühmte Name entstanden sein ...
- Ab 1912 ist die Gesellschaft mit einer zweiten Fabrik in Marseille vertreten, die auf den Auszug des Süßholzsaftes spezialisiert war. Paul Aubrespy gibt das Unternehmen an seine Schwäger ab; es wird zur „Maison P. Aubrespy, Teissonnière et Kreitmann successeurs".
- Die Gesellschaft wird 1927 in eine GmbH, die „Réglisse Zan" umgewandelt und fünfzig Jahre später von der Gruppe Haribo International (die 1920 in Bonn gegründet worden war) aufgekauft. Zugunsten dieses Aufkaufes wird die Gesellschaft Haribo France gegründet, die heute die aktivste Filiale der Gruppe ist.
- Die Gesellschaften Ricqulès und Zan fusionieren.
- 1975: Die Gesellschaft Florent schließt sich der Gruppe an.
- 1986: Haribo übernimmt die Kontrolle über die Aktiengesellschaft Ricqulès-Zan. Die neue Gesellschaft nennt sich Haribo-Ricqulès-Zan.
Das Wort „Zan" ist zum umgangssprachlichen Begriff geworden. Der Ausdruck „bout de zan" wird nunmehr als Bezeichnung für eine kleinwüchsige Person, im allgemeinen eine Frau, anerkannt. Der Begriff „zan" wird auch häufig für Lakritze ganz allgemein verwendet.

den sich angeblich nie täuschen und energisch protestieren, wie die berühmten Gendarmen aus der Legende, wenn man ihnen Süßholzpaste lieferte, die nicht nach Süßholz duftet. Jedenfalls entdeckte man erst 1918, daß die Qualität des Süßholzsaftes von einer Substanz kam, die zahlreiche Wirkungen hatte: dem Glyzyrrhizin.
Dieses hat darüber hinaus die Fähigkeit, das Aroma von Kakao, Anis und bestimmten Früchten (schwarze Johannisbeere, Erdbeere usw.) zu verstärken, was sie wertvoll für die Süßwarenherstellung macht. Unabhängig von der Generation, der wir angehören, versetzt uns der Geschmack der Lakritze heute in die Kindheit zurück. Pastillen in Form von Perlen, Stangen, Murmeln, Brötchen, Raupen, Schnecken, als weiche Bonbons oder harte – der Geschmack ist pur oder durch eine Geschmacksrichtung verfeinert (Veilchen, Anis, Minze).

DIE SCHUHRIEMEN

„Er besann sich eines anderen, und es schien, als wolle er auf den Kranken zugehen. Vor dem Tisch angekommen, auf dem der Pedell Federhalter, Tinte, Zuckerwaren zum Verkauf ausliegen hatte, blieb er stehen, zog ein paar Fünfer aus der Tasche, legte sie auf den Rand und nahm sich dafür eine jener Lakritzrollen, die wie Schuhriemen aussehen und an denen die Schüler gerne lutschen."

Jean Cocteau,
Kinder der Nacht, 1929

„Als wir den Festplatz verließen, begann es schon dunkel zu werden. Wir schwatzten, lachten, und ich knabberte an einem jener künstlichen Objekte, die mir so gut gefielen – einer Schwalbe, die aus Lakritzen bestand (...).“

Simone de Beauvoir,
Memoiren einer Tochter aus gutem Hause, 1958

Heute haben neue Produkte den Platz der reinen Lakritze eingenommen. Die Glucose und die mit Süßholz aromatisierte Melasse haben den Herstellern erlaubt, schneller und in großer Menge ein haltbareres Material zu erzielen, das zu „Lakritzwaren“ verarbeitet wird. Die Süßwaren mit Lakritze sind vielfältig: Gummibonbons und Schaumzuckerwaren, gekochter Zucker, Karamelbonbons, Toffees, Pastillen, Täfelchen, Dragees (mit Lakritze-Füllung) oder auch Geleeartikel usw.

In England wurde im 18. Jahrhundert durch einen gewissen Georges Dunhill die allererste Lakritzbonbon-Industrie geschaffen. Er verwendete Süßholzwurzeln, die in West Reading in Yorkshire geerntet wurden, wo er auch seine Fabrik errichtete. Diese Tradition hat sich unter anderem in Form von Pastillen, Drops und Toffees bis heute fortgesetzt.

In Frankreich erntete man früher Süßholz im Süden des Landes, besonders in der Camargue. Das ist der Grund, weshalb diese Gegend eines der Hauptproduktionsgebiete für Süßigkeiten aus Süßholz geworden ist. Man verwendete es bereits zur Römerzeit. Vom Mittelalter an genügte die örtliche Produktion nicht für den Verbrauch; man führte welches aus

„Süßholz, auf lateinisch *Glycyrrhiza*. Unter dem Namen Süßholz unterscheidet man drei Pflanzenarten, die man kennen sollte: das ausländische, das gemeine und das wilde Süßholz. Die Süßholzwurzel, die früher aus Kalabrien, Italien, Spanien, Deutschland kam, wird heute in Frankreich angebaut, besonders im Süden. Sie ist innen gelb, außen von einem rötlichen Braun und hat die Dicke des kleinen Fingers. Sie hat einen milden und süßen Geschmack, man verwendet Süßholz bei trockenem Husten und zur Linderung von Brustschmerzen. Man verschreibt die Süßholzwurzel für fast alle Kräutertees, um ihnen einen angenehmeren Geschmack zu verleihen.

Das wilde Süßholz entsteht ohne Anbau, man bezeichnet es als sehr appetitanregend. Der schwarze Süßholzsaft ist ein Pflanzenextrakt, der berühmteste kommt, so sagt man, aus Italien und Spanien; die Hitze ihres Klimas erlaubt nach drei Jahren die Belieferung des Handels mit dieser Wurzel.“

C. Verdot,
Historiographie de la table, 1833

In der Apotheke kaufte Marguerite livländische Tropfen für den Winter, ein Verdauungspulver und Tokalon-Crème. (...) Als sie gerade bezahlen wollte, ließ sich Marguerite noch eine Metalldose mit Schiebedeckel dazugeben, die diese Bonnet-Lakritzbonbons enthielt, die „Agents de Change“ genannt wurden.
„Nimm einen.“
„Danke, Marguerite. Oh! Das sind zwei ...“
„Später streckte er die Zunge heraus, wobei er schielte, um zu sehen, ob die Lakritze sie ocker gefärbt hatte.“

Robert Sabatier,
Trois Sucettes à la menthe, 1972

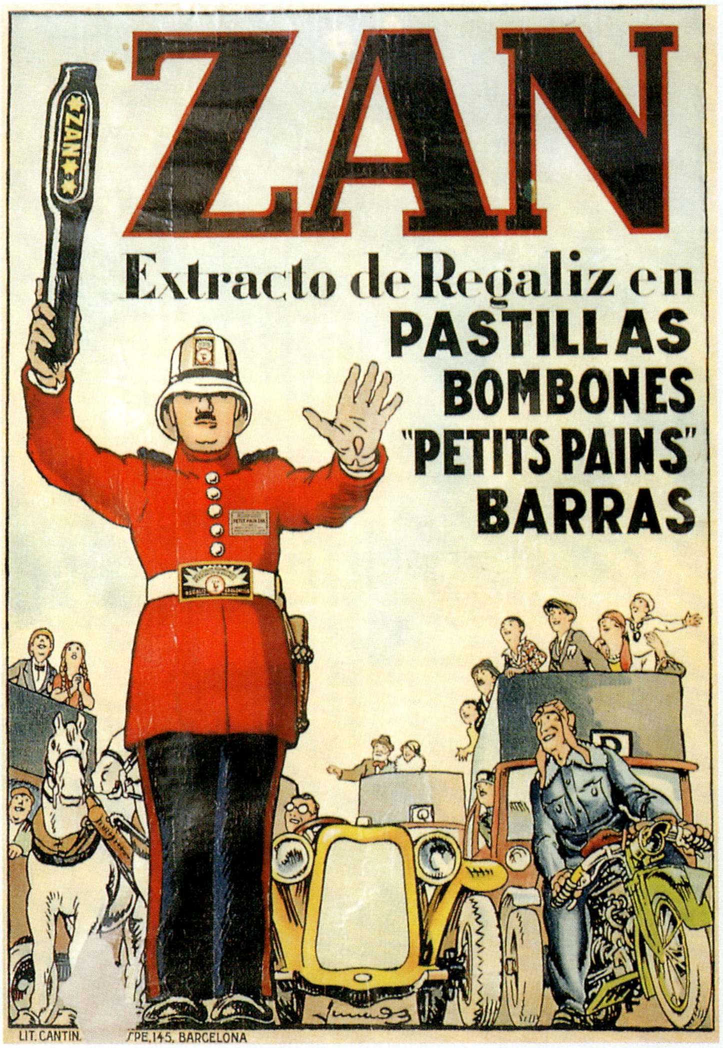

Oben links: Plakat von Cassandre für die Lakritze „Florent"

Oben rechts: Der spanische Polizist, 1910 von Cantin gezeichnetes Werbeplakat.

Links: Werbung für die Lakritze Perdrix, die früher in Uzès hergestellt wurden und heute nicht mehr existieren.

IN ANDEREN WORTEN …

- Cachou: siehe S. 26
- Lakritzwaren: Diese Bezeichnung wird auf Produkte angewendet, die mit Süßholzsaft aromatisiert werden, wobei der Mindestgehalt dieses Stoffes 4 % betragen muß.
- Hartlakritze: Der Süßholzsaft wird mit Gummiarabikum, Stärke und Glucose angereichert. Der Gehalt an Glycyrrhizin muß mindestens 6 % betragen. Sie kann mit Minze-, Anis-, Veilchengeschmack u. a. versehen werden. So erhält man Perlen, Pastillen und kleine Stücke.

Die gegossene Lakritze ist das Ergebnis der Formung des „Teiges" in stärkegefüllte Kästen und ergibt die Bonbons, die bei Kindern so beliebt sind: in Form von Mäusen, Flugzeugen, Faschingsmasken usw.

- Weichlakritz: Dem Süßholzsaft werden Mehle, Melasse und Glucose zugefügt. Der Gehalt an Glycyrrhizin muß mindetsens 1 % betragen. So erhält man Bänder, Schnüre und Schnecken.
- Süßholzsaft: In Frankreich ist im Hinblick auf das Dekret vom 19. Dezember 1910, das noch immer in Kraft ist, die Bezeichnung „suc de réglisse" mit oder ohne Begleitung der Qualitätsbezeichnung „rein" dem Produkt vorbehalten, das durch Auszug aller oder eines Teil der löslichen Stoffe der Süßholzwurzeln enthalten wird und das höchstens 15 % Wasser enthält.

So gibt es einerseits die Produkte, in denen der Süßholzsaft tatsächlich ein Bestandteil ist (Hart- und Weichlakritze), und andererseits die Süßigkeiten mit Lakritze, in denen der Süßholzsaft schlicht für den Geschmack verwendet wird.

Spanien, Italien oder dem Mittleren Orient ein. Es kam über den Hafen von Marseille unverarbeitet nach Frankreich, in seiner Erscheinungsform als Holz, und wurde von dort aus in die Laboratorien der Apotheker in allen Teilen des Landes transportiert.

Auf den Spuren der Engländer, jedoch ein Jahrhundert nach ihnen, bauten die Franzosen ihre eigene Süßholz-Industrie nahe den Produktionsstätten und dem Ankunftshafen auf. Ernest Barre schuf 1837 unter der Firmenbezeichnung „Société des produits chimiques de l'Habitarelle" die erste Lakritzefabrik im Département Gard: in einer ehemaligen Zuckerfabrik in Moussac. Und 1859 ließ sich die Gesellschaft „Carenou, Boniface et Cie" in Moussac nieder. Diese Firma, die am Ende mehrerer aufeinanderfolgender Veränderungen zur Gesellschaft „Car" gemacht und 1962 von Ricqlès übernommen wurde, erlebte zu ihrem Beginn gleich einen überwältigenden Aufschwung.

Nach ihrem Vorbild erblickten mehrere Lakritzfabriken das Licht der Welt: Lorette in Marseille, Florent in Avignon, Zan in Uzès u. a. Nicht gerechnet die zahlreichen Handwerksbetriebe, die ihre Tätigkeit diesem Produkt widmeten, besonders in Montpellier. Das goldene Zeitalter der Lakritze war angebrochen.

Heute stammt das Süßholz vor allem aus Israel, der Türkei oder China. Die großen Industriebetriebe sind fusioniert, wobei Uzès zur Hauptstadt der Lakritze wurde.

Die Verwurzelung des Süßholzes im Mittelmeerraum erklärt, daß man es auch in der spanischen und italienischen Süßwarenherstellung findet. Sein Platz in der Welt der Süßigkeiten Italiens ist sehr alt. Das Holz kam aus den riesigen Besitzungen des kalabrischen Adels und hat vom 18. Jahrhundert an eine bedeutende Entwicklung durchgemacht. Noch heute ist Kalabrien seine bevorzugte Gegend. Der Boden und das Klima tragen zu einem hohen Glyzyrrhizin-Wert bei. Auch Sizilien hat sich in dieser Produktion hervorgetan. Man mag den Geschmack pur, vor allem als Pastillen oder Stangen. Was den Cachou angeht, der sehr geschätzt wird, so eignet er sich für die verschiedensten Aromen: Anis, Minze, Vanille, Eukalyptus, Veilchen usw.

Schließlich hat Spanien als wichtiger Süßholzproduzent ebenfalls seine eigenen Fabriken. Französische Fabrikanten ließen sich dort am Ende des 19. Jahrhunderts nieder, während die Einheimischen die Pflanze eher als „Unkraut" ansahen.

EINE GEMEINSAME „WURZEL"

Im Englischen nennt man sie Liquorice, im Italienischen Liquirizia und auf deutsch Lakritze.

Im Altfranzösischen benutzte man ein ähnliches Wort: Licorece. Doch nach und nach fanden Lautverschiebungen durch Umstellung von Buchstaben statt, so daß es erst Ricolece, dann, Ricolice, Ricolisse, Regulisse und schließlich in den letzten Jahren des 16. Jahrhunderts Réglisse hieß. Einige Sprachwissenschaftler meinen, diese Entwicklung zum Wort réglisse habe „unter dem üblichen Einfluß aufgrund der Kommerzialisierung der Lakritze in langen Stangen" stattgefunden (Trésor de la langue française, CNRS).

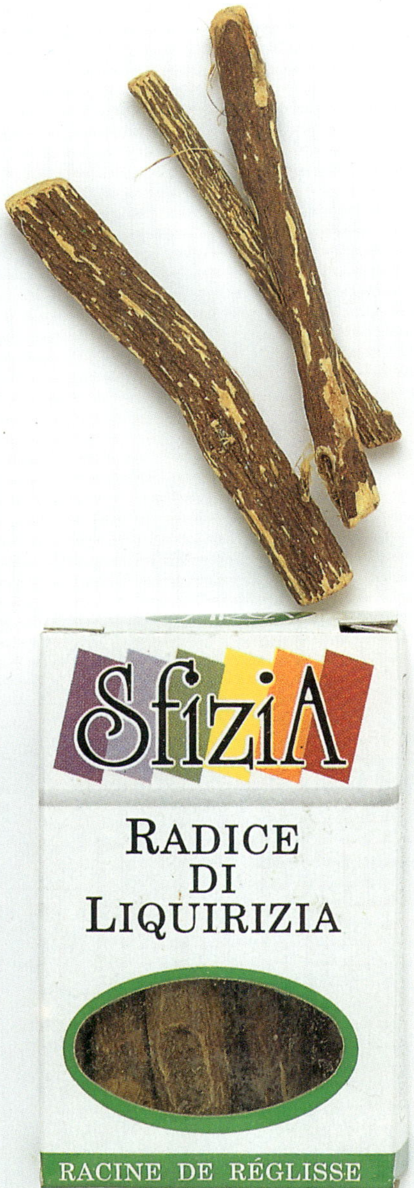

Wer erinnert sich nicht daran, daß er einmal kleine Süßholzwurzeln einfach so gelutscht hat? Das ist die Wurzel, deren Auszug der schwarze Saft oder die schwarze Lakritze der Kolonialwarenhändler ist. Ihr süßer Geschmack hat sie sehr früh auf die Domäne der Süßwaren geführt. Alle geraden Wurzeln werden in 15 bis 20 cm lange Stangen geschnitten.

„Sie haben stark den Husten."
„Schauderhaft!"
„Befehlen Sie vielleicht Lakritzensaft?"
„Ach, die Erkältung läßt nicht mit sich spaßen;
Es gibt dafür kein Mittel, wie mich deucht."

Molière, *Tartuffe*, 1669

Von Gummibonbons und Schaumzuckerwaren

Die weiche Struktur und der süße Geschmack der Gummibonbons machen sie bei Naschkatzen jeden Alters beliebt. Sie verdanken ihre Existenz einem Naturmaterial, dem Gummiarabikum. Zerkleinert, dann in Wasser aufgelöst, wird das Gummi mit kristallisiertem Zucker und Glucosesirup versetzt. Das erhaltene Präparat wird erhitzt, gefiltert, aromatisiert und schließlich in Stärke gegossen (siehe S. 167), um die gewünschte Form zu erhalten. Die „Gummikugeln" sind halbkugelförmig und haben verschiedene Geschmacksnoten. Die härteren „glatten Gummibonbons" werden am Ende der Herstellung mit Dampf befeuchtet, was ihnen den Glanz verleiht. Andere werden mit einer dünnen Schicht Zucker überzogen.

Gummibonbons mit Orangenblüten und Veilchen hatten früher großen Erfolg. Heute werden Gummibonbons bevorzugt, die mit dem Saft verschiedener Früchte oder sonstwie aromatisiert werden.

Der Gummibonbon ist auch Ursprung der Schaumzuckerwaren. Diese entstehen auf gleiche Art durch das Beimischen von Zucker und Glucosesirup zu dem Gummi. Der Unterschied liegt in der Struktur, die im Falle der Schaumzuckerwaren durch Schlagen oder Zufügen eines Lockerungsmittels luftig wird. Ein Aromastoff verleiht dem Produkt seine Eigenart. So aromatisiert der Süßholzsaft die Lakritzwaren, eine Flechten-Abkochung die „pâte de lichen" und ein Brustbeerensud die „pâte de jujube".

Übrigens spielten die Schaumzuckerwaren früher eine ganz spezielle Rolle: Sie galten als „Brustmittel" und sollten folglich günstig auf Bronchien- oder Lungenleiden wirken. Ihre Rezepte erschienen in den Codices der Apotheker, die als einzige mit ihnen Handel treiben konnten. „Kaubonbons" sind aufgetaucht, die aus Zucker, Glucosesirup, Speisefetten und einem Lockerungsmittel wie Eialbumin, Gelatine tierischen Ursprungs oder Milchkasein bestehen. Aromastoffe und Farbstoffe verleihen

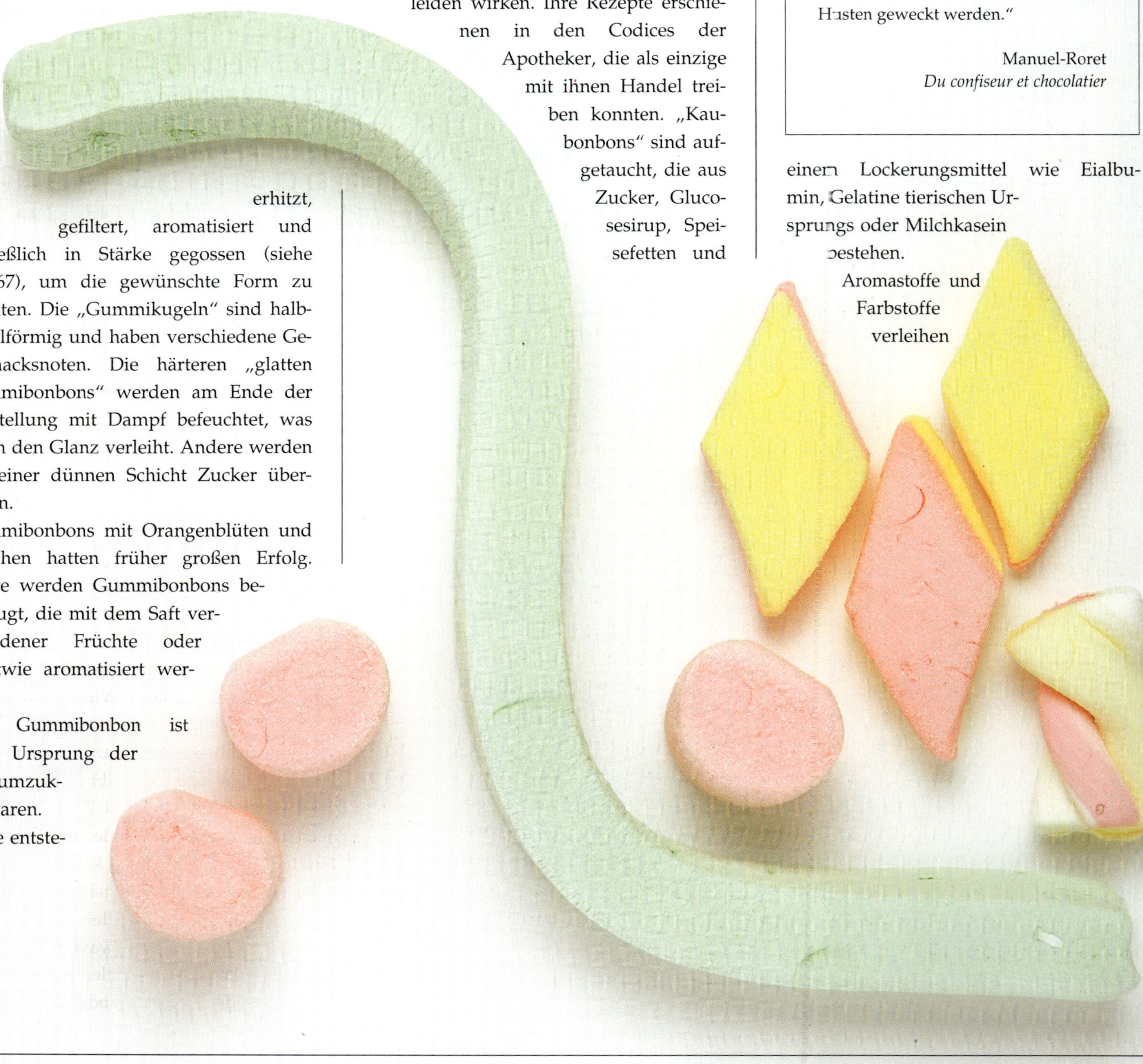

KLATSCHMOHNPASTE

„Man stellt einen Sud von 125 g Klatschmohnblüten in vier Gläsern Brunnenwassers her; man löst ebenfalls 1 kg Gummiarabikum auf. Während diese Lösung bereitet wird, fügt man den Klatschmohnsud hinzu, in den man 1 g Gummiextrakt aus Opium und 1 kg Zucker gegeben hat. Diese Paste wird genauso gekocht und aufbewahrt wie die aus Eibisch. Sie wirkt beruhigend, mildernd, wird mit größtem Erfolg bei katarrhischem Husten und chronischem Schnupfen angewendet; sie gibt Ruhe, Entspannung, löst Schlaf aus, besonders bei Menschen, die durch nächtlichen Husten geweckt werden."

Manuel-Roret
Du confiseur et chocolatier

ihnen anschließend einen bestimmten Geschmack und ihre Farbe. Diese Kaubonbons haben im Laufe der letzten Jahrzehnte einen überwältigenden Erfolg gehabt, und kein Land scheint dieser unglaublichen Begeisterung entkommen zu sein.

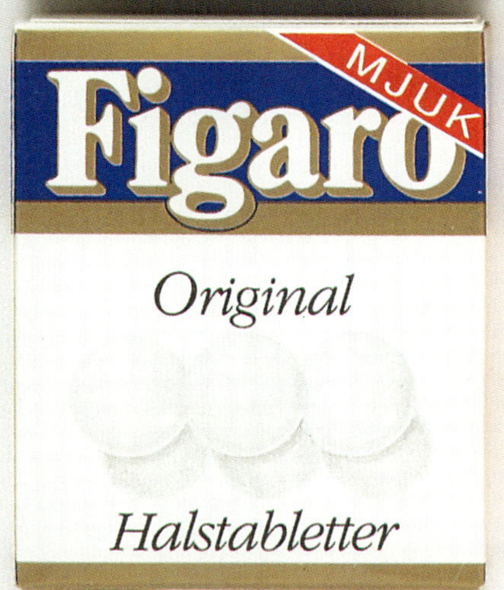

EIN HAUCH VON EIBISCH

Marshmallows, Tremollows, Bams – die Kinder von heute haben eine Schwäche für diese leichten, „elastischen" Süßigkeiten, die man kauen kann und die einen zu ihrer Farbe passenden Duft verströmen. In den angelsächsischen Ländern ist der Verbrauch besonders groß. Eigentlich sind sie nichts anderes als die „Eibischbonbons" von früher. Am Ursprung dieses Eibisch-Schaumbonbons stand eine Pflanze. Die beruhigenden, lindernden und lösenden Eigenschaften des Eibisch (*Althaea officinalis*) erklären seine verbreitete Verwendung bei Entzündungskrankheiten im Laufe der vergangenen Jahrhunderte. Blätter und Wurzeln wurden als Tee verabreicht, doch üblicherweise wurde ein Absud aus der Wurzel hergestellt, der zu äußerlichem Gebrauch bestimmt war. Diese Wurzel beruhigte gekaut Reizungen des Zahnfleisches beim Zahndurchbruch der ganz Kleinen. Auch Tabletten wurden aus Eibisch hergestellt. Pflanzenschleim, der mit Zucker in Tablettenform gebracht wurde, wirkt erstaunlich gut gegen Husten," kann man in *La Nouvelle Maison rustigque* (1804) lesen. Man stellte auch Pastillen aus Eibisch, Zucker, Orangenblütenwasser und Tragant her. Weicher, und allein als Süßigkeit resultiert der Eibischbonbon aus der Ver-

EIBISCHPASTE

Man schäle sechs Renett-Äpfel und schneide sie in Scheiben, ebenso 20 g frische, gut gewaschene und gereinigte Eibischwurzeln. Das Ganze lasse man in einem Kessel mit 2 ½ l Wasser eine Viertelstunde lang kochen. Den Absud passiere man durch ein sauberes Tuch in einen zweiten Kessel, in den man 700 g geriebenen Gummiarabikums gegeben hat. Auf kleiner Flamme rühre man gut mit einem Kochlöffel um. Wenn das Gummi vollständig geschmolzen ist, gibt man die Mischung durch ein sehr dichtes Tuch. Man stellt einen Kessel fest auf die kleine offene Tonne, in deren Öffnung Feuer ist, man gibt den Likör und 700 g Zucker vorsichtig unter Rühren hinein, so daß sie nicht am Kesselboden anbacken. Wenn der Teig schön dick ist, nimmt man 9 Eiweiß und schlägt sie zu Schnee. Man gibt sie unter Rühren zu dem Teig, bis er fast gar ist. Man gibt ein großes Glas Orangenblütenwasser dazu und rührt weiter um, damit die Feuchtigkeit verdampft.
Der Teig ist gar, wenn er beim Schlagen auf den Handrücken dort nicht anklebt. Man nimmt ihn aus dem Kessel und gießt ihn auf einen Tisch, der mit Stärkepulver bedeckt ist. Am nächsten Tag schneidet man ihn in Stücke, die man in eine Dose verschließt, auf deren Boden man Stärkepulver gestreut hat, und zwischen jede Schicht der Paste streut man dieses, um das Zusammenkleben der Stücke zu verhindern."

Les Secrets du liquoriste et du confiseur,
Ende des 18. oder Anfang
des 19. Jahrhunderts

einigung von gemahlener Eibischwurzel mit Gummiarabikum, Zucker und Orangenblütenwasser; das Ganze wird mit Eischnee leichter gemacht. In Stangenform war diese Paste bis in die 40er Jahre hinein beliebt.

Dabei hatten die Süßwarenhersteller wegen der bei der Herstellung einzuhaltenden Genauigkeit den Eibischwurzelabsud beiseitegelassen. „Damit diese Paste sehr weiß wird, muß man sie gut umrühren und vor allem Überhitzung vermeiden," erläutert das *Manuel-Roret du confiseur et chocolatier*.

Ein paar Jahrzehnte war diese Schleckerei in den Schatten gestellt, hat aber vor allem durch die moderne Süßwarenherstellung an Boden gewonnen, die gern mit Form- und Farbkontrasten spielt.

Die traditionellen Eibischriemen in den Pastellfarben verbinden Zucker und Glucosesirup mit einem Lockerungsmittel – in diesem Fall einer mit Eiweiß geschlagenen geschmacklosen Gummilösung.

Von weniger reglementierter Zusammensetzung greifen die modernen Schaumzuckerwaren häufig auf die Gelatine als Ausgangsstoff zurück, und eher auf Aromastoffe anstatt der natürlichen Geschmacksstoffe. Wenn sich auch die Vorliebe der Kinder im 20. Jahrhundert dieser

DAS GUMMIARABIKUM

Ohne diesen Naturstoff gäbe es weder Gummibonbons noch Schaumzuckerwaren. Er ist das natürliche oder durch Einschneiden gewonnene zähflüssige Exsudat des holzigen Teils von Bäumen, die der Familie der Akazien angehören und die wild im Senegal, auf Mali, im Tschad, im Sudan, in Unterägypten, Somalia wachsen. Es hat die Form kleiner, kastaniengroßer Kugeln, die fade und süßlich schmecken. Man löst es in Wasser, dem es eine „gummiartige" Konsistenz verleiht. Dieses wird dann zum Andicken des hergestellten Produkts verwendet.

Das eigentliche Gummiarabikum stammt ursprünglich aus Ägypten, von einer Akazie, die Kassie oder Kassienbaum genannt wird. Wegen seines Mangels an Festigkeit war man genötigt, ihm ein Gummi größerer Qualität beizugeben: das senegalesische Gummi, das von der Akazie *Acacia senegal* (oder *Acacia verek*) abgegeben wird, die an den Ufern des Senegal-Flusses wächst – das beste Gummi kommt vom Unterlauf. Heute wird das Senegalgummi am meisten geschätzt.

Das Gummi aus Aden, das früher allein in den gewöhnlichen Gummibonbons verwendet wurde, meist jedoch zusammen mit Gummiarabikum und Senegalgummi, hat nicht lange mit dem Senegalgummi mithalten können, das weitaus höherwertig ist.

zweiten Gruppe zuwendet, so hält sich doch der klassische Eibischbonbon, der allein die Qualitätsbezeichnung „de fantaisie“ verdient, im französischen Süßigkeitenerbe.

Auf den Rummelplätzen

Gerstenzucker, „Bêtises de Cambrai“, saure Drops, Lakritze, verschiedene Nougats – der Rummelplatz spiegelt die Beliebtheit bestimmter traditioneller Leckereien wider. Manche halten sich für ganze Generationen. Dazu kommt das Vergnügen, zu sehen, wie die gebrannten Mandeln vor unseren Augen hergestellt werden, wie Bonbons und Lutscher aus Zucker gezogen werden. Nicht zu vergessen die Eibischbonbons, die Paul Guth in seinem Werk *Paris naïf* 1962 faszinieren: „Ununterbrochen wie Phönix wiedergeboren, langgezogen, von mechanischen Armen geknetet, schwer, klebrig, wie die

DIE PAUSENBONBONS

„Ein winziges Pony galoppierte über die Einfassung der Piste aus rotem Samt und trug das Schild „Pause“ auf dem Rücken. Das Publikum erhob sich, ging herum, besichtigte die Kulissen. Die Stallknechte in blaßblauer Uniform mit Messingknöpfen bauten die Recke ab, zogen die Trapeze hoch, räumten die Zielscheiben weg, die Geräte, die Tische der Jongleure, der Schützen, der Zauberkünstler. Die Verkäufer von Pfefferminzpastillen, weichen Karamellen und sauren Drops sangen ihre Leier herunter; die Kinter schlugen Purzelbäume auf dem Läufer, die dummen Auguste boten Limonaden an (...).“

Portraits-souvenir, Jean Cocteau, *Artikel im Figaro*, 1935

Zöpfe einer riesigen Cybèle aus Zucker und schließlich mit der Schere geschnitten und mit dem Schrei ‚Verlangen Sie Guigui, die Guigui, hier ist die Guigui!‘ vertrieben,“ so schreibt er.

Doch das Fest hat auch seine ganz eigenen Süßigkeiten. Da sind die wunderbaren, mit rotem Zucker lackierten Liebesäpfel, die bereits im 19. Jahrhundert erwähnt werden. Und da ist vor allem die Zuckerwatte, die ihren Namen ihrem Aussehen verdankt. Diese letztgenannte Süßigkeit wurde von einem Franzosen für die Pariser Weltausstellung von 1900 erfunden.

Das Rezept war denkbar einfach: bei Hitze und mit einer gewissen Geschwindigkeit wurde Kristallzucker in einer kurbelbetriebenen Maschine verarbeitet. Das Ergebnis war spektakulär: eine leichte Masse aus Zuckerfäden, die um einen langen Holzstab gewickelt wurden. Der Verzehr machte allen Spaß; Kinder und Erwachsene fanden gleichermaßen Vergnügen darin, in diese weiche und üppige Watte zu „beißen“. Der Erfolg ließ folglich nicht auf sich warten und währte „ewig“. Tatsächlich regt auch heute noch, jenseits aller Nasch-Gewohnheiten, die Zuckerwatte dieselbe Lust an. Sie ist immer noch

Pariser Mädchen beim Bonbonlutschen

genauso „luftig", meistens schön rosa, doch manchmal auch grün, gelb und sogar blau. Die Herstellung erfolgt weiterhin per Hand. Der große Unterschied zur Belle Epoque: Nachdem die Maschine zu ihrer Herstellung zunächst für das Gas umgebaut wurde, funktioniert sie heute mit Strom.

Noch mehr als Franzosen lieben Engländer und Amerikaner diese untrennbar mit dem Rummelplatz verbundene Süßigkeit. Jenseits des Ärmelkanals und des Atlantiks nennt man sie Cotton candy. Der „Wattebausch" ist kleiner als in Frankreich und findet reißenden Absatz. Auch in Japan wird die Zuckerwatte sehr geschätzt. Amerikaner und Japaner haben sehr gute Maschinen dafür entwickelt. Man beurteile selbst: Einige von ihnen können etwa 250 Portionen Zuckerwatte in der Stunde produzieren!

Festliche „Papillotes"

Dieser Gegenstand war früher weit verbreitet. Heute ist er nur noch in der Gegend um Lyon weiterhin Bestandteil der Silvesterfeiern. „Papillotes" sind in buntes Papier eingewickelt, das an den Enden fransig ist, und enthalten alle Arten von Leckereien (Bonbons aus gekochtem Zucker, Fruchtpasten, gebrannte Mandeln, umhüllten weißen Nougat, kandierte Früchte, Fondants usw.), die auf dünnes Papier gedruckte Bilderrätsel, Sprüche, Zitate, Witzzeichnungen begleiten, so wie es früher bei vielen eingewickelten Süßigkeiten üblich war.

Der Ursprung der „Papillotes" ist schwer zurückzuverfolgen. Das Wort leitet sich von „Papillot" ab, was „kleiner Schmetterling" bedeutet. Dennoch möchten manche ihre Erfindung lieber einem Konditor aus Lyon namens Papillot zuschreiben, der am Ende des 18. Jahrhunderts in der Rue du Bât-d'Argent im Quartier des Terreaux einen Laden hatte.
Als er merkte, daß Süßigkeiten verschwanden, bekam er schnell heraus, daß der Urheber dieser Diebstähle niemand anders als sein

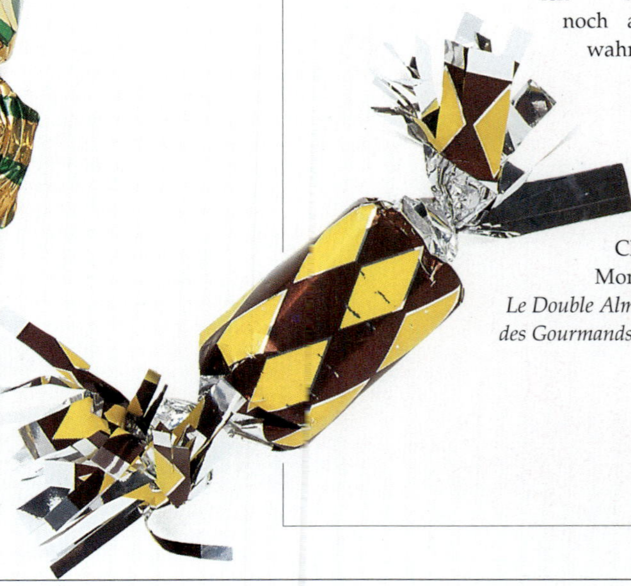

EIN KNALLBONBON

„Der Kosak! Dieser Knallbonbon ist zugleich eine Patrone! Der Kosak, dieses Erstaunen und diese Fröhlichkeit meiner ersten Jahre! Der Kosak, glänzend, großartig, satinschimmernd, an beiden Enden zerzaust, einer reichen Polichinelle ähnlich! Der Kosak, dieser schreckliche Name, und dabei eine so erfreuliche Sache! – Der Kosak spricht nicht nur das Ohr an und den Mund; er ist nicht nur Lärm und Geschmack; er hat auch noch seine gefühlsmäßige Seite: Er umschließt einen Spruch, der im Augenblick der Explosion entwischt, und dessen pulvergeschwärzte Buchstaben die Verliebten gern zu Rate ziehen. – Oh! Der Kosak und sein Spruch! Der Kosak und sein Knallfrosch! Geben Sie mir schnell Kosaken, Fräulein; geben Sie mir so viele, wie Sie möchten, die herausgeputztesten und lockigsten, die buntesten, die blitzendsten – und die poetischsten! Sie werden mir einen Augenblick lang meine ganze Kindheit vor Augen führen. (...)
Hier liegen sie auf dem Tisch, meine Kosaken; ich halte sie fest, ich bewundere sie, ich lächle ihnen zu, spreche zu ihnen; da sind scharlachrote, blaue, gelbe, grüne; sie rascheln und geben meinem Zimmer einen besonderen Glanz. – Oh! Oh! Der, den ich in dieser Ecke entdecke, ähnelt ganz und gar einem bestimmten Kosaken von früher. – Einem Kosaken von vor zwanzig Jahren, den ich mit einem meiner Vettern habe losgehen lassen, an einem Neujahrstag wie heute, und dessen Spruch ich immer noch aufbewahre!"

Charles Monselet, *Le Double Almanach des Gourmands*, 1867

Angestellter war, der die Bonbons in Liebesbriefchen wickelte, die er seiner Angebeteten schenkte. Unvermeidlich war der Hinauswurf des verliebten Angestellten. Der Konditor hingegen übernahm die originelle Idee und entwickelte die „Papillotes". „Cosaques", unterscheiden sich von den „Papillotes" durch ihre zweifarbige Hülle und ein Zündhütchen, das an jedem Papier haftet. Der Knaller besteht aus zwei kleinen Pappstreifen, die durch einen Tropfen einer Knallmischung verbunden sind und „explodieren", wenn man an beiden Enden zieht. Dieser Explosion verdankt die Süßigkeit ihren Namen; sie erinnert an die Neigung des Kosaken Zar Alexander I., auf den Champs-Élysées 1815 „das Pulver sprechen zu lassen". So liegt in den Überraschungstüten, die bei Kindern sehr beliebt sind, neben der Nascherei zudem noch ein kleines Bild oder Spielzeug bei.

Süße Serviervorschläge

Bei einem Kindernachmittag, wenn man einem Festessen eine fröhliche Note verleihen möchte, um die gute Stimmung bei einer Zusammenkunft von Freunden zu unterstreichen, gehören Bonbons auf den Tisch.
Mit Sorgfalt ausgesucht – zugleich für ihren Geschmack und ihr Aussehen –, tragen sie zur Dekoration bei, wobei sie gleichzeitig an die Naschhaftigkeit der Erwachsenen und Kinder appellieren.
Eine einfache Präsentation in einem hübschen Kelch oder einer eleganten Schale trägt schon zu ihrem Erfolg bei. Doch ein kleines bißchen Geschmack gestattet es, die Formen und Farben der Bonbons und Lutscher in originellen Kompositionen harmonisch miteinander zu kombinieren – ein Spaß für Groß und Klein.

BONBONSPIESSE

Für jeden Holzspieß von 25 cm Länge sollte man 9 bis 11 Bonbons (Geleebonbons, Schaumzuckerwaren, Fruchtgelee usw.) in verschiedenen Formen und Farben vorsehen.
Den Spieß leicht mit einem mit Butter bestrichenen Küchenpapier einfetten. Die Bonbons aufspießen; dabei darauf achten, daß der dickste oder bunteste Bonbon sich in der Mitte des Ganzen befindet.
Wenn die Spieße für einen Kindernachmittag bestimmt sind, sticht man sie in eine Wassermelone oder eine andere große Melone, die man vorher abgeflacht hat.

WEIHNACHTSKRANZ

Für einen Weihnachtskranz braucht man 500 g kandierte Früchte (z. B. Aprikosen, Engelwurz, Kirschen, Clementinen, Pflaumen, Ananasscheiben), 150 g Fruchtgelee (in Form von Früchten), 6 m Band (d. h. 3 × 2 Meter in drei verschiedenen Farben, je nach Geschmack) und 40 Zahnstocher.
Die kandierten Früchte und Fruchtgelees auf dem Kranz verteilen, dabei darauf achten, daß sie gut gemischt sind, dann mit den Zahnstochern feststecken. Die Bänder zu einer prächtigen Schleife binden und diese am oberen Teil des Brotkranzes befestigen. Den Zahnstocher, der sie hält, mit kandierten Kirschen verzieren.

PFEFFERMINZBLÜTEN

Für jede Blüte fügt man Kreppapier (in Grün, Weiß oder Blau) und 100 bis 125 g verschiedener Pfefferminzbonbons (Pastillen, Berlingots, Weingummi usw.) zusammen.
Die Blüte aus Papier herstellen. Die Bonbons mitten auf die Blüte legen, um ihr Herz zu bilden.
Die fertigen Blüten auf den Tisch legen, wobei die Farben abwechseln sollten.

RIESENLUTSCHER

Man braucht folgende Dinge: 1 runde Scheibe von 15 cm Durchmesser aus fester Pappe, 1 Rolle mit 5 cm Durchmesser aus fester Pappe, Alufolie, Klebepapier. An Süßigkeiten sollten vorhanden sein: 50 rosa Kaugummis, 40 grüne Kaugummis, 1 Kaugummi in Zitronenform, 5 rosa Kaugummikugeln, 6 grüne Kaugummikugeln, 9 Dragee-Kaugummis (Zitronengeschmack). Nicht zu vergessen: Königsglasur.
Die Pappscheibe und die Papprolle mit Alufolie überziehen. Die Rolle unter der Pappscheibe befestigen (auf die Mitte achten!). Die grünen Kaugummis auf der Pappscheibe verteilen rundherum und in mehreren Schichten); mit Glasur festhalten.
Ebenso mit dem rosa Kaugummi verfahren. Die grünen und rosa Kaugummikugeln und die gelben Dragees auf der Pyramide verteilen. An die Spitze kommt das zitronenförmige Kaugummi.

PS. Das Kaugummi entspricht dem, was jenseits des Atlantik als „bubble gum" bezeichnet wird.

RAFFINERIE

VOM WOHLGESCHMACK FRISCHER FRÜCHTE

„Früchten und Blüten beigemischt, ergibt er Konfitüren, Mus, Eingemachtes, Pasten und Kandiertes; eine Konservierungsmethode, die uns den Duft dieser Früchte und Blüten lange nach der Zeit genießen läßt, die die Natur für ihre Lebensdauer festgesetzt hatte." So beschreibt Brillat-Savarin in seiner *Physiologie du goût* (1825), eine der wichtigsten Verwendungen der „Universalwürze" Zucker. Die Einführung des Zuckers begünstigte den Aufschwung der Kandierkunst. Es ist richtig, daß sie einst sehr beliebt war und daß man – da dem Einfallsreichtum keine Grenzen gesetzt waren, versuchte, alle Arten von Früchten und Blüten, ja sogar Gemüse zu kandieren. Unter den letzteren stellte seltsamerweise der kandierte Fenchel eine ausgesuchte Lekkerei dar. Kandierte Früchte, glasierte Eßkastanien, Fruchtpasten, kristallisierte Blüten, Quittenbrot u. a.

Nach und nach machte die einfache Notwendigkeit der Konservierung der Suche nach ausgesuchten Gaumenfreuden Platz.

„Ein Zeugnis der Bedeutung, die den Süßigkeiten beigemessen wird, legt auch die Malerei ab. Am Anfang des 17. Jahrhunderts öffnen sich die Stilleben mit Desserts auch den „trockenen" und „flüssigen" Konfitüren. Etliche Künstler, wie Georg Flegel (1566-1638), machten sich zu Dichtern der Metamorphose der Früchte durch den Zucker. Mit religiösen Anspielungen übersät, wie es zu dieser Zeit üblich war, wird auf diesen Bildern paradoxerweise nicht auf die Naschsucht als Todsünde verwiesen. Tatsächlich „können diese Nahrungsmittel kein Verderben sein, denn sie sind ja vom Heil und der Erlösung", behauptet Françoise Armengaud. Denn, so präzisiert sie, „die geistige Verklärung des Zuckers setzt die biblische Symbolik des Honigs fort, die mit der Kenntnis und dem Wissen verbunden ist."

Links: Die Verarbeitung des Zuckerrohrs

Oben: Die Maiglöckchen- und die herzförmige Bonbonniere sind von Laure Selignac handbemalt worden. Die emaillierte Bonbonniere aus Bronze stammt aus den Ateliers Christofle; sie wurde für die Weltausstellung von 1867angefertigt.

Kandierte Früchte

Eine Frucht kandieren bedeutet das Wasser und die Säure durch Zucker zu ersetzen; solange Wasser oder Säure in einer Frucht zurückbleibt, ist sie dem Fermentieren oder Verschimmeln ausgesetzt, erklärt Émile Dumont in seinem *Parfait Pâtissier*. Darin liegt das Geheimnis des Kandierens, einer äußerst heiklen und komplizierten Kunst. Nicht jedem kann dies gelingen. Aroma, Süße und Weichheit sind die Qualitätsmerkmale der echten kandierten Frucht. Und nur eine handwerkliche Fabrikation kann diesem gerecht werden – was gewiß diese Süßigkeit sehr kostspielig macht, zumal zur Kandierung einer Frucht eineinhalb bis zwei Monate vonnöten sind, während derer sie nach dem Bleichen abwechselnd der „Verarbeitung" (dem Kochen) und der Ruhezeit ausgesetzt ist. Am Ende wird die Frucht mit einem konzentrierten Zuckersirup glasiert.

Am Anfang war der Honig. Und vom 1. Jahrhundert unserer Zeitrechnung an verwendeten ihn die Römer zur Konservierung von Obst. Antike Kochbücher belegen, daß die Römer zur Zeit des Tiberius diese Praxis u. a. für Quitten, Feigen, Äpfel, Pflaumen, Birnen und Kirschen kannten. Hier liegt der Ursprung des Kandierens, wie Martial bezeugt: „Wenn man dir Cydon-Quitten serviert, die mit attischem Honig gesättigt sind, wirst du sie Paradiesäpfel nennen können." Einst war es der Konditor, welcher die Kunst des Kandierens ausübte – zunächst mit Honig, dann mit Rohrzucker. Im Mittelalter besetzten die kandierten Früchte einen Ehrenplatz auf den herrschaftlichen Tischen. Sie zählten zu den „Spezereien" (siehe S. 10). Wal- und Haselnüsse, Lambertshaselnüsse, Apfelsinen, Damaszenerpflaumen, Aprikosen, Pistazien, Pinienkerne und Ingwer wurden ebenfalls kandiert. Sobald der Handel geregelt ablief, ersetzte der Zucker den Honig. Die Strafen für das, was Olivier de Serres später als „Gaunerei" bezeichnen sollte, waren oft sehr hart: Zum Beispiel wurde 1432 in Brügge ein Prozeß gegen einen Händler aus Vene-

SOPHIES WAHL

Madame de Réau schnitt den Bindfaden durch, wickelte das Papier ab, das die Früchte umgab, und entdeckte zwölf Schachteln mit kandierten Früchten und Aprikosengelee.
„Wir wollen sie kosten, um zu sehen, ob sie gut schmecken," sagte sie, während sie eine Schachtel öffnete. „Nimm zwei, Sophie, such dir die aus, die du am liebsten magst. Da sind Birnen, Pflaumen, Walnüsse, Aprikosen, Zitronat und Engelwurz."
Sophie zögerte etwas; sie prüfte, welche wohl die größten sein mochten; schließlich entschied sie sich für eine Birne und eine Aprikose. Paul wählte eine Pflaume und Engelwurz. Als sich alle etwas genommen hatten, schloß die Mama die Schachtel, die noch halb voll war, und stellte sie oben auf ein Regal."

Comtesse de Ségur,
Les Malheurs de Sophie, 1864

Details aus der *Bataille d'oranges* von Georges Rohner

KRISTALLISIERTER KOKOS

„Man öffne eine Kokosnuß in der Mitte und fange die Flüssigkeit auf; man trenne das Fruchtfleisch sorgfältig aus der Schale; man reinige es, wobei alle Fasern entfernt werden, und wasche es in seiner eigenen Milch. Anschließend wird es in fingerdicke Scheiben geteilt, die man in kleine, dünne Streifen von etwa einem Zentimeter Länge schneidet.

Die ausreichende Menge Zucker bis zum Kettenflug kochen; dahinein gibt man die vorbereitete und geschnittene Kokosnuß. Das Ganze wird ein paar Minuten gekocht und dann vier Stunden lang in diesem warmen Sirup belassen; danach werden die Fruchtstücke abgegossen und kommen dann in den Trockenofen; wenn sie trocken sind, fängt man auf andere Art von vorne an, wobei das Bad im warmen Sirup auf zwölf Stunden statt der vier verlängert wird; anschließend läßt man sie abtropfen und legt sie in den Trockenofen. Wenn sie gut trocken und warm sind, gibt man sie in eine recht stark gekochte Gummilösung und anschließend in den Trockenofen auf Roste.

Wenn die Kokosstücke gut getrocknet sind, lege man sie auf einem Rost in einen Kandierkasten und bedecke sie kalt mit einem Kandis zu 35 Grad. Man kann sie rosa tönen, indem man den für das Kandieren verwendeten Zucker kräftig rosa färbt."

Le Journal des confiseurs, 1891

dig namens Barbe angestrengt, der kandierte Ingwergebinde „kommerzialisiert" hatte, denn es war aufgedeckt worden, daß der zur Kandierung verwendete Sirup aus Honig bestand. Diese Verfälschung brachte ihrem Verursacher nicht nur die Verpflichtung zur Rücknahme seiner Ware, sondern auch die öffentliche Verbrennung zweier Gebinde ein.

In der Renaissance wurden kandierte Früchte in Massen verbraucht. Rohe Früchte genossen nicht die Gunst des König Heinrichs III.; diese Verzehrweise wurde damals als schädlich für die Gesundheit angesehen. Daher die Vorliebe fürs Kandieren! Die ersten kulinarischen Veröffentlichungen liefern Rezepte für kandierte Früchte. Nostradamus lehrt, wie Apfelsinen- und Zitronenschalen, desgleichen Birnen, kandiert werden. In seinem *Théâtre d'agriculture et mesnage des champs* (Wirkungskreis der Landwirtschaft und des Haushalts) von 1600 gibt Olivier de Serres an, wie man „verschiedene Früchte der Bäume und des Bodens im Garten" einmacht. „Es handelt sich", so erklärt er, „darum, den Zucker hinterhältig durch das Fruchtfleisch selbst zu

führen, und das von Beginn an, sonst läuft man Gefahr (ein schwerer taktischer Fehler), daß der Zucker an der Oberfläche bleibt – dies ein häufige Nachteil von Früchten, die im Inneren geschmacklos sind." Er führt aus, daß die besten Rezepte für kandierte Früchte aus Portugal, Spanien und Italien zu ihm gelangt seien. Eine höchst ungewöhnliche Zubereitung ist die „einer Konfitüre aus Erbsen und Bohnen in Schoten, die noch nicht reif sind und beginnen, Kerne zu bilden". Es stimmt, daß zu jener Zeit auch Gemüse kandiert wurde – etwa kleine Artischocken oder die Rippen des Kopfsalats (Olivier de Serres nennt sie „Engelmünder"). In die Früchte wurden kandierte Fenchelstengel gepiekst, die als Zahnstocher dienten.

Im 17. und 18. Jahrhundert sollten die kandierten Früchte zu Ehre gelangen. Sie zierten mehr als je zuvor die Prunktafeln. In Nizza war es üblich, den durchreisenden Persönlichkeiten davon einige als Willkommensgruß zu schenken.

Die gastronomische Literatur um die letzte Jahrhundertwende stellt die zu kandierenden Früchte vor und quillt über vor Ratschlägen für die Haushaltsrezepte. Die Früchte dürfen nicht zu reif sein, eher noch etwas grün. Die englischen Birnen und die Rousselet-Birnen sind als einzige zum Einmachen geeignet. Eingelegte Walnüsse sind sehr beliebt; man benutzt weiche Nüsse, bevor die Schale hart wird. Doch das Rezept ist immer dasselbe, begründet auf die von Olivier de Serres vor dreihundert Jahren gepriesene Methode: „Man erweiche das Fruchtfleisch durch ein rasches Aufkochen bis zum Augenblick, da

eine in die Frucht gestochene Nadel diese nicht mehr zurückhalten kann. Und sogleich in eine Terrine gefüllt, gebe man einen hellen Sirup darüber. Am nächsten Morgen koche man wie oben angegeben den in der Terrine verbliebenen Sirup mit den Früchten auf. Ebenso verfährt man sechs bis sieben Tage lang am Morgen und Abend. Durch solches wiederholtes Aufkochen dringt nach und nach der Zucker in die Frucht ein und konzentrieren sich die Sirups."

In Frankreich ist die Auvergne eine der bevorzugten Gegenden für die kandierten Früchte. Schon im 17. Jahrhundert war der gute Ruf der kandierten Aprikosen aus Clermont und Riom bekannt. Doch erst im 19. Jahrhundert wurde diese Produktion der „Confiseurs" aus der Auvergne wichtig.

Die von der Allier getränkten Böden und die Abhänge der flachen Hügel sind in der Tat gut geeignet für den Obstanbau. Pflaumen, Aprikosen und Pfirsiche wachsen hier in Hülle und Fülle. Am Beginn des 20. Jahrhunderts war die Aprikose „gros blanc d'Auvergne" bekannt, die um Clermont-Ferrand herum angebaut wur-

ERINNERUNGEN AN DIE KÜSTE

Es gab eine köstliche, in Weinblätter eingewickelte Näscherei: Beeren von Muskatellertrauben in Weinsirup, verrunzelt vom Brand der Sonne, mumifiziert und berauschend. Es gab Früchte, in Zucker glasiert, von Zukker durchsogen, die eigentlich nur mehr Zucker waren; ihre matte Durchsichtigkeit erinnerte an die mancher halbharter Edelsteine; Aprikosen wie Topas, Melonen wie Nephrit, Mandeln wie Chalzedon, Kirschen wie Rubin, Feigen wie Amethyst ... Einmal sah ich in Cannes eine Barke aus gefärbtem Zucker, aus der eine Ladung von eingemachten Früchten überfloß. Sie war so groß, daß zwei Fahrgäste darin Platz gehabt hätten. Welcher Genießer, welches verwöhnte Kind des Schicksals hatte da seinen Traum auf das Fahrzeug gepackt? Ich trat in das Geschäft. „Schon verkauft", wurde mir gesagt. „Ach – und zu welchem Preis?" – „Fünftausend Francs." Fünftausend Vorkriegsfrancs, fünftausend Francs im Jahre 1931 ...

Colette,
Flora und Pamona,
in: *Gigi*, 1945

KANDIERTE RENEKLODEN

„Man nehme echte Renekloden, die voll zur Entwicklung gekommen sind, jedoch einige Tage vor ihrer vollen Reife; sie sollen noch fest und knackig sein; den Stiel etwas einschneiden; mit einer dicken Nadel in die Ritze und rings um den Stiel stechen; und dann lege man sie nach und nach in einen Kessel mit ausreichend Wasser, so daß, wenn alle darin sind, eine Wassermenge von zwei bis drei Fingern Höhe bleibt.
Wenn alle Pflaumen wie beschrieben vorbereitet sind, stelle man den Kessel auf das Feuer, bis das Wasser heiß genug ist, um nicht mehr die Finger hineinstecken zu können; den Kessel vom Feuer ziehen und 8 g Salz auf 1,5 kg Früchte zugeben; etwa eine Stunde ruhen lassen; die Pflaumen erneut auf das Feuer setzen, auf kleiner Flamme, dabei umrühren; langsam werden die Pflaumen, die gelb geworden waren, wieder grün; man heize das Feuer etwas stärker an, bis das Wasser zu sprudeln beginnt; man hole die Pflaumen nach und nach aus dem Wasser, so wie sie an die Oberfläche steigen, ansonsten werden sie weich, und lege sie in kaltes Wasser. Abtropfen lassen und in eine Terrine legen.
In einen nicht verzinnten Kupfertopf kommen ebensoviel Pfund Zucker, wie man Pflaumen hat, sowie ein Glas Wasser pro Pfund Zucker; auf großer Flamme kochen; von Zeit zu Zeit umrühren und abschäumen, bis der Sirup auf der Sirupwaage 29 °C anzeigt; den Sirup über die Pflaumen gießen, wenn er diesen Kochgrad erreicht hat; 24 Stunden ziehen lassen. Man entferne die Früchte aus dem Sirup, bringe den Sirup zum Kochen, bis er 32 °C erreicht; man gieße ihn erneut über die Pflaumen und lasse sie noch einmal 24 Stunden ziehen. Man nehme den Sirup ein drittes Mal und bringe ihn zum Kochen, bis er auf 33 °C kommt; kochend über die Pflaumen gießen; diesmal läßt man sie 48 Stunden lang ziehen. Nach dieser Zeit lege man die Pflaumen mit ihrem Sirup in Töpfe oder gieße sie ab; man lasse sie an einem warmen Ort oder in einem Trockenofen auf Rosten trocknen, um sie anschließend in Dosen zu verschließen."

Émile Dumont,
Le Parfait Pâtissier

de. Um die 500 000 kg jährlich, die die Konfiseure in kandierte Früchte oder Muse und Konfitüren verwandelten! Bei den Pfirsichen „sind die Früchte selbst nicht ausgezeichnet, doch halten sie wohl ihren Platz in den Pralinenschachteln", sagt uns Pierre de Mériel in einem *Journal de la jeunesse* von 1910. Dieselbe Quelle eröffnet uns, daß die Pflaumen sich ebenso gut zum Kandieren eignen. Nur die Birne, die selten geworden ist, wird eingeführt. Dabei, so stellt der Journalist fest, „können die Vulkanböden der Auvergne saftige, süße und duftende Birnen geben, die sicherlich mehr wert sind als die, welche sich uns in den Schachteln mit kandierten Früchten aus der Auvergne bieten. Heute sind die kandierten Früchte aus der Auvergne immer noch berühmt, besonders die Aprikosen und die Engelwurz (siehe S. 96), die eine wichtige Einnahmequelle des Puy-du-Dôme darstellen.

Die Provence ist ebenfalls untrennbar mit dieser Art Süßigkeiten verbunden. Apt, das diesen Reichtum für die Konfiserie nutzte, nahm die Stelle einer Hauptstadt der kandierten Früchte ein. Die Päpste, die in Avignon residierten, sollen besonders verrückt danach gewesen sein. Clemens VI. ließ sich zwischen 1342 und 1352 mehr als fünfzig Scheffel davon liefern. Sein Nachfolger Urban V. erhielt 1365 einen üppigen Präsentkorb von der Stadt als Ehrengeschenk.

Zu Beginn des 15. Jahrhunderts verpflichtete sich der Stadtrat, die neu in der Stadt niedergelassenen Konditoren-Konfiseure von Steuern zu befreien, was einen Man-

gel an Fabrikanten belegt. Die ersten Dokumente, die von kandierten Früchten in Apt handeln, datieren von der zweiten Hälfte des 17. Jahrhunderts.

Angesichts einer wachsenden Produktion verdiente Apt wohl den Spitznamen, den ihm Madame de Sévigné gab: „Konfitürenkessel". Und die handwerkliche Fabrikation mußte in der ersten Hälfte des 20. Jahrhunderts einer industriellen Struktur weichen, die, da sie die Herstellung abkürzt, in der Qualität nicht mithalten kann.

An der Côte d'Azur, einer anderen Gegend, die auf die Alchemie des Kandierens spezialisiert ist, erwarben erst ab 1890 die kandierten Früchte ihren wahren Adelsbrief.

Die Konfiseure waren damals in Nizza sehr zahlreich. Sie stammten fast alle aus der Schweiz, genauer aus dem Engadin, und waren alle Handwerker. Leider haben manche Unternehmen die Krise des Handwerks nicht überstanden, und die, welche überlebten, müssen kämpfen, um die Tradition der Luxus-Süßigkeit fortzuführen, die die kandierten Früchte aus Nizza darstellen.

Zu den kandierten Süßigkeiten gehören Orangen- oder Zitronenschalen, die heute in allen Ländern zu finden sind, in denen kandierte Früchte gegessen werden. Diese Schalen, die mit Zucker durchtränkt und getrocknet werden, gehen auf eine alte Tradition zurück. Vom 17. Jahrhundert an wurden Orangen- und Zitronenschalen in einem Ofen trocken kandiert. Ähnlich wurden die kleinen Birnen („Blanquettes" oder „Rousselets") behandelt, die straußweise angeboten wurden; die kleinsten wurden je zu sieben zusammengefaßt; daher stammt ihr Name „Sept-en-gueule". Die besten Orangenschalen wurden früher in Tours hergestellt. Die meistgeschätzten Zitronenschalen, die auch „Côte" genannt wurden und auf die man großen Wert legte, stammten von der Insel Madeira oder aus Genua.

Eine andere hochgeschätzte kandierte Frucht war der „Chinois", eine kleine Bitterorange aus China. Früher kam die beliebteste Varietät aus Savona in Italien.

„Alle Liebenswürdigkeiten, die man macht,
verwandeln sich im Winter in kandierte Früchte."

Stéphane de Mallarmé,
Gelegenheitsvers, 1898

ZITRONAT NACH HAUSFRAUENART

„Das Zitronat in Viertel schneiden, nachdem das Fruchtfleisch entfernt wurde, indem man es mit einer kleinen, feinen Reibe abgerieben hat. Diese Viertel in viel Wasser kochen, bis die Schale ganz weich ist. Abtropfen lassen, aushöhlen und 24 Stunden lang in fließendem Wasser (z. B. unter einem Wasserhahn) wässern. Abtropfen lassen, in eine Terrine legen und reichlich mit kaltem Sirup von 15 °C bedecken.
Sechs Stunden später den Sirup abtropfen lassen und unter diesen eingeweichten Zucker mischen, um ihn um 4 °C zu erhöhen, ohne ihn zu kochen. Wieder über das Zitronat gießen und das Ganze drei- oder viermal wiederholen. Anschließend den Sirup aufkochen lassen, dann die Früchte zugeben. Die Flüssigkeit neben dem Feuer eine halbe Stunde „sieden" lassen, ohne zu kochen. Die letzten Arbeitsgänge werden nur alle zwei Tage durchgeführt."

Pierre-Jacques Solandre, *Les Conserves ménagères*, 1941

NS. Es ist sinnvoll, die Früchte abtropfen sowie sie einige Stunden lang auf einem Rost trocknen zu lassen und sie dann in Büchsen zu verschließen. Man sollte darauf achten, daß sie durch Papierbögen und -bänder voneinander getrennt sind.

Der Duft ferner Inseln: Zitronat

Griechen und Römer der Antike kannten schon die Frucht des Zitronatbaumes, der aus Medien oder Persien stammte. Die mediterrane Welt soll sie um 300 v. Chr., lange vor den anderen Zitrusfrüchten, entdeckt haben. Diese große Zitrone mit der dicken Schale und dem köstlichen Geschmack sollte eine legendäre Aura umhüllen – man glaubte tatsächlich, daß die „wunderbaren Äpfel" aus dem Garten der Hesperiden Zedratzitronen waren. Das Zitronat gehört zum Menü des lächerlichen Festessens, das der Römer Trimalcion veranstaltete, und von dem das berühmte *Satiricon* berichtet; seine Rolle liegt dabei weniger auf dem Geschmack als auf der Dekoration, da es mit Nelken gespickt ist, um einen Igel zu imitieren. Doch tatsächlich bot es sich zum Kandieren an, zur Bereitung von Konfitüren und Likören. Seine Verwendung in der Süßwarenherstellung wurde ab dem 19. Jahrhundert verstärkt. Zahlreiche Werke der Epoche erwähnen in Zucker kandierte Zitronenschale. Korsika, das ein mildes Klima aufweist, wird eines seiner Hauptanbaugebiete. Eine der bedeutendsten Pflanzungen, die von Porto, zählte im Jahre 1874 allein 1650 Bäume! Der wirtschaftliche Rückgang der Insel der Schönheit war anschließend an den Zitronatbäumen zu spüren, die an Bedeutung verloren. Dennoch bleibt das kandierte Zitronat eine wichtige korsische Spezialität.

Der süße Geschmack einer „Smaragdstange“: kandierte Engelwurz

Wie die meisten Pflanzen, wurde die Engelwurz zunächst für ihren therapeutischen Nutzen geschätzt. Nun war dieser sehr reich: „Sie wirkt auf den Magen, das Herz, den Kopf, appetitanregend, schweißtreibend, wundheilend“, so ist in einer der Bibeln des Landlebens zu Beginn des 19. Jahrhunderts (*La Nouvelle Maison rustique*, 1804) zu lesen. Ihre Widerstandskraft gegen Giftstoffe, die Olivier de Serres bereits zweihundert Jahre zuvor erwähnt hatte, ihre Wirksamkeit bei der Eindämmung der Pest und bösartiger Fieber oder zur Heilung der Tollwut, ihre Fähigkeit, keusch zu machen, stellten ein paar ihrer unzähligen Tugenden dar, denen sie übrigens die Tatsache verdankt, daß sie im Laufe des Mittelalters „Herbe du Saint-Esprit“ (Heiliggeistkraut) oder „Herbe des anges“ (Engelskraut) getauft wurde. Der wissenschaftliche Name *Angelica archangelica* zeugt noch immer davon. Manche meinen, dieses wunderbare Doldengewächs stamme aus den Hochtälern des Himalaja. Andere sind der Auffassung, es sei früher wild in den nördlichsten Gegenden Europas gewachsen. Wie dem auch sei, die Engelwurz wurde im Mittelalter in den skandinavischen Ländern regelrecht als Gemüse angebaut. Dieser Anbau weitete sich in den darauffolgenden Jahrhunderten aus. Bald machten besonders die böhmischen Mönche daraus eine Spezialität. Die in England produzierte Engelwurz erwarb ebenfalls

„EINGEMACHTER ENGELWURZ“

„Zum Kandieren muß man die Stengel schneiden, wenn sie beginnen, eine gute Dicke zu haben, und bevor die Pflanze Samen bildet. Sie muß frisch gepflückt verwendet werden; die Blätter werden entfernt, der Stiel wird in mehr oder weniger große, doch höchstens sechs Zoll lange Stücke geschnitten. Das Häutchen und die Sommerfäden müssen entfernt werden, und dann legt man die Stengel ins kalte Wasser.
Anschließend werden sie im kochenden Wasser blanchiert. Nun nimmt man sie heraus, damit sie wieder grün werden können; danach werden sie zweimal in frisches Wasser gelegt; dann läßt man sie abtropfen und taucht sie zehn- bis zwölfmal in abgeschäumten Zucker; den Tiegel vom Feuer wegziehen, die Konfitüre abschäumen und alles in eine Terrine geben.
24 Stunden ziehen und den Zucker aufnehmen lassen; Engelwurz herausnehmen; den Sirup bis zum schwachen Faden kochen, ihn über die Stengel gießen, und sie erneut drei Tage lang ruhen und ziehen lassen; Engelwurz erneut herausnehmen, abtropfen lassen, den Sirup bis zum starken Faden aufkochen, dabei den Zuckergehalt erhöhen.
Wenn er auf diesem Grad angelangt ist, Engelwurz fünf- oder sechsmal darin einweichen; herausnehmen; auf bereitgelegte Blätter oder Schieferplatten legen; mit feinem Zucker bestreuen zum Trocknen in den Ofen schieben.“

La Nouvelle Maison rustique, 1804

Angelica archangelica

Eines Tages – genauer kann ich mich nicht ausdrücken, denn der Platz dieses Tages in der Ordnung der Zeiten ist verlorengegangen und wird sich niemals wiederfinden – eines Tages, sage ich, als ich mit Melanie, meiner alten Bonne, vom Spaziergang heimkehrend, wie gewöhnlich in das Zimmer meiner Mutter trat, spürte ich einen Geruch, den ich noch nicht kannte und der, wie ich seitdem gelernt habe, vom Kohlenrauch stammte, ein Geruch, der nicht scharf und erstikkend, sondern matt, lauernd, ekelerregend war und mich trotzdem nicht belästigte, denn damals hatte mein Geruchssinn mehr Ähnlichkeit mit dem des kleinen Hundes Caire als mit dem des Herrn Robert de Montesquiou, des Dichters der Wohlgerüche.
Während nun dieser unbekannte oder von mir verkannte Geruch meine unerfahrenen Nasenflügel kitzelte, legte meine liebe Mama, nachdem sie mich gefragt hatte, ob ich auf dem Spaziergang sehr artig war, etwas in meine Hand, eine Art Stiel, smaragdgrün und so lang wie eine Dessertmesserklinge, aber viel dicker und ganz und gar von Zucker glänzend, das mir wie ein wunderbares Naschwerk erschien, mit dem Reiz des Unbekannten gestempelt: ich hatte noch nichts Ähnliches gesehen.
„Koste," sagte meine Mutter zu mir, „das schmeckt sehr gut."
Es schmeckte wirklich sehr gut. Dieser Stiel zerfiel, wenn man hineinbiß, in gezuckerte Fasern, die einen wahrhaft angenehmen Geschmack hatten, viel feiner als alles, was ich bis dahin an Konfitüren und Zuckerwerk gekostet hatte. Diese Pflanze erinnerte mich durch ihre Süße an die Früchte des Landes, in dem Bäche von Johannisbeersaft zwischen Felsen von Bonbons fließen, obgleich ich, offen gesagt, so wenig an das Schlaraffenland glaubte wie Virgil an die Elysäischen Felder, die von den Griechen bewundert werden.
(...) ich war voll Staunen, weil ich die Behandlung nicht kannte, durch die der Zuckerbäcker einen Engelwurzstiel dem Feinschmecker angenehm machte. Dieser smaragdfarbene Stab, der so köstlich schmeckte, war nichts anderes als ein Stück Engelwurz, das Frau Caumont, die einen ganzen Kasten voll aus Niort bekommen, meiner lieben Mama geschenkt hatte.

Anatole France, *Der kleine Peter*, 1919

einen ausgezeichneten Ruf. Die jungen Stengel, die Samen und die Wurzel der Pflanze eigneten sich für mehrere Rezepte, die damals für Heilmittel genutzt wurden.

Der für die Engelwurz so typische aromatische Geschmack konnte die Leckermäuler keinesfalls gleichgültig lassen. „Sein guter Geschmack erinnert an nichts, an das man sich erinnern könnte, und ähnelt keinem als dem eigenen Geschmack", erklärt Madame de Sévigné. Zweifellos ist es diese Originalität, die den Erfolg der Engelwurz aus Niort ausmachte. Die Schwestern der Heimsuchung Mariä sollen seine Herstellung in der Stadt des Poitou begründet haben, die sich wegen der Fruchtbarkeit und der Frische ihres Bodens für den schwierigen Anbau dieser Pflanze anbot. Eine Spezialität war entstanden. Das 18. Jahrhundert wurde ihr goldenes Zeitalter. Leider führte in der napoleonischen Zeit die Zuckerkrise, die durch die Kontinentalsperre verursacht wurde, zu einem Produktionsrückgang. 1821 kostete ein Kilo um die zehn Pfund! Diese kostspielige Süßigkeit war in aristokratischen Kreisen sehr beliebt. Sogar über die Grenzen des Königreichs hinweg wurde sie verschickt.
Im 19. Jahrhundert verbesserte ein Konditormeister aus Niort namens Épron die Präsentation der kandierten Engelwurz, indem er sie in Tier- und Pflanzenform usw. modellierte. Er machte damit Schule. So wurde am 13. Oktober 1852 dem fürstlichen Präsidenten Louis Napoléon Bonaparte auf der Durchreise in Niort ein kaiserlicher Adler aus Engelwurz überreicht. Die „großen Teile" aus Engelwurz, die mit dem Hohlmeißel und dem Messer bearbeitet wurden, waren damals sehr beliebt, und in der Gegend war es üblich, bei Festessen den Tisch mit einem dieser Kunstwerke zu dekorieren.
Heute hat die Verstädterung zum Rückgang des Engelwurz-Anbaus beigetragen. Dennoch wird in Niort die Verarbeitung der Pflanze fortgeführt. Konditoren und Lebkuchen-Fabrikanten versorgen sich mit kandierter Engelwurz für ihre Süßigkeiten.
Was die Naschkatzen angeht: sie haben die Wahl unter Enten, Schildkröten, Fröschen und sonstigem Getier mit köstlich aromatischem Geschmack.

Die Finesse der glasierten Maronen

Nackt oder in eine goldene oder silberne Hülle gewickelt, ist die „kandierte und glasierte Eßkastanie" unwidersprochen die Herrscherin über die kandierten Früchte. Sie thront eine relativ kurze Zeitlang über die Auslagen der Konfiseure: um Weihnachten und Neujahr herum. Ihre durchscheinende und satinglänzende Zuckerhülle, ihr weiches, auf der Zunge zergehendes Fruchtfleisch und ihr leichtes Vanillearoma behalten ihr einen Extraplatz in der Welt der Süßigkeiten vor.

Kein Fehler wird ihr verziehen. Die schlechte Qualität einer Frucht zeigt sich im Kandieren. Die verwendete Kastanie ist die Frucht eines gepfropften und kultivierten Eßkastanienbaumes. Im Gegensatz zu den wilden Eßkastanien, deren Hülle mehrere Früchte umfaßt, enthält die äußere stachelige Schale der Marone nur eine oder zwei mehr oder weniger große Früchte von unterschiedlicher Form. Eine schöne Marone soll schwer, rundlich und glänzend sein. Wenn sie holzige Zwischenwände hat oder nicht geschlossen genug ist, zerbricht sie bei der geringsten Behandlung; wenn sie zu dick ist, kann sie leicht mehlig sein. Der Hersteller darf es im Laufe der Verarbeitung nicht an Strenge fehlen lassen. Eine zu dicke Glasur erstickt den Geschmack der Leckerei, während eine zu dünne Umhüllung ihr rasches Austrocknen begünstigt. Das Kandieren dauert etwa zwanzig Tage. Vom Schälen der rohen Frucht bis zum Glasieren, das die kandierte Marone in eine köstliche glasierte Marone verwandelt, kommt das volle Geschick des Konfiseurs zum Zuge.

Wie die meisten Früchte werden die Eßkastanien in den mittelalterlichen Schriften über ihre Heilwirkung beschrieben, die je nach Zubereitungsart variiert. So sind sie „mit Zucker gegessen (...) gut für cholerische Temperamente; mit Honig für phlegmatische", sagt im 14. Jahrhundert Pierre de Crescens in den *Profits champêtres*. Die Marone drängte sich auf für Festessen und Prunkempfänge. Und selbst die kompliziertesten Rezepte

MARONENPYRAMIDE

„Wenn sie gar, aber nicht angebrannt sind, schält man sie, um sie mit dem Daumen flachzudrücken, und sie sogleich in eine Zusammensetzung aus Eiweiß, Rosen- oder Orangenblütenwasser, die gemeinsam geschlagen worden sind, zu tauchen; so, daß die Glasur durch das Erhöhen der Zuckermenge und der Duftwässer stark ist. Dann stellt man sie vor ein anständiges Feuer oder in eine Pastetenform in den Ofen und wendet sie dann und wann um, wenn die Glasur richtig ist. Auf einem Teller in Pyramidenform aufschichten, mit Zucker und mit Orangenblütenwasser beträufeln und das Ganze mit kandierten Knospen oder, wenn vorhanden, natürlichen Blüten verzieren."

L'Art de bien traiter, ouvrage nouveau, curieux et fort galant, utile à toutes personnes et à toutes conditions, 1674

Das Kandieren der besten Maronen aus Italien, das noch handwerklich vonstatten geht, verlangt stundenlange präzise und sorgfältige Arbeit.

MARRONS GL
INGREDIENTS: MARRONS, SUCRE, SIROP DE MAIS, VANILLE NATURELLE
marrons glacés
FABRIQUÉ PAR
clément faugier
PRIVAS FRANCE
VANILLA FLAVOR
MANUFACTURED BY
NET WEIGHT 400 g POIDS NET
candied chestnuts
INGREDIENTS: CHESTNUTS, SUGAR, CORN SYRUP, NATURAL VANILLA

EIN HAUSHALTSREZEPT VON ANNO DAZUMAL

„Nehmen Sie Maronen aus Lyon, wählen Sie die besten aus; lassen Sie sie in Wasser kochen, bis sie weich sind; nehmen Sie sie aus dem Wasser und schälen Sie sie sorgfältig, so daß die Maronen nicht gedrückt werden. Man gebe sie in kaltes Wasser, damit sie wieder fest werden. Währenddessen bereitet man einen Zuckersirup (500 g Zucker auf ½ l Wasser); wenn er 5 Minuten gekocht hat, gießt man ihn in eine Schüssel und gibt die Maronen eine nach der anderen hinein, so daß sie bedeckt sind; man lasse sie 24 Stunden darin ziehen. Am Ende dieser Frist gieße man vorsichtig den Sirup in den Kessel, lasse ihn erneut 5 Minuten lang aufkochen, gieße ihn über die Maronen und lasse sie wieder 24 Stunden lang darin; diesen Vorgang zweimal wiederholen, doch das letzte Aufkochen des Zucker sollte à la grande plume sein. Nehmen Sie nun die Maronen aus dem Zucker und lassen Sie sie auf einem Rost abtropfen; zum Glasieren nehme man sie schließlich einzeln mit einem sehr spitzen kleinen Holzstab und tauche sie nacheinander in bis zum kleinen Bruch gekochten Zucker; man ordne sie auf ein Gitter und lasse sie trocknen. Meistens aromatisiert man den Sirup mit Vanille. Die glasierten Maronen halten sich nicht; sie müssen gleich gegessen werden, sonst werden sie hart.

Wenn man kandierte Maronen einige Monate aufbewahren will, verfahre man wie angegeben, jedoch ohne die Glasierung, und gebe sie mit dem Kochzucker in Gläser.

Mit den Stücken der Kastanien, die bei der Bearbeitung zerbrochen sind, kann man ein ausgezeichnetes Mus bereiten, indem man sie durch ein Haarsieb streicht."

Dokteur Jourdan-Lecointe,
Le Cuisinier des cuisiniers

bemächtigten sich ihrer. Grimod de la Reynière erwähnt ein von den Feinschmeckern der Epoche sehr geschätztes Rezept für die Herstellung eines Gelees aus glasierten Maronen in einer Hülle aus Mandelstiften, mit Apfelgelee ausgekleidet und mit kandierten Zitronenscheiben gespickt.

Am Ende des 19. Jahrhunderts war der Eßkastanienbaum in Frankreich weit verbreitet, besonders in den Cevennen. „In Paris sind die großen Eßkastanien unter dem Namen Lyoner Kastanien bekannt, da diese Stadt der Hauptspeicher ist, aus dem man sie bezieht. Sie kommen aus ganz Südfrankreich dorthin, doch besonders aus den Bergländern von Vivarais, Forez und aus der Dauphiné. Die Eßkastanien aus Périgueux sind vielleicht die köstlichsten, die Frankreich erzeugt; sie sind von mittlerer Größe. Die aus Limoges sind gut im Geschmack und halten sich lange. Die aus Aubray und Agen werden ebenfalls sehr geschätzt." In seinem Werk *Les Plantes utiles* (1886) zeichnet Arthur Mangin so die Karte des Frankreichs der Eßkastanien.

Zur selben Zeit war die Eßkastanienkultur auch in Norditalien und Spanien weit verbreitet, besonders im Königreich León. Und schon war die Qualität der italienischen Produkte berühmt, was in Anbetracht des Preises die glasierten Maronen auf den Rang einer Luxus-Süßigkeit erhob. „Ist es, weil die Kastanie und die Marone selbst täglich im Preis steigen? – Sicher ist, daß die Pariser von 1872 weniger Eßkastanien essen als die von 1852", so liest man in einer *Monde illustré* vom Januar 1872. Und sie gibt folgende Erklärung: „Die glasierte Marone wird besser unterstützt durch die Pariser Naschhaftigkeit. Und indessen stoßen die Konditoren noch ein großes Ach! zu diesem Thema aus. Sie mußten sie dieses Jahr mit 100 Francs pro hundert Kilo bezahlen; ungeschält selbstverständlich. Es ist wahr, man muß sie aus Turin kommen lassen, da die lombardische Kastanie die einzige ist, die den Zucker vollkommen aufnimmt." Im Hinblick auf diesen Artikel haben manche Konfiseure bereits ihre Wahl getroffen, indem sie den Maronen aus Lyon, die sie etwas zu mürbe finden, die sogenannten Turiner Eßkastanien vorziehen.

In Frankreich wuchs der Eßkastanienbaum, der „Brotbaum" der armen und kieselhaltigen Böden, ganz besonders in der nördlichen Ardèche. 1882 kam ein gewisser Clément Faugier, ein Ingenieur im Brücken- und Straßenbau, auf die Idee, zur Überwindung der schweren Krise der Seidenwirtschaft der Region mit einigen Bürgern aus Privas zusammen eine Fabrik für Konfiseriewaren zu gründen. Die uralte und reiche Maronenproduktion der Gegend, besonders um Vasseaux herum, bildete die Quelle dieser Neuorientierung, die fast sofort Erfolg hatte. Derselbe Clément Faugier entwickelte 1904 eine Methode zur Vakuumverpackung, die die Kommerzialisierung der Süßigkeit außerhalb dieses Gebietes und sogar jenseits der französischen Grenzen begünstigte. Drei Jahre später, 1907, stürzte sich der Koch und Besitzer eines Hotel-Restaurants, Paul-Roch Sabaton, mit seinem Bruder zusammen durch die Gründung seines eigenen Unternehmens in dasselbe köstliche Abenteuer. Von da an wurden aus im Herbst gesammelten Eßkastanien das ganze Jahr über die herrlichen glasierten Maronen hergestellt, deren Hauptstadt Privas wurde. Heute wird die Ernte durch importierte Früchte – hauptsächlich aus Italien – ergänzt. Dennoch liegt den Fabrikanten daran, den Eßkastanienanbau in der Ardèche zu erhalten und ihren Verbrauch anzukurbeln, indem sie der Süßigkeit etwas von ihrem Saisoncharakter nehmen. Außer den traditionellen glasierten Maronen bieten sie in Sirup haltbar gemachte kandierte Eßkastanien an, die sich für den weiten Export anbieten und in Ländern wie Kanada oder Japan sehr beliebt sind; die Konditoren, die sie bestellen, müssen sie nur noch abtropfen lassen und sie „glasieren“, und so haben sie die Möglichkeit, ihrer Kundschaft „frische“ glasierte Maronen anzubieten.

Außerdem produzieren das Zentralmassiv, die Gegend um die Flüsse Gard und Hérault ebenso wie Korsika Eßkastanien aller Varietäten. Ihre Größe ist jedoch häufig zu gering für die Herstellung von glasierten Maronen.

Italien behält also das Privileg der schönen und großen Eßkastanien: die dreieckige „Neapel“ mit einer flachen Seite und dicken Adern auf der bauchigen Seite; und die weniger dicke, in der Feinheit des Fruchtfleisches und der Intensität des Geschmacks jedoch überlegene „Turin“, die fast oval ist.

Die italienischen Eßkastanien, die von den großen französischen Konfiseuren viel verwendet werden, sind auch in ihrem eigenen Land sehr beliebt, wo das Kandieren eine alte Tradition ist. Währenddessen zeigt die Herstellung dieser Süßigkeit abnehmende Tendenz: Von 2500 Tonnen im Jahre 1983 ist sie 1990 auf 1700 Tonnen gesunken, was einen zumindest alarmierenden Rückgang von 32 % bedeutet, der sich jedoch zu halten scheint, denn 1991 und 1992 verzeichnen ebenfalls 1700 Tonnen.

In Anbetracht ihrer umständlichen Herstellung, die nicht vollständig auf die Handarbeit verzichten kann, bleibt die glasierte Eßkastanie eine kostspielige Süßigkeit, und dies erklärt ihre begrenzte Bedeutung in der Süßwarenherstellung.

VORSICHT, EMPFINDLICH!

Glasierte Maronen vertragen weder Hitze, die sie austrocknet und weiß werden läßt, noch Feuchtigkeit, die ihnen die Glasur entfernt und sie schimmeln läßt. Es ist ratsam, sie so kurz wie möglich aufzubewahren, und vor allem, an einem trockenen Ort mit einer Temperatur zwischen 10 und 15 °C. Den Kühlschrank mögen sie nicht. Je eher sie verbraucht werden, um so besser ist ihr Geschmack.

Kandierte Blüten

Die Römer verwendeten die Blütenblätter von Rosen und Veilchen für die Herstellung von „Weinen", die sie vor dem Trinken durch Hinzufügen von Honig süßten. Apicius liefert uns das Rezept dafür. Es war danach nur logisch, daß man nach dem Kandieren der Früchte auch die Blüten verzehrte, die sich vor allem für die Zubereitung von trockenen oder flüssigen „Konfitüren" eigneten. Im mediterranen Südfrankreich ist tatsächlich die Kunst des „Kandierens" von Blüten (Veilchen, Rosen, Mimosen) ebenso alt wie das Kandieren der Früchte selbst.

Das Mittelalter verwendete schon das Veilchen in der Süßwarenherstellung. Die blaue Blüte wurde der rosafarbenen und der weißen vorgezogen. Sie wurde nach dem Vorbild der Dragees (der zuckerüberzogenen Mandeln) zur Dekoration mittelalterlicher Gerichte verwendet, ebenso für Veilchenzucker und -sirup.

In Montpellier, der Hauptstadt der Medizin, soll der Veilchenzucker entstanden sein. Im 14. Jahrhundert gibt Pierre de Crescens in *Les Profits champêtres* an: „Das Veilchen ist kalt und feucht, durch das Veilchenöl, wenn es grün ist. Man bereitet den Veilchensirup aus den grünen und den trockenen, doch ist der aus den grünen gemachte besser und wirksamer."

Das 17. Jahrhundert bereitete aus Veilchen Mus. Auch Rosen, Orangenblüten, Jasmin usw. wurden eingekocht. Am Ende des 17. Jahrhunderts bekam man aus Amerika kandierte Kassiablüten, die dem Pater Labat zufolge eine „sehr angenehme Konfitüre (darstellten), die ein leichtes Abführmittel gebe oder zumindest den Bauch frei hielt". Das Rezept der Konfitüre, die von der jüdischen Gemeinschaft hergestellt wurde, ging leider nach deren Vertreibung aus den Kolonien verloren.

Im 19. Jahrhundert waren Blütenbonbons mehr denn je in Mode. Die Firma Nègre in Grasse stand am Ursprung der Blütenzuckerung, so wie wir sie heute kennen. Man benutzte besonders die Blütenblätter von Rose oder Orange, wie auch Veilchen, die ganz erhalten und „vereist" wurden.

ZUCKERÜBERZOGENE VEILCHEN

Man nehme doppelte Veilchen, aus Parma oder andere; auf 500 g Veilchen nimmt man 625 g Zucker; man gebe ihn mit einem Glas Wasser in einen Tiegel; man lasse ihn à la plume kochen und gebe die Veilchen hinein, deren Stiele man entfernt hat. Jetzt auf großer Flamme zusammenkochen lassen, dabei umrühren, ohne die Veilchen zu zerbrechen. Wenn der ganze Saft verdampf und der Tiegel ganz trocken ist, nimmt man ihn vom Feuer und rührt die Veilchen mit einem Kochlöffel sehr rasch um; sie müssen sich alle voneinander lösen und sich mit Zucker überziehen; anschließend gibt man sie auf Papierbögen, wo man sie abkühlen läßt. Sie sollten etwas knusprig sein und ihre Form und Farbe so weit wie möglich behalten."

Émile Dumont,
Le Parfait Pâtissier

Der berühmte Pariser Konditor Siraudin zeichnete sich so durch seine mit Zucker überzogenen Veilchen aus, zu deren größten Anhängern Charles Monselet zählte. „Soweit sind wir gekommen", so ruft er aus, „oh ihr entzückenden Überraschungen, oh ihr unerhofften Köstlichkeiten! Man tut besser daran, die Blüten, statt daran zu riechen oder sich damit zu schmücken, zu essen. Man knabbert Nelken, man ernährt sich von Rosen." (*Le Monde illustré*, 8. Dezember 1860).

Die bedeutende Spezialistin der Hauswirtschaft, Baronin Staff, verwendet ihrerseits lieber die „doppelten Veilchen" aus Nizza, die sie zweifach in ein bis zum Ballen gekochtes Zuckerbad taucht. Dieselbe Baronin ergänzt 1894, daß zuckerüberzogene Orangenblüten für ein Hochzeitsmahl unerläßlich sind. Sie empfiehlt, ein Pfund geschälter Orangenblüten in 2 Pfund à la grande plume gekochten Zucker zu geben und, wenn der Sirup à la grande plume gebräunt ist, mit einem Rührlöffel umzurühren. Dann, wenn die Mischung aufsteigt und sich leicht rühren läßt, sie in kleine runde Formen aus gefälteltem Papier zu geben. Der Vorgang erscheint einfach, doch in Wahrheit ist diese Arbeit höchst schwierig, was auch heute noch den hohen Preis dieser Süßigkeit erklärt. Deutlicher erklärt der ehemalige Bediente des Grafen Pozzo di Borgo, Berthe, in seinem *Traité de l'office* (1884) die komplizierte Herstellung von kristallisierten Veilchen. Manchmal wurden nur die Blütenblätter und manchmal die ganzen Blüten verwendet. Man brachte 500 g Zucker mit 0,15 l Wasser bis zum Kettenflug zum Kochen. Wenn der Siedepunkt erreicht war, gab man die Veilchen in den Tiegel und ließ das Ganze aufkochen, dann nahm man es vom Feuer. Anschließend bearbeitete man den Zucker, bis er krümelig wurde, und gab das Ergebnis durch ein Sieb, um den übrigbleibenden Zucker auszusondern. Da man nichts umkommen ließ, wurde aus diesem Zucker ein Veilchensirup hergestellt.

Ohne Zweifel – weil in der Gegend um Toulouse das Veilchen herrliche Farbnuancen und köstlichen Duft besitzt, hat sich hier sein Anbau entwickelt. Eine sehr alte Kultur übrigens, die lange Zeit die Haupterwerbsquelle in kleinen Ortschaften wie Saint-Jory, einem Vorort von Toulouse, darstellte.

Schon im Mittelalter wird dies erwähnt. So soll 1324 Clémence Isaure die Sieger der Minnehöfe mit Veilchen aus Toulouse gekrönt haben. Die Akademie von Toulouse, die später zur Akademie der Blumenspiele berufen wurde, wählte als Belohnung das schönste Toulouser Veilchen. Gewiß, heute kommen die sogenannten Veilchen „aus Toulouse" nicht ausschließlich aus diesem Winkel Frankreichs – was für die süße Spezialität aber immer noch gilt.

Traditionelle Fruchtgelees

Fruchtfleisch und Zucker sind ihre Bestandteile. Wenn sie auch ursprünglich mehr eine Art der Konservierung von Früchten als eine Süßigkeit an sich darstellten, so wurden sie doch bald ihres Geschmacks wegen geschätzt. Durch Kochen angedicktes Fruchtmus wurde in Form gegossen, ausgeschnitten oder gestanzt und konnte unterschiedlichste Gestalt annehmen.

Rabelais erwähnt „siebenzig Arten von Konfitüren, sowohl trockene als flüssige“. Einzig die königliche Tafel zählte sie am Ende des Mittelalters und in der Renaissance zu ihren Süßigkeiten. Im 17. Jahrhundert verwendete man den Apfel zur Herstellung von Gelees.

Im 18. Jahrhundert waren die Aprikosengelees aus der Auvergne berühmt. Doch es wurden alle möglichen Arten hergestellt, aus Orangenblüten, Zitronen usw. und selbst aus Pistazien oder Ingwer.

> „Die Duenna erschien bei dem Edelmann, der sie sehr höflich empfing, ihr einen Lehnsessel neben sich anbot und ihr ein Taschentuch reichte, damit sie sich den Schweiß abtrockne; denn der Marsch hatte sie ein klein wenig echauffiert. Ehe sie aber Zeit hatte, ein Wort von ihrer Botschaft vorzubringen, ließ er eine Büchse mit Fruchtpaste kommen, schnitt für sie zwei tüchtige Stücke ab und reichte ihr ein paar volle Gläser Vino del Santo, der ihrer Nase die Farbe einer Klatschrose verlieh und ihr Herz freudiger stimmte, als hätte er ihr eine Stiftsdamenpfründe verliehen.“
>
> Miguel de Cervantès, *Die geflickte Tugend oder Die vorgebliche Tante*, 1613

Die Fruchtgelees sind für Hausfrauen am leichtesten zu realisierende Süßigkeiten. Auch strotzten die kulinarischen Sammlungen von der letzten Jahrhundertwende von Rezepten mit Quitten, Aprikosen, Pflaumen, Himbeeren, Johannisbeeren, Kirschen, Apfelsinen, Zitronen und sogar Maronen.

Heute haben die Fruchtgelees vielfältige Formen. Sie sind mit Zucker umhüllt, mit Kristallzucker glasiert oder umhüllt. Sie sind körnig in Form schwarzer Brombeeren oder roter Himbeeren.

Manche Gelees sind likörgefüllt, wie die „Gimblettes“ aus Albi, die „Guignolettes“ aus der Auvergne (sie bestehen aus einer in Kirschwasser getränkten Kirsche, die mit Kirschgelee gefüllt ist) oder das Aprikosengelee mit Kirschwasser aus den Vogesen. Jedes Land, jede Gegend verwendet zunächst einmal einheimische

Das einzige Mittel, ein Fruchtgelee von einer gelierten Süßigkeit zu unterscheiden, ist oft beides zu kosten.

Früchte. In den Anbaugebieten exotischer Früchte werden Mango, Guave, Ananas, Papaya und Passionsfrucht für Gelees verwendet. Italien und Spanien glänzen weiterhin in der Kunst der Geleeherstellung, besonders auf der Basis von Zitrusfrüchten.

WAHRES UND FALSCHES

Das echte Fruchtgelee hat Ansprüche, die man besser kennen sollte, um nicht von der Qualität der Süßigkeit enttäuscht zu werden. So

- muß das Fruchtgelee mindestens 75 % Trockenextrakt enthalten;
- müssen seine Aromatisierung und Säuerung entsprechend der für die Süßwarenherstellung gültigen Gesetzgebung erfolgen;
- kann aus Obst (Äpfeln, Zitrusfrüchten usw.) gewonnenes Pektin als Verdikkungsmittel verwendet werden, um den ungenügenden oder verminderten Gehalt am natürlichen Pektin der Früchte auszugleichen;
- kann das Fruchtgelee, das nur das Fruchtfleisch einer einzigen Obstart enthält, mit dem Namen dieser Frucht bezeichnet werden; z. B. das „Erdbeergelee“;
- wird das Fruchtgelee, das Fruchtfleisch von mehreren Obstarten enthält, als „Fruchtgelee“ bezeichnet, gefolgt vom Namen der Frucht oder der Nennung der Frucht mit „-Geschmack“ dahinter, wobei der Name der genannten Frucht derjenige sein muß, dessen Fruchtfleisch dominiert oder dem Produkt den Geschmack gibt; z. B.: „Fruchtgelee Erdbeer“ oder „Fruchtgelee mit Erdbeergeschmack“.

MARONENPASTE
(PASTO DE CASTAGNO)

„Nehmen Sie ein Kilo Maronen, denen Sie die zwei Häute entfernen; lassen Sie sie in einem Topf mit zwei Gläsern Wasser und einer Vanilleschote bedeckt auf kleiner Flamme kochen. Wenn die Maronen sich auflösen, streiche man sie durch ein Haarsieb. Für ein Kilo Mus braucht man einen Zuckerhut von einem Kilo, den man in einen Kessel gibt, mit zwei Gläsern Wasser befeuchtet, sich auflösen läßt, worauf man ihn ungefähr zehn Minuten kocht; sobald er einen Faden von einer gewissen Festigkeit ergibt, wenn man diesen Sirup zwischen Daumen und Zeigefinger nimmt, zieht man ihn vom Feuer. Man gibt einen Löffel dieses Sirups nach dem anderen in das Maronenmus, das man in eine Schüssel gegeben hat, und bearbeitet es nach und nach mit einem Holzlöffel, damit es schön glatt wird. Das Ganze wird wieder in den Kessel geschüttet und auf das Feuer gestellt. Eine Viertelstunde bis zwanzig Minuten kochen. Anschließend in Keramiktöpfe oder in Formen füllen. Nach dem Erkalten nehme man sie aus der Form, um sie in kleine Stücke unterschiedlicher Form zu zerteilen. Sie werden an der Luft getrocknet.“

J.-B. Reboul, *La Cuisinière provençale*

Die Fruchtgelees bilden eine der Spezialitäten der Trappisten-Mönche. Im Herzen der Bretagne, in Morbihan, in der Gegend von Rohan, stellen die Patres von Timadeuc weiche Fruchtgelees aus Äpfeln her, die aus den Obstgärten der Abtei stammen. Desgleichen bereiten die Trappisten aus Soligny-la-Trappe in Orne handwerklich köstliche Fruchtgelees.

NAHRHAFTE FRUCHTGELEES

Nach dem Beispiel der Pastillen, Gummibonbons und anderen Bonbons entkamen die Fruchtgelees nicht der „therapeutischen" Rolle, die früher den Süßigkeiten zugesprochen wurde. Als Beleg tauchten anläßlich der Weltausstellung von 1867 unter den Lebensmitteln wundersame „diamantenbesetzte Rhomben" mit dem Namen Musculine Guichon auf. Und wäre nicht der Kommentar, den Auguste Luchet in seiner Studie über die Kunst der Herstellung auf der Weltausstellung 1867 verfaßte und der 1868 erschien, so wäre dieser Bonbon überhaupt nicht wahrgenommen worden.

Dabei war, wie der Bericht erklärt, die Idee erfindungsreich: „Auf die Initiative eines Arztes aus Sankt Petersburg ist der Brauch weit verbreitet, Kranke rohes Fleisch essen zu lassen, vor allem in Fällen

> „Man brachte das Dessert. Es war eine Lawine von Guaven-Gelee, festen, glänzenden Streifen in der Farbe von Rubinen und Topasen, von Gelee mit rosa Fruchtfleisch (...)"
>
> Alfred de Marton, *Un dîner du nouveau monde*, in *La Cuisinière poétique*, von Charles Monselet, 1859

von Blutarmut, da Gelehrte, unter ihnen Magendie, den Beweis geliefert haben, daß jegliches Metzgerfleisch bei einer bestimmten Temperatur den größten Teil seines Nährwertes verliert. Außerdem und folglich soll das rohe Fleisch leichter verdaulich sein als das gekochte.

Es blieb noch das große Hindernis des Ekels zu überwinden. Daher stammten die Fleischextrakte, Fleischsirups, Konserven und Gelees. Monsieur Guichon, der auch Gelehrter ist, hat sich gesagt, daß frisches Rindfleisch nur 15 bis 18 % Fleischfasern enthält. Er isoliert also die Fleischfasern und mischt sie unter Einsatz von Kälte mit einer süßen Fruchtkonserve, die ihm als Tarnung dient, woraus er diese appetitlichen Rhomben bildet, die man an einem trockenen Ort unendlich lange lagern kann, und die in ganz geringer Menge Reisenden und Genesenden auf der Stelle eine sehr wertvolle Nahrung liefern. Sie sehen nicht nach Fleisch aus: man könnte meinen, glasierte Pasten vor sich zu haben. Ich halte dieses außerdem für besser als den vielgepriesenen und heiß zubereiteten Extractum carnis."

Unser Verhältnis zum rohen Fleisch hat sich sehr geändert! Doch unsere Treue gegenüber den Fruchtgelees ist nicht im geringsten schwächer geworden – unter der Bedingung jedenfalls, daß man ihnen nicht ihre wichtigste Berufung als einfache Süßigkeiten abspricht.

Die 1858 gegründete Gesellschaft Mirland & Cie war in Belgien und Frankreich niedergelassen. Am Ende des 19. Jahrhunderts verdankte sie ihren Ruf ihren Apfel-, Pflaumen- und Mirabellengelees, ebenso wie ihrer Fruchtpaste, die durch die Mischung und das Dörren des Fruchtfleisches verschiedener Obstsorten hergestellt wurde. Alle Gelees konnten sowohl einfach so als Süßigkeit verzehrt als auch durch Wasserzusatz in köstliche Kompotte verwandelt werden. Die Mirabelle hatte großen Erfolg, denn sie wurde als „sehr gesunde und sehr verdauungsfördernde Süßigkeit" angesehen.

Von der Quitte zum Quittenbrot

Bevor er bewußt angebaut wurde, wuchs der Quittenbaum wild im Norden Persiens und Griechenlands. Seine Frucht wurde sehr früh für die menschliche Nahrung verwendet. In der Antike wurde sie reichlich gebraucht. Im Mittelalter war die Quitte sehr beliebt und wurde wegen ihrer verdauungsfördernden und „verengenden" Heilwirkung geschätzt. Sie wird im Oktober geerntet, wenn der Morgentau einsetzt, berichtet Pierre de Crescens im 14. Jahrhundert; ihre Reife erkennt man an einer schönen goldenen Farbe. Es war damals üblich, sie in Weintraubengelee zu kochen, in Honig oder auch in ein weingefülltes Gefäß zu legen. Das Fruchtfleisch und der Saft wurden auch für eine Anzahl süßer Zubereitungen verwendet. Manche waren klar therapeutisch, wie dies zu der Zeit üblich war. Dazu gehörte eine Latwerge, die „Diacitoniten" genannt wurde („auf Quittenbasis"), und deren Rezept Nicolas in seinem *Antidotaire* angibt: „Man nehme die Quitten, koche sie in Wasser, entferne die Schale und die Kerne im Inneren, füge Honig hinzu und zerstoße es gut im Mörser. Man setze es mit dem genannten Honig in einem Kessel auf das Feuer. Man bringe es zum Kochen, während man mit einem Rührlöffel unablässig rühre, bis die Masse dick wird. In diesem Augenblick gebe man unter Umrühren das Pulver der folgenden Gewürze hinzu: Zimt, Ingwer, Galgant, Pfeffer, Nelken, Muskatnuß, Spiklavendel, Aloeholz, Macis, Kardamom, Süßholz (...). Auf eine Marmorplatte gießen, mit Rosenwasser, dem etwas Moschus beigefügt wurde, benetzen. Wenn es abgekühlt ist, schneide man es mit einem Messer in Stücke." Dies war zumindest eine ausgeklügelte Süßigkeit, der es nicht an Wohlgeschmack fehlen konnte.

Jedenfalls war das Quittenbrot, das „Cotignac" genannt wurde, einfacher herzustellen. Es gab mehrere Rezepte dafür, unter anderem dieses: „Man nehme Quitten, schäle sie, teile sie in Viertel, entferne

Quitten, Obstschale, Marmeladentopf und Süßigkeitendose, Luiz Relendez (1716-1780), Madrid, Prado

QUITTENBROT

„Man nehme schöne, reife Quitten, schäle sie ab, schneide sie in Viertel und entferne das Innere. Nach und nach lege man sie in kühles Wasser, damit sie nicht schwarz werden. Wenn sie geschält sind, gebe man sie mit ausreichend Wasser in einen Kupferkessel, so daß sie ganz bedeckt sind. Man bringe sie auf kleiner Flamme zum Kochen; wenn sie auf Fingerdruck nachgeben, sind sie gar genug. Man gieße sie sodann auf ein Sieb, das man auf eine Steingutschüssel gelegt hat. Wenn sie gut abgetropft sind, bereitet man aus dem Saft ein Gelee. Nun nehme man die Quitten, zerdrücke sie und füge ein Pfund Streuzucker pro Pfund Obst dazu.
Die Quitten und den Zucker gibt man in eine Schüssel, zerstößt sie mit einem Stößel, bis der Zucker gut mit den Quitten vermischt ist. Man nimmt etwas von dieser Paste und bestreicht damit Teller 2 cm dick, dann streut man Zucker darüber. Vier oder fünf Tage trocknen lassen; Streifen von 3 cm Breite schneiden, in geschlossene Dosen legen, die an einem trockenen Ort aufbewahrt werden."

NS. „Diese Pasten halten sich ein ganzes Jahr, und drei in Stücke geschnittene Streifen ergeben ein leckeres Dessert."

Tante Marie,
La Véritable Cuisine de famille

das Kerngehäuse und die Kerne, koche sie in gutem Rotwein und seihe sie durch. Man nehme Honig, lasse ihn lange kochen und schäume ihn ab. Man gebe die Quitten in den Honig und rühre sehr gut um. Man bringe das Ganze zum Kochen, bis sich der Honig um die Hälfte verringert (...) und rühre weiter, bis es vollständig erkaltet ist. Man schneide es in Stücke." (*Le ménagier de Paris* vom Ende des 14. Jahrhunderts). Das Zurückgreifen auf den roten Burgunderwein mag unsere Gaumengewohnheiten überraschen.

Der „Cotignac" wurde regelmäßig bei mittelalterlichen Festgelagen genannt. Wie andere bedeutende Süßigkeiten gehörte er zu den Genüssen der Könige und Prinzen. Franz I. aß ihn sehr gerne. Eine Anekdote ist uns durch Tallemand überliefert: „Auf dem Wege zu Madame d'Étampes erfuhr der König, daß Brissac, seitdem Marschall von Frankreich, sich unter dem Bett versteckt hatte, da er nicht mehr die Zeit gehabt hatte, zu fliehen. Er bestellte Konfekt, und während er Cotignac aß, den er köstlich fand, warf er eine Schachtel davon unter das Bett, wobei er sagte ‚Nimm, Brissac, alle müssen leben!'" Doch wo liegt hier die Wahrheit? Das gleiche Abenteuer wird auch Heinrich IV. zugeschrieben, der Bellegarde bei Gabrielle d'Estrées überrascht ...

In Orléans war es üblich, durchreisenden Persönlichkeiten Cotignac zu schenken. Stadtarchive belegen die Fabrikation von Quittengelees für den Besuch der Königin von Navarra im Jahre 1546. Desgleichen überreichte 1576 die Stadt 38 Dutzend davon dem König und der Königin wie auch den Großen des Hofes. Wenn sich auch ab dem 17. Jahrhundert die Gunst den Quitten aus Portugal zuwandte, die sehr guter Qualität waren, so blieben dennoch die Früchte aus Lyon, Nevers und Orléans berühmt. Der Cotignac aus Orléans gehörte zu den „Mode-Konfitüren". Mit „königlichem Zucker" und etwas Weißwein hergestellt, wurde das Gelee in kleine, runde, flache Schachteln aus Tannenholz gegossen; die kleinsten von ihnen hatten den seltsamen Namen „Friponnes" (Spitzbübinnen).

Am Anfang des 19. Jahrhunderts sah Cambacérès, ein berühmter Feinschmecker, den Cotignac als feinste aller Süßigkeiten an und ließ sich welchen aus Mâcon schicken, wo er ebenfalls hergestellt wurde. Doch scheint es, als habe sich die Stadt Orléans immer mehr als Hauptstadt des

Le Cotignac d'Orléans

NOSTRADAMUS, DER MEISTER DER „KONFITÜREN“

Als Zeuge der Gastronomie seiner Zeit zeigt Michel de Nostre-Dame, alias Nostradamus, in seinem *Excellent et très utile opuscule* ... (1555) großes Interesse für die Quitte. Er gibt an, wie man diese Frucht in Zucker oder in gekochtem Wein kandiert, und bestätigt, daß diese Konfitüren „einen wunderbar guten Geschmack (haben), die für zwei Gelegenheiten verwendet werden können, das heißt als stärkende und einschränkende Medizin, und, um zu jeder Zeit davon zu essen“. Er liefert ebenso mehrere Rezepte für Quittengelee.

Eines von ihnen, das „schöner und wertvoller“ ist, scheint den Beifall seiner Epoche gefunden zu haben. Quitten und Zucker verbinden sich darin zu einem Gelee, das eines Königs würdig war, und das auf seinen Rat hin „in Dosen aus Glas oder Holz gelegt werden sollte, die mit Wappen oder Heldensprüchen je nach Eurem Geschmack verziert“ waren. Ein interessantes Detail über den Erfolg dieser Süßigkeit: „So ist welches für den seligen König Franz, den ersten dieses Namens, gemacht worden, dann für den Herrn Kardinal von Clermont, über die Person seines Legaten von Avignon, und nach dem Urteil der Gläubigen wird man nie mehr Gleiches erleben. Und dem seligen Hochwürden Großmeister von Rhodos wurde es zum Geschenk gemacht, als er aus Rhodos kam und über Avignon fuhr, im Jahre 1526. Und die ehrwürdige Stadt Lyon hat welchen mitgenommen und trägt sein Ansehen und den Ruf sogar bis zu den Frauen.“

Ist das hier der Cotignac aus Orléans? Das Ergebnis ähnelt eher dieser Süßigkeit, wie wir sie heute kennen, als das Rezept, das er uns angibt „um Cotignac zu machen, der eine großartige Substanz von gutem Geschmack, und lohnenswerter als alle anderen ist“, denn die Zubereitung ist geraffter und das Ergebnis weniger glücklich. Nostradamus gibt selbst zu: „Es ist wahr, daß es nicht so köstlich ist, doch in den Effekten und Wirkungen ist es besser.“

Cotignac behauptet. Alexandre Dumas erkannte nur den Cotignac aus Orléans an, dessen Rezept er angab: „Es ist festzustellen, daß der Weißwein jetzt nicht mehr für die Herstellung der Süßigkeit in Frage kommt, die in der Welt der Zuckerwaren einen etwas abseits stehenden Platz einnahm.“ Charles Monselet konnte sie selbst nicht einordnen: „Das ist weder Quitten-Paste noch Gelee; das ist eine besondere Zubereitung, deren Monopol Orléans besitzt,“ schreibt er in *La Cuisine poétique* (1859). Und er fügte hinzu: „Ein Liebhaber von Süßem kommt nicht umhin, sich welches kommen zu lassen und einige Schachteln auf die höchsten Bretter seines Bücherschrankes zu räumen.“

Heute hat sich das Rezept nicht geändert, und die Zubereitung ist eigentlich ein Gelee, das zu 75 % der Saftmenge gezuckert ist, zu Läuterzucker gekocht und heiß in kleine runde Schachteln aus Nadelholz gegossen wird.

Schließlich muß angemerkt werden, daß man in der Provence einen Quittenlikör als „Cotignac“ bezeichnet, der traditionsgemäß hergestellt und bei Verdauungsstörungen empfohlen wird.

Manche behaupten übrigens, das Quittenbrot sei ursprünglich in einem Dorf in der Nähe von Carcès mit dem Namen Cotignac hergestellt worden, bevor es zu der typischen Süßigkeit aus Orléans wurde.

DER COTIGNAC

„Man nimmt vollreife Quitten von schöner Qualität; schneidet sie in Scheiben, entfernt das Innere, ohne sie abzuschälen; ordnet die Stücke in einen Kessel, gießt ausreichend Wasser darüber, bis sie ganz bedeckt sind; kochen lassen. Man nehme sie mit ihrem Wasser heraus, wenn sie weich geworden sind, bevor sie zu Mus werden; gieße das Ganze durch ein Sieb, über einer Terrine. Man lasse den Saft abtropfen, ohne die Stücke zu zerdrücken.

Während die Stücke abtropfen, läßt man auf dieselbe Weise eine gleiche Menge Quitten weich werden, doch statt Wasser nimmt man den Saft, der sich beim Kochen der ersten Ladung ergeben hat. Auf dieselbe Art und im gleichen Grade kochen; den Saft ebenso abtropfen. Man wiege den erhaltenen Saft, füge ihm Zucker im gleichen Gewicht zu; Saft und Zucker im Kessel aufkochen. Um zu erkennen, ob die Kochzeit den richtigen Grad erreicht hat, tauche man den Finger in kühles Wasser, dann in das Gelee; wenn der Saft eine gewisse Festigkeit hat und sich leicht vom Finger löst, ist die Kochzeit abgeschlossen. Den so erhaltenen Cotignac in Marmeladengläser gießen. Man kann dieses Gelee auch in verschiedene kleine Formen geben; auf diese Weise stellt man Cotignac-Brote her, die man anschließend in Bonbondosen aufbewahren kann. Bevor man die Formen benutzt, müssen sie in Wasser eingeweicht werden.“

Grande Encyclopédie illustrée d'économie domestique et rurale,
unter der Leitung von Jules Trousset

Köstliche Gelees

Wenn auch die Geleefrüchte einer alten Tradition entsprechen, so sind die „Geleeartikel“ weit neuere Erfindungen. Ihr Erfolg war umwerfend, und sie scheinen sich die Gunst der Kinder aus der ganzen Welt erworben zu haben.

Zweifellos wegen ihrer Farben und der verschiedenartigsten Formen: Früchte, Blumen, Tiere und andere Figuren in lebhaften, fröhlichen Farbtönen. Zweifellos auch wegen ihrer Transparenz, die sie besonders anziehend macht. Zweifellos schließlich, weil ihr angenehmes, kontrastreiches Aroma und ihre fast gummiartige Weichheit dem heutigen Geschmack entsprechen.

Obwohl es sich hier um Neuankömmlinge in der modernen Süßwarenherstellung handelt, haben die „Geleeartikel“ ferne Vorfahren unter den Gelees der vergangenen Jahrhunderte. Da die Verwendung von Gelatine auf die Antike zurückgeht, kannten das Mittelalter und die Renaissance ihren Gebrauch bei der Herstellung von Süßigkeiten. So gibt das *Livre fort excellent de cuysine* von 1555 ein Rezept für „Birnengelee“ an, das mit Fischgelatine angedickt wird. „Und wenn die Birnen gekocht sind, ziehe man sie heraus, und gebe danach die Gelatine zum Andicken hinzu.“ Diese Substanz stammte von den Schwimmblasen bestimmter Fische, besonders vom Stör.

Nach dem 16. Jahrhundert wurde es in Frankreich kaum noch verwendet – wo man ihm das gemahlene und gekochte „Hirschhorn“ vorzog – doch in Deutschland und England hielt es sich.

Manche Gelees griffen nicht auf Gelatine zurück. Es handelte sich dabei um „Konfitüren“, die aus Fruchtsaft oder -dicksaft gemacht wurden, in dem man Zucker aufgelöst hatte und den man anschließend zum Kochen brachte, bis eine leicht dicke Beschaffenheit gegeben war, so daß sie beim Erkalten an „eine Art feinen und durchsichtigen Kleister“ erinnerten.

Urahn der modernen Geleeartikel:
der berühmte „Roudoudou", der ganze Generationen geprägt hat.

HARIBO
HARIBO, C'EST BEAU LA VIE,
FINI®
JELLIES
GUMMY
CIRCUS
NESSY
FRUCHTGUMMI
Munz
HARIBO
HARIBO, C'EST BEAU LA VIE
LES BONBONS MAGIQUES!
POUR LES GRANDS ET LES PETITS!
MAGICOLO
melon + abricot = kiwi

Heute entstehen die Geleeartikel durch das Kochen eines Sirups aus Zucker, Glucosesirup und einer kleinen Dosis Geliermittel. Nach dem Kochen wird dieser Sirup aromatisiert, gefärbt, dann in Stärke gegossen. Aromatisierung und Färbung sind mit bestimmten Aromen und Farbstoffen erlaubt.
Sehr strenge Vorschriften garantieren eine relative „Qualität" auf diesem Gebiet, wo die Süßwarenhersteller ihrer Phantasie freien Lauf lassen. Oft mit gutem Erfolg, doch manchmal leider auch mit etwas zweifelhaftem Geschmack!

DIE GELIERMITTEL

Die Geleeartikel und Gummibonbons benötigen Substanzen, die, in geringer Menge verwendet, die Eigenschaft besitzen, beim Abkühlen nach dem Kochen das Gelieren von Massen zu bewirken.
Es sind dies:
- Agar-Agar, ein Produkt, das aus einer Meeresalge gewonnen wird.
- die Stärkepulver, die aus Weizen, Mais, Reis, Kartoffeln oder Maniok stammen können.
- die Gelatine, die aus tierischem Bindegewebe und Knochen extrahiert wird.
- das Pektin, das aus Äpfeln und Zitrusfrüchten stammt.

Die erhaltene Struktur variiert je nach der verwendeten Zutat. Sie ist kurz und weich, wenn es sich um Pektin oder Gelatine handelt. Beim Agar-Agar und bestimmten Stärken ist sie lang und fest.

Zur Zeit der Apotheker und Gewürzhändler

Die Süßigkeiten von früher wurden sowohl von den Gewürzhändlern als auch von den Apothekern verkauft. Bei den Apothekern des 13. Jahrhunderts konnte man sicherlich Medikamente, Wurzeln und Kräuter mit verschiedenen Eigenschaften erstehen, doch fand man auch die kostbaren Gewürze aus dem Orient, wie Ingwer, Pfeffer, Kümmel, Zimt und den Zucker, wie auch das Süßholz und den Anis. Sie waren also auch „Gewürzhändler" – wenn auch nicht die einzigen, denn auch die „Feilscher", die Wiederverkäufer im Detail waren, hatten das Recht, mit einigen in der Küche verwendeten Gewürzen, wie den Pfeffer, den Kümmel oder den Zimt zu handeln. Die Apotheker sahen ihren Berufsstand im 13. Jahrhundert gemaßregelt, als auf die Anregung des Königs Saint Louis der Vogt des Châtelet in Paris, Étienne Boileau, den Zünften die gesetzliche Regelung gab, die ihnen bis dahin gefehlt hatte. Gewürzhändler und Apotheker wurden in derselben Zunft zusammengefaßt, deren Statuten durch königliche Order vom August 1353 definiert werden sollten. Diese Verbindung sollte mehrere Jahrhunderte dauern und sich nicht gerade positiv auf die Entwicklung der Arzneimittel auswirken, da der merkantile Aspekt oft über den wissenschaftlichen Oberhand gewann. Es war nötig, eine Unterscheidung zu schaffen, und zwar in einer Order vom August 1484. Wir erfahren darin, daß die Gewürze „sogar in dem Lande, wo sie wachsen, teuer sind", und daß es schwierig ist, sich selbst mit denen zu versehen, die von größtem Nutzer sind. Die zwei Berufe wurden fortan zu einem einzigen: dem „mestier des ouvraiges et marchandises d'espicerie, appoticairerie, ouvrages de cire et confitures de sucre". Doch wenn auch jeder Apotheker als Gewürzhändler weiterarbeiten konnte, so war es den Gewürzhändlern nicht möglich, sich als Apotheker auszugeben – es sei denn, sie dienten vier Jahre lang als Lehrling, absolvierten eine Prüfung und schafften ein Meister-

BERUF: CONFISEUR

Die Confiseur-Confituriers, deren Industrie sich von der Renaissance ab entwickelte, hingen von der Zunft der Gewürzhändler ab. Confiseur oder Confiturier? Früher bestanden beide Begriffe, und der Unterschied war spitzfindig. Manche sahen darin zwei Bezeichnungen desselben Handwerks. Andere betrachteten im Gegenteil den Confiseur als denjenigen, der das Kandieren von Früchten vornahm – und nur dies – und nannten Confiturier den, der mit kandierten Produkten handelte. Furetière seinerseits stellte im 17. Jahrhundert eine genauere Unterscheidung auf zwischen dem einfachen Fabrikanten und dem Fabrikanten, der auch Händler war, zwischen dem „Confiseur", dem „der einkocht, der Früchte oder andere Dinge mit Zucker zubereitet", und dem „Confiturier", „dem Händler, der Konfitüren abfüllt und verkauft". Diese Unterscheidung scheint jedoch nicht Schule gemacht zu haben, und dieselbe Verwirrung herrschte im Jahrhundert der Aufklärung. So sind die „Confiseurs" nach dem *Almanach Dauphin pour 1777* diejenigen, „welche trockene und flüssige Konfitüren, Sirups, Dragees, Gelee, Mus, und im allgemeinen alle Arten trockener und kandierter Früchte zubereiten und verkaufen".

Da die Begriffe „Confiture" und „Confiserie" danach ihre heutige – genauere – Bedeutung angenommen haben, sind die entsprechenden Berufe besser definiert. Heute hat jedes Handwerk also seine Spezialität: Der Confiseur stellt Süßigkeiten her und/oder verkauft sie, während der Confiturier Konfitüren herstellt und/oder verkauft.

stück in Form eines Wachses, einer Zukkerkonfitüre o. ä. Nach dem Beispiel des Apothekerberufs galt der des Gewürzhändlers als sehr ehrenvoll. Ab dem 14. Jahrhundert zählten Könige und Herrschaften Gewürzhändler zu ihren Köchen. Doch beschränkten sich die Gewürzhändler, die einen Laden besaßen, nicht auf den Gewürzhandel. Sie waren für die Herstellung von Kerzen zuständig. Sie verkauften auch Öl, Essig und alle Arten von Soßen.

Am Beginn des 16. Jahrhunderts gab es sieben Berufsgruppen in Paris. In der Ordnung nach ihrer Wichtigkeit waren dies (mit der wichtigsten angefangen): Tuchhändler, Gewürzhändler (und Apo-

Der Laden eines Gewürzhändlers um 1780, Stich aus dem 19. Jahrhundert, nach Adrien de Vriei

theker), Kürschner, Kurzwarenhändler, Geldwechsler, Goldschmiede und Färber (die Weinhändler nahmen 1585 den Platz der Färber ein). Die Unterscheidung zwischen Apothekern und Gewürzhändlern sollte sich im Laufe des Jahrhunderts verstärken. So präzisierte eine königliche Order im Juni 1514 neue Statuten für die Zunft und die Berufe, die sie bildeten. „Wer Gewürzhändler ist, ist nicht Apotheker, aber wer Apotheker ist, ist Gewürzhändler", so hieß es in diesem Text. Die Apotheker konnten also weiter Gewürze verkaufen, doch den Gewürzhändlern wurde förmlich der Verkauf von heilmittelartigen Waren untersagt. Außerdem hatte jeder Beruf fortan seine eigenen Zunftvertreter. Nachfolgende Verordnungen bestätigten und vervollständigten anschließend diese Statuten. Zum Beispiel wurden die Apotheker einer verstärkten Aufsicht unterstellt; ihre Fähigkeit, Medikamente herzustellen, wurde streng überprüft. „Der Zustand und das Wesen der Apothekerwaren ist von viel größerer Konsequenz als bei allen anderen. Der größte Teil besteht aus Pulvern, Drogen, Konfitüren, Zuckern und anderen Zusammensetzungen, die verkauft und verteilt werden für den menschlichen Körper und für die Wiedererlangung der Gesundheit der Kranken. Es ist also sehr nötig, daß jene, die sich für besagten Stand verwenden, weise, gelehrte, treue Personen mit langer Erfahrung sind, die schon vorher die Ware kennen, aus der sie die genannten Zusammensetzungen machen" (*Verfügung des Pariser Parlaments von 1536*). Die Wirklichkeit widersprach indessen manchmal der Verordnung, und diese Zeit der maßlosen Heilverfahren hat ein recht wenig rühmliches Bild vom Beruf des Apothekers hinterlassen: Scharlatanerie, Verfälschungen und Nachlässigkeiten im Hinblick auf die Aufbewahrung der Produkte und überhöhte Preise waren offenbar an der Tagesordnung. Dies verstärkte nur die Feindschaft, die Apotheker und Ärzte einander entgegenbrachten, und diese letzteren verhielten sich so, daß ihre Rivalen den Gewürzhändlern gleichgestellt blieben.

Im 17. Jahrhundert verfügten die Apotheker endlich über einen offiziellen Codex (der 1637 vollendet wurde) und sahen sich neuen Statuten unterworfen (28. November 1638). Die Zunft, die sie weiterhin mit den Gewürzhändlern bildeten, hielt in Paris den zweiten Platz in der Berufsgilde. Für die Apotheker-Gewürzhändler verlangte man eine strenge Ausbildung, das heißt vier Jahre Lehrzeit, einen sechsjährigen Dienst als Kompagnon und die Vorstellung eines Meisterstücks aus Kräutern, während die Ausbildung der Gewürzhändler sich auf drei Jahre Lehrzeit, einen

Der Apotheker im 16. Jahrhundert: „Reich an tausend Sorten Salben und wundertuenden Tränken, bin ich der Pharmakus mit den unzähligen Dosen, und ich verkaufe an alle diejenigen, welche mich bezahlen, ausgezeichnete Zuckerwaren mit starken oder süßen Düften. Es gibt nichts, das die Macht hätte, das Leben zu halten, wenn es weichen will, oder aus dem Körper die Krankheiten zu verjagen, was man nicht gewiß in meinem Laden fände." (Hartmann Schopper, *Description de tous les arts illibéraux et mécaniques inventés par la sagacité et l'industrie de l'esprit humain*, 1568).

dreijährigen Dienst als Kompagnon und die Verwirklichung eines Meisterstückes beschränkte. Dieses Meisterstück war eine Etagentorte aus Bonbons, Zukkerwerk, Gewürzkuchen, Konfekt, kandierten Früchten usw., denn der Gewürzhandel schloß die Konditorei mit ein.

Die Kluft zwischen Apothekern und Gewürzhändlern war da, und nichts rechtfertigte mehr ihr „Zusammenleben" im Schoße derselben Bruderschaft. Dennoch mußte auf die Verordnung Ludwigs XVI. vom 25. April 1777 gewartet werden, damit die Apotheker in einer unabhängigen Gilde zusammengefaßt werden konnten. Der Handel von Gewürzen war ihnen fortan untersagt. Ihrerseits blieben die Gewürzhändler ihrer ursprünglichen Zunft zugeordnet, die jetzt „Zunft der Gewürzhändler-Grossisten-Drogisten-Konditoren-Wachshändler" genannt wurde.

Frankreich und seine Süßigkeiten

ELSASS: Blaubeerbonbons (Colmar), Rheinkiesel (Straßburg), Marzipan (Straßburg), kandierte Mirabellen, Fruchtpasten (Colmar).

AQUITANIEN: Monbazillac-Bonbons (Bergerac), Izarra-Bonbons (Bayonne), glasierte Bonbons (Montpon: Princesses de Candalle), Karamellen, Krokant (Bordeaux), gefüllte Backpflaumen (Agen), Touron (Baskenland).

AUVERGNE: gefüllte Bonbons aus gekochtem Zucker (Montluçon: Chiques), Karamelbonbons, kandierte Früchte (Saint-Germain-Lembron), Krokant (Saint-Pourçain), Pastillen (Pastilles de Vichy), Fruchtpasten (Pâtes de fruits d'Auvergne, Guignolettes), gebrannte Mandeln (Aigueperse), Gerstenzucker (Bourbon-l'Archambault, Néris-les-Bains, Vichy).

BURGUND: Anisbonbons (Anis de Flavigny), Bonbons mit Zuckerkruste, Négus (Nevers), Krokant (Nevers), Mandelpaste, Fruchtpasten.

BRETAGNE: Apfelbonbons (Quiberon: Brazạdou), Bonbons mit Algengeschmack (Saint-Malo: Alguinettes de Bretagne), gefüllte Bonbons (Rennes: Calinettes), Karamelbonbons mit gesalzener Butter (Quiberon), kandierte Erdbeeren (Plougastel), Mandelpaste (Patates de Saint-Malo = Marzipankartoffeln), Fruchtgelees, Lutscher (Quiberon: Niniches).

CENTRE: Bonbons aus gekochtem Zukker mit Honig, Bonbons aus gekochtem Zucker mit Mandeln (Romorantin: Crocants solognots), gefüllte Bonbons aus gekochtem Zucker (Châtaignes du Berry), Bonbons mit Zuckerkruste (Villesavin: Blachas), Karamelbonbons (Blois: Candides; Meung-sur-Beuvron: Aristocrates), Quittenbrot, Forestines (Bourges), Marzipan (Issoudun), Mandelpaste (Orléans: Caprices), Fruchtgelees, gebrannte Mandeln (Montargis: Praslines; Beaugency: Dunois), gefüllte Backpflaumen (Tours: Pruneaux farcis à la tourangelle), Gerstenzucker (Tours).

CHAMPAGNE-ARDENNE: Karamelbonbons (Châlons-sur-Marne), Marzipan (Reims), Nougat (Langres), Mandelpaste (Reims: Bouchons de champagne; Troyes: Bouchons de Troyes; Sedan: Canadas).

KORSIKA: Zitronat-, Myrten-, Erdbeerbaumfrucht- und Maronenbonbons, kandiertes Zitronat, Nougat mit Zitronat, Maronen, Mandarinen.

FRANCHE-COMTÉ: Akazienlikör-Bonbons (Ronchamps), Bonbons aus destillierten Tannenknospen (Saint-Loup-sur-Semouse: Sapins noirs), Karamelbonbons (Besançon), Marzipan (Montbozon), Krokant (Besançon: Pavés bisontins), Fruchtpasten (Baume-les-Dames: Quittenbrot; Saint-Loup-sur-Semouse: Zazouzeries).

Plakat von Bellenger, 1937

ILE-DE-FRANCE: Bonbons aus gekochtem Zucker (Nemours: Coquelicots; Paris: Crocants de Paris; Provins: Rosenbonbons), Chevriers und Haricots d'Arpajon, Gerstenzucker (Moret-sur-Loing: Sucre d'orge des religieuses de Moret).

LANGUEDOC-ROUSSILLON: Bonbons aus Maronenmus (Vigan: Châtaignes), Fondants (Montpellier: Délices fourrés), kandierte Früchte (Perpignan), gefüllte Früchte (Montpellier), Grisettes de Montpellier, glasierte Maronen (Aubenas, Privas), Nougat (Alès, Limoux, Perpignan), Mandelpaste (Montpellier: Galichoux), Fruchtpasten (Clermont-l'Hérault: Tomettes de raisin), Lakritze (Montpellier, Uzès), weißer Nougat mit kandierten Früchten (Carcassonne: Touron aux fruits confits), katalanischer Nougat (Perpignan: Touron catalan).

LIMOUSIN: gefüllte Bonbons aus gekochtem Zucker (Aubusson: Noisettines), Marzipan (Limoges, Saint-Léonard-de-Noblat), glasierte Backpflaumen (Saint-Junien), Kirschenzucker (Évaux-les-Bains: Sucre de cerises).

LOTHRINGEN: Bonbons aus gekochtem Zucker (Conflans-en-Jarnisy: Kroumirs; Nancy: Bergamotes), Bonbons aus Tannenzapfen (Vittel), fruchtgefüllte Bonbons, Kiesel (Cailloux de la Moselle oder Cailloux des Vosges), Dragees (Verdun), kandierte Mirabellen (Metz), Krokant (Épinal: Nougatine spinadors), Mandelpaste, Fruchtpasten (Groseilles de Lorraine), Gerstenzucker (Plombières-les-Bains: Granit des Vosges).

> „Das waren Abyssins, das waren Négus, mit lauwarmer Schokolade und auf der Zunge zergehend, deren harte und glänzende Karamelhülle etwas von dem Firnis einer alten Violine hatte. Das waren schließlich die Lolottes aus Nevers – cremige Fruchtgelees in einem Sari aus hartem Zucker – die die Leidenschaft des Fräuleins darstellten."
>
> Pascal Quignard,
> *Le Salon du Wurtemberg*, 1986

MIDI-PYRÉNÉES: Berlingots (Cauterets), Cachou (Toulouse), Kiesel (Cahors: Lou Cayrou; Cailloux de l'Adour; Lourdes: Cailloux du Gave), kandierte Früchte (Mirande), Marquises toulousaines, Pastillen (Luchon), Fruchtpasten (Albi: Gimblettes; Mirande), gebrannte Mandeln (Vabre), Gerstenzucker (Cauterets), kristallisierte Veilchenblüten (Toulouse).

NORD: Berlingots (Berck-Plage: Succès berckois), Pfefferminzbonbons (Cambrai: Bêtises; Valenciennes: Sottises), Bonbons aus gekochtem Zucker (Bavay: Chiques de Bavay; Lille: Babeluttes, P'tits quinquins), gefüllte Bonbons (Douai: Gayantines), Karamelbonbons (Arras; Lille: Rissels; Maubeuge: Régal de Jean Mabuse; Roubaix; Saint-Amand-les-Eaux: Clochettes du carillon), Lutscher (Berck-Plage).

NORMANDIE: Dragee-Bonbons (Galets de Dieppe), Karamelbonbons (Isigny; Caen: Chiques; Flers: Galichons de Normandie, Petits méchés de Flers; Rouen: Abbesses de Rouen), Mandelpaste (Pommes de Normandie, Pommes au calvados), Fruchtpasten, Kirschenzucker (Rouen), Apfelzucker (Rouen).

PAYS DE LA LOIRE: Berlingots (Nantes), fruchtgefüllte Bonbons (Nantes: Rigolettes nantaises), Krokant (Saumur: Crottins de cheval), Fruchtpasten (Pavés d'Anjou), Lutscher (Sables-d'Olonne: Sardinettes).

PICARDIE: saure Drops (Laon: Merlettes), Kaffee-Bonbons (Soissons und Laon: Pailles au café), Bonbons mit Zuckerkruste (Château-Thierry: Frivolités de Jean de la Fontaine; Pavé-de-Creil; Haricots de Soissons), Karamelbonbons (Pierrefonds: Machicoulis), Mandelpaste (Montdidier: Pommes de terre = Kartoffeln), Fruchtpasten (Beauvais), gedrehte Zuckerstangen (Soissons).

POITOU-CHARENTES: kandierte Engelwurz (Niort), Berlingots (Châtellerault: Berlingolettes), Engelwurz-Bonbons (Niort), Bonbons aus gekochtem Zucker (Saint-Jean-d'Angély: Bois cassé), Bonbons mit Zukkerkruste (Angoulême: Marquises), Nougat (Poitiers, Thouars), Krokant (Angoulême: Duchesses; Montmorillon), Touron (Poitiers: Danakas).

PROVENCE-COTE D'AZUR: Berlingots (Carpentras), Fruchtbonbons (Tarascon: Tartarinades), Kiesel (Gap: Cailloux du Drac), Calissons (Aix-en-Provence, Gréoux-les-Bains, Sisteron), kristallisierte Blüten (Grasse; Côte d'Azur: kristallisierte Mimose; Nizza: Orangenblüten mit Zuckerkruste), kandierte Früchte (Apt; Grasse; Nizza; Digne: Pistoles = kandierte Pflaumen; Forcalquier: Délices du poète = Engelwurz), glasierte Maronen (Collobrières), Marzipan (Aix-en-Provence), Nougat (Allauch, Draguignan, Peyruis, Saint-Tropez, Serres, Sisteron), Mandelpaste (Saint-Chamas: Pichoulines), Fruchtpasten (Genêts de Manosque; Oraison: Aprikosengelee), gebrannte Mandeln auf überlieferte Art, Touron (Gap).

> Die Erfrischungen setzten sich aus Zuckerwasser, rötlich gefärbtem Wasser, Bier, Butterbroten, Spritzkuchen, Makronen, Dörrpflaumen und Rosinen, Mandeln, Haselnüssen, Lakritze- und Eibischbonbons, Gerstenzucker und Kandiszucker zusammen.
>
> Comtesse de Ségur, *Jean-qui-grogne et Jean-qui-rit*, 1865

RHÔNE-ALPES: Chartreuse-Bonbons (Voiron), Walnuß-Bonbons (Grenoble), Dragee-Bonbons (Fruits des Alpes), Bonbons mit Zuckerkruste (Lyon: Coussins), Karamelbonbons (Givors: Kalougas; Péage-de-Roussillon: Caraméline du Dauphiné), gefüllte Fondants (Chardons de Savoie, Noix de Grenoble), Marzipan (Thizy), Nougat (Montélimar), Krokant (Lyon: Tendresses; Saint-Étienne: Nougamandines), Papillotes (Lyon), Pastillen (Vals), Mandelpaste (Tain-l'Hermitage; Lyon: Cocons de Lyon; Chambéry: Tomme de Savoie; Tullins: Tullinoises; Valence: Williams-Christ-Birnen; Abricots du Rhône), Fruchtpasten (Mûres du Dauphiné = Brombeeren).

„Dieses wichtige Haus hat sich stets in der ersten Reihe der Dragee-Fabrikation und im besonderen der Silber-Dragees gehalten, von denen es bemerkenswerte Mengen ausführt. Die Fabrik in Dammarie-les-Lys, bei Melun, wo alle Arten von Bonbons hergestellt werden, zählt unter ihren interessantesten Einrichtungen eine ausgedehnte Werkstatt, die 36 Dragee-Kessel enthält. Diese Kessel, deren Erfindung den Begründern dieses Hauses zu verdanken ist, stellen die ausgeklügeltste Anwendung der Möglichkeiten der modernen Mechanik in der Dragee-Herstellung dar."

Bericht zur Weltausstellung von 1900

Kunstvolle Dosen und Schachteln

Sobald die Bonbons Einzug in die kulinarische Welt hielten, mußte man daran denken, wie sie hübsch anzubieten wären. Das 18. Jahrhundert versuchte sich darin, doch erst das 19. Jahrhundert brachte die Bonbonschachtel in Mode. Die Begeisterung für Süßigkeiten und der Aufschwung der Läden, die ihren Vertrieb gewährleisteten, konnten nur die Entwicklung dieser Verpackung fördern. Im eleganten und raffinierten Rahmen dieser „Bonbonpaläste", mit denen sich nach und nach die großen Städte versehen hatten, verlangte die Dekoration der Schaufenster und Ladentische, daß jede Süßigkeit über eine Verpackung verfügte, die mit ihrem Aussehen und ihrem Geschmack in Einklang stand. Die Zeit um Weihnachten und Neujahr regte stark die Phantasie der Konditoren an. So begrüßt ein Artikel der *Monde illustré* von 1878 die Entstehung eines neuen Ortes für Leckereien, die Konditorei Charbonnel, mit Sitz in der Avenue de l'Opéra in Paris, und rühmt ihre „Satinkästchen, die gold- und silberbestickt oder mit Malereien, wahren Künstlerbildern, verziert" sind. Hier, wie in den übrigen Luxuskonditoreien, war es wesentlich, sich von den üblichen Darbietungsformen abzuheben: „Neben

SÜSSER FREVEL

Früher war es üblich, daß Devisen, Maximen oder Aussprüche die Bonbons begleiteten. Entweder, der Text umhüllte selbst den Bonbon, oder er war im Inneren der Papierverpackung angebracht. Er stellte einen patriotischen, moralischen, frommen oder galanten Charakter zur Schau. Dieser Gebrauch konnte nicht unkritisiert bleiben. „Wir müssen Ihnen deutlich Bonbons zeigen, die in Mode sind. (...) Es sind wahrlich süße Frevel. (...) Sie stellen die Heilige Jungfrau und das Jesuskind dar, und der Spruch, der sie begleitet, ist ein irdisches Gebet", schreibt 1847 Madame Émile de Girardin, die schrecklich entrüstet über diese Sprüche mit frommer Absicht war.

Wenn kein Spruch oder Sprichwort darin war, dann war es ein Rätsel oder eine Scharade. Zuweilen zog man sogar das Bilderrätsel vor. Dieses Denkspiel, das im Jahrhundert der Aufklärung sehr in Mode war, verschwand im Kaiserreich, kam dann in der Restauration wieder, da der König Ludwig XVIII. selber ein glühender Anhänger davon war. Aktuelle Themen, Länder, Monumente usw. herrschten vor. Unter Louis-Philippe waren Kalauer und Bilderrätsel an der Tagesordnung (...). In Lyon war man darauf spezialisiert und sollte es bis in die Mitte des 19. Jahrhunderts bleiben. Manche kamen sogar auf die Idee, das Spiel auszubeuten, um Neugierige zum Verbrauch anzuregen: Nachdem man den mit einem Bilderrätsel versehenen Bonbon gegessen hatte, mußte man den finden, der des Rätsels Lösung enthielt!

Oberseite eines Dragoirs, Jules Cheret, Musée des Beaux-Arts, Nizza

BILDERRÄTSEL MIT ZITRONE

Die Confiseure nennen Süßwaren verschiedener Formen und Figuren, auf deren Einwickelpapier sich verschiedene Zeichnungen befinden, die zusammengelegt einen Satz oder einen Wahlspruch ergeben, dessen Sinn man erraten soll, „Rébus" (Bilderrätsel).
Zuerst bereitet man die unterteilten Modeln mit ihrem Rahmen aus Weißblech vor. Diese Formen können allerlei Gestalt haben. Man fettet sie leicht mit gutem Mandelöl ein und verfährt wie folgt:
3 kg Zucker werden bis zum Bruch gekocht, dann zieht man sie vom Feuer und gibt 4 g Zitronenessenz hinzu, die man gut unterrührt. Man gießt die Mischung in die Formen, einen Drei-Franken-Taler dick, und wenn das geschehen ist, legt man die Unterteilungen darauf, wobei man stark drückt, um der Komposition Festigkeit zu verleihen. Wenn die Täfelchen wohl geformt und erkaltet sind, nimmt man sie aus der Form. Sie lösen sich voneinander, und man wischt jede von ihnen mit einem sauberen und feinen Tuch ab, um das Öl zu entfernen, das die Formen auf ihnen zurückgelassen haben könnten. Anschließend schneide man Quadrate aus weißem Papier, in die man die Täfelchen einwickelt, nachdem man einen Wahlspruch oder ein Lied hineingegeben hat; man faltet das Papier wie einen Briefumschlage und versiegelt es mit etwas Wachs.
Desgleichen stellt man das Bilderrätsel aus Zitronat und Bergamotte her. Die mit Vanille werden gemacht, indem man etwas Karmin in gutem Vanillegeist auflöst und diese Mischung gut mit dem Zucker vermengt; in gleicher Art verfährt man mit dem Rosengeschmack. Man kann diesen Kompositionen jeden Duft verleihen und sie auch mit Likör herstellen.

Les Secrets du liquoriste et du confiseur, Ende des 18. oder Anfang des 19. Jahrhunderts

den Schachteln in allen Formen und Preisen wird der Tageserfolg in einer originellen Form dargereicht: die Frankreich-Puppe, die in die Landesfahne gehüllt ist; „eine der glänzendsten Ideen, die Lotterieschein-Dose; dies ist das reizendste Geschenk, das man machen kann, denn zum Gewinnen genügt es, die Schachtel zu öffnen".
Man griff auf alle Materialien und Formen zurück, um den Süßigkeiten den Behälter zu geben, der ihre „Persönlichkeit" zum Ausdruck brachte. Fulbert Dumonteil stellt zu Beginn des 20. Jahrhunderts fest: „Der Bonbon ist das Schmuckstück; die Schachtel ist das Schmuckkästchen; wie soll man den raffinierten Luxus, die kokette Grazie, die niedliche Eleganz dieser Taschen, Körbe, Schubkarren, Fuhrwerke, Schachteln, Hüte sonst ausdrücken, wie man sie in den Salons einiger großer Häuser in Paris findet und in denen sich die Dragees und Bonbons inmitten von Spitzen und Bändern, Seide, Samt, Schildpatt, Elfenbein, Federn, Silber und sogar Gold entfalten! Vor allem pariserisch und lebemännisch ist dieser köstliche und charmante, bewunderte, in anderen Ländern beneidete Luxus wie ein schönes geschenktes Lächeln zu Neujahr." Diese Konfektschachteln waren häufig wahre Kunstwerke, sehr luxuriös, mit köstlichen Malereien verziert. Sie blieben sehr kostspielig, solange man für ihre Herstellung nicht Kartonnagen zu erschwinglicheren Preisen benutzen konnte. In Paris wurden die Meister der Bilderfabrikation für ihre Dekoration angestellt. Ernste Themen oder scherzhafte, gefühlvolle oder Hirtenszenen – den Illustrationen fehlte es nicht an Reiz. Selbst die Serie der „Amouren" wurde auf diesen Süßigkeitenschachteln wiedergegeben; man ging sogar soweit, daß man sich vorstellte, wie der Liebhaber der Leckereien den Deckel der Bonbonschachtel anhob. Und als Krönung der Raffiniertheit kam es vor, daß das unter den Deckel ins Innere der Schachtel geklebte Etikett ebenfalls damit verziert war, genauso wie das Papier, das jeden Bonbon umhüllte. Im 18. Jahrhundert lieferten die Kupferstichhändler der Rue Saint-Jacques Motive. Im folgenden Jahrhundert erreichte die Spezialität andere Viertel, und andere nicht weniger talentierte Graveure. Über die traditionellen Themen hinaus wurde die Dekoration der Schachteln durch neue Themen bereichert, die an das aktuelle Geschehen gebunden waren: beliebte Schauspieler und Schauspielerinnen, berühmte Männer und Frauen, Gedenken an wichtige Ereignisse usw.
Im Laufe des 20. Jahrhunderts wurden die Schachteln klassischer und die Illustrationen neutraler: Blumen, Tiere, Landschaften, Schäferszenen, Reproduktionen alter Gemälde. Manche große Konditoreien schufen ihr Markenzeichen, das sich gleichzeitig auf den Produktverpackun-

gen und in der Werbung wiederfand. Die individuelle Gestaltung der Behälter wurde noch wichtiger bei den traditionellen Spezialitäten, die im allgemeinen aus Gründen der Konservierung in einfachen, meist verzierten Blechdosen angeboten wurden. Jeder Bonbon erhielt seine Dose, und selbst wenn sich diese seit ihrer Entstehung weiterentwickelt hat, ist sie bis heute dem überlieferten Werbebild treu geblieben, denn durch dieses wird die Erinnerung der Naschenden angeregt – welche auch manchmal Sammler sind. Alte Metalldosen der holländischen Hopjes, der Berlingots aus Carpentras, englischer Toffees usw. sind seltene Sammlerstücke geworden.

FEINSTE NÜSSE UND TROCKENFRÜCHTE

Soweit der Gebrauch des Honigs als Süßungsmittel zurückreicht, so erscheinen Trockenfrüchte und Nußkerne in Verbindung mit ihm, um die ersten Süßigkeiten daraus zu bilden. Die Römer wurden rege Verbraucher davon: Eßkastanien, Walnüsse, Haselnüsse, Mandeln und – nicht zu vergessen – Pinienkerne waren in Honig gekocht, eine beliebte Lekkerei. In mittelalterlicher Zeit zählten dieselben Früchte, in Honig gehüllt, dann in Zucker (als dieser im Abendland bekannt wurde), zu den berühmten „Épices de chambre", die die Magenfunktionen anregen und die unangenehmen Effekte der damals üblichen üppigen Festessen mildern sollten.

Das Prinzip der Umhüllung der Frucht in Zucker sollte eine ganze Kategorie von „Bonbons" hervorbringen, aus der sich Dragees und gebrannte Mandeln überliefert haben. Beide wurden von Königen ebenso wie von edelsten Feinschmeckern geschätzt. Doch die Verbindung von Honig (dann Zucker) mit einer oder mehreren Schalenfrüchten regte sehr früh unzählige andere Möglichkeiten an. Mahlen, Kneten, Hinzufügen anderer Zutaten. Auf diese Weise entstanden der Nougat und seine berühmten spanischen und italienischen Arten, ebenso wie das nicht weniger berühmte Marzipan.

Noch heute suchen Süßwarenhersteller weiter nach neuen Verbindungen auf Mandel-, Walnuß- und Haselnußgrundlage. Sie kennen auch neue Techniken, die es ihnen ermöglichen, die raffiniertesten Teige, die köstlichsten Füllungen herzustellen. Und am Ende des 20. Jahrhunderts besinnt man sich dabei auch wieder mehr auf die einheimischen Produkte. Mögen sie so lange leben wie diese großen Leckereien, die besonders durch die Mandel seit den allerersten Anfängen der Süßwarenherstellung inspiriert wurden!

Links: Dragee-Dosen aus Gold, 18. Jahrhundert

Oben: Dragoir aus dem 18. Jahrhundert in Form eines Gürteltieres, auf einem Gold- und Achatsockel, Paris, Musée Cognacq-Jay
Holz-Bonbonniere aus den 50er Jahren und moderne Bonbonniere.

Eine wohlschmeckende Pflaume

Die Tradition der umhüllten Früchte geht bis auf die Antike zurück. Doch das Rezept war damals ziemlich verschieden von dem, das wir heute kennen. Tatsächlich schätzten die Römer besonders die kleinen mit Walnüssen oder Pinienkernen oder gemahlenem Pfeffer gefüllten Datteln, die sie leicht salzten, bevor sie diese in gekochtem Honig brieten. Heute wird in manchen orientalischen Ländern die Dattel mit Mandelpaste gefüllt, die zuvor mit Rosenöl, Pistazie, Orangenblütenwasser usw. aromatisiert wurde. Und in Europa füllt man winterliche Früchte wie die Dattel, die Backpflaume oder die Walnuß mit aromatisierter Mandelpaste und hüllt sie in helles Karamel.

In der Reihe der gefüllten Früchte ist die bekannteste französische Süßigkeit die als „Pruneau d'Agen" bezeichnete gefüllte Backpflaume, eine Spezialität aus Agen und seiner Umgebung.

Wenn auch die Pflaume seit der Antike in Syrien bekannt ist und im Zuge der Kreuzzüge im Abendland eingeführt wurde, so hat sich ihr Anbau für ihre Verwandlung in die typische Dörrpflaume aus dem Südwesten Frankreichs erst ab dem 14. Jahrhundert entwickelt – zunächst in Quercy, dann später in der Gegend um Agen. Die Trockenpflaumen wurden früher sehr geschätzt: ebenso bei den Apothekern wie unter den Naschkatzen bei Hofe.

Der reif geernteten Pflaume wird durch Trocknen im Trockenofen oder in einem fortlaufenden Trockentunnel die Feuchtigkeit entzogen. Für ein Kilo Backpflaumen braucht man 3 bis 3,5 kg frische Pflaumen!

Die Dörrpflaumen werden je nach Kaliber in kleine Dörrpflaumen zum Kochen, mittlere Dörrpflaumen, große Backpflaumen und Riesen-Backpflaumen unterteilt. Und die Süßwarenherstellung verwendet die größten oder riesigen zum Füllen mit einer sehr feinen Creme, die unter anderem aus Dörrpflaumenmus, Zucker, Armagnac und Apfel (wegen des Pektins) besteht.

EIN KNECHT RUPRECHT

Die Tradition des Nikolaustages ist in Deutschland sehr lebendig. Am Ende des 19. Jahrhunderts war es in Bayern und ganz besonders in München üblich, den Heiligen durch eine Puppe darzustellen, die mit einem Stück langhaarigen Fells bekleidet war, und dieses Kleidungsstück mit geprägtem bunten oder silbernen Papier zu versehen. Der Kopf der Figur war aus Wachs, doch Arme und Füße bestanden aus Backpflaumen, die mit Draht befestigt wurden. Mit einem Rutenbündel bewaffnet (das dazu bestimmt war, die Bösen zu züchtigen), wurde der Nikolaus häufig von einem Schornsteinfeger begleitet, dessen Arme und Füße ebenfalls aus Backpflaumen bestanden.

Im Jahre 1876 ersann ein Arbeiter in einer Confiserie in Agen die Füllung der Dörrpflaume mit einer köstlichen Backpflaumencreme. Seine Erfindung sollte Schule machen.

Das aristokratische Dragee

In Frankreich ist das Dragee zunächst einmal eine Mandel im Zuckermantel. Der Ursprung des Wortes „Dragée" bleibt geheimnisumwittert. Sollte es von dem griechischen „tragêma" mit der Bedeutung „Süßigkeit" herkommen? Oder vielmehr vom griechischen „dragicos", was „Bock" bedeutet? Die Anhänger der zweiten Hypothese erklären, daß, da die Dragees früher sehr hart waren, man dazu gezwungen war, sie mit einer Art Nußknacker in Form von Bockshörnern zu knacken.

Gewiß ist das Prinzip des Dragees an dem Tage entstanden, als man auf die Idee kam, eine Mandel in Honig „einzuschließen". Doch es ist wahrscheinlicher, daß seine Entstehung auf das Mittelalter zurückgeht, auf die Mode der „Zimmerspezereien", die aus Gewürzen oder Trockenfrüchten bestanden, die zunächst in Honig, dann in zerstoßenem Zucker gehüllt wurden.

Die Geschichte des Dragees begann also im Rahmen der üppigen königlichen oder herrschaftlichen Mahlzeiten. Und da dem Geld nichts verwehrt blieb, fand man sie auch auf den bürgerlichen Tischen. Zum Beweis erwähnt 1393 der *Mesnagier de Paris*, eine von einem reichen Pariser Bürger für den Gebrauch seiner jungen Gattin geschriebene hauswirtschaftliche Abhandlung, die Dragees in folgendem Zusammenhang: „Sie haben ihren Platz im letzten Gang eines Diners, das aus 31 Gängen besteht". Tatsächlich war das Dragee unter den Desserts umfangreicher Mahlzeiten gegenwärtig, bis es vom Tisch verschwand, um in

DAS BERÜHMTE DRAGEE AUS VERDUN

Der Ruf des Dragees aus Verdun geht bis ins Mittelalter zurück. Um 1220 entwickelte ein Drogist der Stadt diesen Bonbon, indem er eine Mandel mit einer Schicht aus Zucker und Honig umhüllte und härtete. Die „süße" Geschichte der Stadt entwickelte sich seitdem im Rhythmus der Dragees. Die Magistrate schenkten sie ihren bedeutenden Besuchern.

Karl IV., Herzog von Lothringen, rief den Brauch ins Leben, sie dem jungen Mädchen seiner Wahl am Valentinstag zum Geschenk zu machen. Die Stadt lieferte sie auch für die Königsweihen, für fürstliche Taufen und jede große Festlichkeit, auf der das Dragee seinen Platz hatte.

Die Berühmtheit des Bonbons wurde mit den Jahrhunderten immer größer. „Die Dragees aus Verdun sind die besten", sollte François de Richelet 1680 in seinem Wörterbuch bestätigen.

Heute wird die Tradition durch die Firma Braquier fortgesetzt. Im Jahre 1871 begründeten Léon Braquier und Édouard Boivin ihre Fabrik in Coulmier, bei Verdun, und 1921 nahm die Firma den Namen „La Dragée de Verdun" an.

DRAGEES FÜR DAS GEFLÜGEL

Früher dienten „Bonbons" zuweilen dazu, Gerichte zu dekorieren, die überhaupt nichts mit Zucker zu tun hatten. So ist es merkwürdig festzustellen, daß Dragees Geflügelgerichten beigegeben wurden. So wurde 1424 an Johanni, am 24. Juni, ein feierliches Mahl gegeben, als Zanon de Castiglione zum Bischof von Lisieux ernannt wurde, um an die Stelle seines Onkels, des Kardinals Branda de Castiglione, zu treten. Unter den unzähligen Gerichten konnte man einen fetten Kapaun kosten, über den Mandeln und Dragees „gesät" waren.

Im 17. Jahrhundert erscheinen die Dragees sogar in der Verwirklichung äußerst raffinierter Gerichte: mit Anis und Moschus fügen sie sich in die Ernährung der Masthühnchen aus Le Mans ein, die von den Pariser Bürgern so geschätzt werden. In seinem Théâtre d'agriculture belegt Olivier diese Praxis, als er das Mästen der Kapaune mit Moschus-Dragees erwähnt.

den Bereich der einfachen Knabberei überzugehen.

Als exklusives Privileg der begüterten Süßschnäbel war es ein Geschenk für große Persönlichkeiten, die in einer Stadt auf der Durchreise waren. Es fehlte nicht an Gelegenheiten: Man findet unzählige Spuren solcher Geschenke, die die Stadt Brügge ihren illustren Besuchern überreichen ließ.

Im Jahre 1413 wurden zwanzig Pfund Dragees an englische Gesandte, Prinzen und Bischöfe verschenkt. Bei einem anderen Anlaß waren es sechzehn Pfund Dragees für den Grafen von Warvicq, dann übersandte dieselbe Stadt 1485 Maximilian von Österreich, der sich in Frankfurt befand, unter anderen Süßigkeiten viereinhalb Pfund kleiner Dragees.

Von der Renaissance an wurde das Dragee in um so größerem Maße genossen, als das „Drageoir" (eine kleine Bonbondose) ein sehr verbreiteter Gegenstand war, den man bei sich tragen mußte, um jederzeit seine eigene Naschhaftigkeit befriedigen zu können, aber ebenso gehörte es zum guten Ton, Herrschaften und edlen Damen seiner Bekanntschaft Süßigkeiten anzubieten.

Bis dahin sprach man oft von „Zimmerspezereien", von „Pois sucrés" (Liebesperlen), und das Wort Dragee bezeichnete verschiedene Leckereien. Das Dragee hat die heutige Form erst am Beginn des 17. Jahrhunderts angenommen. Doch die Mandel war noch nicht das wirkliche Symbol dafür. Das *Dictionnaire universel du commerce* von 1760 definiert es als „eine Art trockener Konfitüre, die aus kleinen Früchten oder aus Körnern oder aus kleinen Stücken einer Schale oder aus wohlriechenden und aromatischen Wurzeln gemacht, die mit einem starken, harten, üblicherweise sehr weißen Zucker bedeckt sind".

Das moderne Dragee wurde erst 1750 von Pecquet erfunden, einem Konditor aus der Rue des Lombards, dem berühmten „königlichen Bonbonnier". „Dragee! Dragee! Deine Regentschaft wird kein Ende haben! Sei ruhmreich in deiner Rechtgläubigkeit; die Kirche gewährt dir den Einzug in ihre Tempel, denn du bist ein Symbol für die Christen, die geboren werden. Deine süße Hülle bezeichnet ihnen die Süße des Evangeliums, und deine knusperige Mandel den Widerstand der Sünde zwischen den Zähnen. So kommt es (...), daß Herr Pecquet auf seine Weise Apostel war", sollte Henry de Chevennevières in seiner Studie über die Bonbonhersteller von 1881 schreiben.

Im Jahrhundert der Aufklärung, über das Pecquet als unangefochtener Konditor herrschte, wurde die Herstellung des Dragees nach und nach reglementiert. Da Verfälschungen häufig vorkamen, war es nötig, sie zu verhindern. Eine Verordnung von 1726 untersagt den Konditoren die Verwendung von Mehl, Stärke und allen anderen Zutaten dieser Art.

Dennoch mußte der Anfang des 19. Jahrhunderts abgewartet werden, ehe das Rezept und die Fabrikation der Süßigkeit endgültig festlagen.

DAS DRAGEE HATTE SEINE VERLEUMDER

Am Ende des 19. Jahrhunderts waren die Dragees aus Paris ebenso beliebt wie die aus Montpellier oder Verdun. Doch, wo immer sie herkamen, sie erfuhren nicht immer die Gunst, die sie verdienten (...). „Diese Bonbons sind immer schwer verdaulich; die, welche Bittermandeln enthalten, rufen manchmal bei schwachen Personen, die zu viele davon gegessen haben, die Anzeichen einer Vergiftung hervor. Die mit metallischen Salzen oder dem Saft narkotischer Pflanzen gefärbten Dragees sind giftig", liest man in einer Enzyklopädie der Hauswirtschaft aus dieser Zeit. Genug, um sie den Naschhaftesten auszureden!

Doch ist da nicht ein fernes Echo von dem traurigen Schicksal Ludwigs X., der nach dem Genuß eines Dragees verschied? Die Gräfin Mahaut d'Artois hatte angesichts der Naschhaftigkeit ihres Schwagers der Versuchung nicht widerstanden, etwas Gift in diesen Bonbon einzuführen ...

QUALITÄTSMANDELN

Es gibt keine guten Dragees ohne gute Kerne. Der Drageehersteller hat die Wahl zwischen drei Mandel-Varietäten (von der feinsten zur gewöhnlichsten):

- die Avolas stammen aus dem südlichen Sizilien und kennzeichnen sich durch eine sehr gleichmäßige, längliche und flache Form in einem schönen Oval. Ihre Eigenschaften: Sie sind sehr trocken, halten sich gut und weisen einen sehr angenehmen Geschmack auf;
- die Planetas, die in Spanien in der Gegend von Alicante angebaut werden, sind fetter als die Avolas, und ihr Geschmack ist ausgezeichnet, doch ihre Form ist bedauerlicherweise weniger regelmäßig;
- die Longuettes, die ebenfalls aus Spanien stammen, sind weniger schön als die Planetas, haben eher eine zylindrische Form, halten sich sehr gut, doch ihr recht guter Geschmack ist weniger ausgeprägt.

Alle Varietäten erfahren eine strenge Sortierung, wobei die Homogenität der Kerne ausschlaggebend ist.

Bevor man sie zu Dragees verarbeitet, werden sie getrocknet und einer Gummierung in einer Turbine mit einem Sirup aus Gummiarabikum oder Puderzucker unterworfen.

Erst wenn sie vollkommen durch eine gleichmäßige und undurchlässige Hülle geschützt sind, können sie mit Zucker umhüllt werden.

DRAGEES FÜR BESTIMMTE GELEGENHEITEN

In Frankreich war das Dragee bei allen Königsweihen und Feierlichkeiten gegenwärtig. Ludwig XIV. ordnete sogar an, daß den Schulkindern zu Neujahr welche geschenkt werden sollten.

Heute gibt es in Frankreich keine Hochzeit, keine Taufe oder Kommunion ohne Dragees. Sie sind weiß, wenn eine Vereinigung gefeiert wird, rosa oder hellblau, je nach dem Geschlecht des Neugeborenen zur Taufe. Italien behält die silbernen Dragees Silberhochzeiten vor und stellt sogar rote für die Feier eines erfolggekrönten Studiums her.

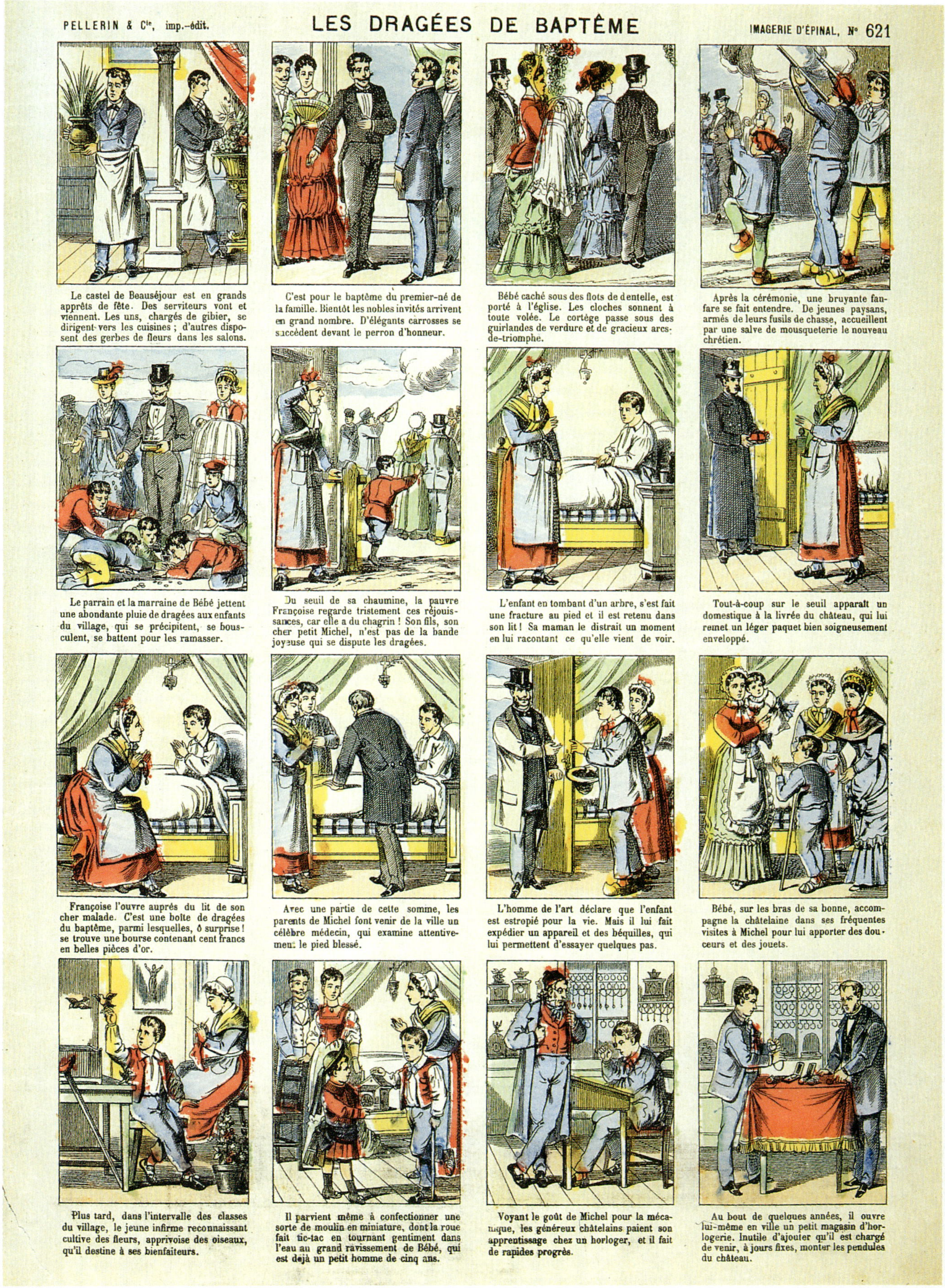
PELLERIN & Cie, imp.-édit.
LES DRAGÉES DE BAPTÊME
IMAGERIE D'ÉPINAL, No 621
Le castel de Beauséjour est en grands apprêts de fête. Des serviteurs vont et viennent. Les uns, chargés de gibier, se dirigent vers les cuisines ; d'autres disposent des gerbes de fleurs dans les salons.
C'est pour le baptême du premier-né de la famille. Bientôt les nobles invités arrivent en grand nombre. D'élégants carrosses se succèdent devant le perron d'honneur.
Bébé caché sous des flots de dentelle, est porté à l'église. Les cloches sonnent à toute volée. Le cortège passe sous des guirlandes de verdure et de gracieux arcs-de-triomphe.
Après la cérémonie, une bruyante fanfare se fait entendre. De jeunes paysans, armés de leurs fusils de chasse, accueillent par une salve de mousqueterie le nouveau chrétien.
Le parrain et la marraine de Bébé jettent une abondante pluie de dragées aux enfants du village, qui se précipitent, se bousculent, se battent pour les ramasser.
Du seuil de sa chaumine, la pauvre Françoise regarde tristement ces réjouissances, car elle a du chagrin ! Son fils, son cher petit Michel, n'est pas de la bande joyeuse qui se dispute les dragées.
L'enfant en tombant d'un arbre, s'est fait une fracture au pied et il est retenu dans son lit ! Sa maman le distrait un moment en lui racontant ce qu'elle vient de voir.
Tout-à-coup sur le seuil apparaît un domestique à la livrée du château, qui lui remet un léger paquet bien soigneusement enveloppé.
Françoise l'ouvre auprès du lit de son cher malade. C'est une boîte de dragées du baptême, parmi lesquelles, ô surprise ! se trouve une bourse contenant cent francs en belles pièces d'or.
Avec une partie de cette somme, les parents de Michel font venir de la ville un célèbre médecin, qui examine attentivement le pied blessé.
L'homme de l'art déclare que l'enfant est estropié pour la vie. Mais il lui fait expédier un appareil et des béquilles, qui lui permettent d'essayer quelques pas.
Bébé, sur les bras de sa bonne, accompagne la châtelaine dans ses fréquentes visites à Michel pour lui apporter des douceurs et des jouets.
Plus tard, dans l'intervalle des classes du village, le jeune infirme reconnaissant cultive des fleurs, apprivoise des oiseaux, qu'il destine à ses bienfaiteurs.
Il parvient même à confectionner une sorte de moulin en miniature, dont la roue fait tic-tac en tournant gentiment dans l'eau au grand ravissement de Bébé, qui est déjà un petit homme de cinq ans.
Voyant le goût de Michel pour la mécanique, les généreux châtelains paient son apprentissage chez un horloger, et il fait de rapides progrès.
Au bout de quelques années, il ouvre lui-même en ville un petit magasin d'horlogerie. Inutile d'ajouter qu'il est chargé de venir, à jours fixes, monter les pendules du château.

„Wir warfen Hände voll Dragees über sie, und unser ganzer Weg war von Bonbons übersät. In Toulven wird man sich lange dieser Taufe erinnern. (...)" Dieser Brauch, den hier Pierre Loti in seinem Roman *Mon frère Yves* erwähnt, war früher verbreitet. Wenn er auch heute verschwunden ist, so bleibt es dennoch Tradition, Dragees zu einer Taufe zu schenken – eigentlich ein recht hübscher Brauch. Dabei nehmen ihn Anstandsregeln wieder auf, und zwar schon seit langer Zeit. Der *Larousse du XIX.e siècle* erklärt: „(...) Außer den Geschenken, die er der Wöchnerin und ihrer Gevatterin schuldet, will es der Brauch, daß der Pate den Priester die unerläßliche Schachtel mit Dragees annehmen läßt. Hernach verteilt er Dragees an die ganze Familie. Die Höflichkeit untersagt es ihm, die Dragees in Beuteln zu verschenken, und in der Verteilung seiner Schachteln verlangt sie, daß er vor allem an die Hebamme denkt, an die Amme, an die Wärterin. Tüten dürfen nur den Hausangestellten geschenkt werden." Gewiß, die Strenge der Benimmregeln von früher hat sich verwischt. Heute bleibt das Verschenken der Dragees bei einer Taufe dem Paten überlassen. Versilberte Dragees, Silberanis oder kristallisierte Veilchen können unter die Dragees gemischt sein, die traditionell oder „nach Phantasie" sind. Früher war der Pate gehalten, der Patin eine schöne, bonbongefüllte Schachtel aus Satin-, Lack- oder irgendeinem anderen prächtigen Material zu schenken. Außerdem überreichte er am Ende der Taufzeremonie dem Priester die ihm zugedachte Schachtel, nachdem er eine Opfergabe hineingeschoben hatte.

Desgleichen haben sich die Taufschachteln in ihrem Entwurf verändert. Aus Lackpapier gefertigt und von einer eleganten Schlichtkeit, tragen sie häufig den Namen des Kindes und das Taufdatum. Früher war der Deckel mit einem alten oder modernen Stich verziert – oder, um daran zu gemahnen, daß das Kind seinen Eintritt in die Kirche hielt.

Selbstverständlich richten sich diese Geschenke nach den finanziellen Möglichkeiten eines jeden und können auf das Minimum beschränkt werden, wie auf Schalen mit Dragees, die auf dem für das Festessen anläßlich der Taufe gedeckten Tisch verteilt werden.

Das echte Dragee besteht aus einer Mandel, die in eine Schicht aus weißem Zucker gehüllt ist; sie ist fest, gleichzeitig knusperig und zart, im allgemeinen mit Vanille aromatisiert und manchmal auf der Oberfläche gefärbt. Die silbernen Dragees werden mit einer Schicht reinen Blattsilbers umhüllt.

Beim Hineinbeißen in das Dragee sollten sich Zucker und Mandel innig verbinden, ohne daß das eine dem Wohlgeschmack des anderen schadet. Die Umhüllung muß also vollkommen sein – sowohl im Hinblick auf die Dosierung des Zuckers als auch die Regelmäßigkeit der Hülle.

Diese Umhüllung, oder „Grossissage", wurde früher per Hand vorgenommen, in „Branlantes", breiten Kesseln, die an Henkeln

Winzige „Dragees" ... Das Nonpareille ist ein kleiner Zuckerkern, der einen sehr dünnen Drageezuckermantel bekommen hat. Es wird in verschiedenen Farbtönen angeboten. Heute dient es zur Dekoration von Gebäck, oder es wird unter die Dragees in den Schachteln zur Taufe gemischt, ebenso wie die Liebesperlen und Perldragees. Diese werden oft aus einem zuckerüberzogenen Sellerie-, Anis- oder Minzesamen gebildet. Sie unterscheiden sich von anderen dadurch, daß ihre Oberfläche Unebenheiten aufweist. Die Verwendung von Perldragees war früher sehr verbreitet. Man perlte sogar Orangenblüten, Veilchenblüten oder Rosenblütenblätter.

an die Werkstattdecke gehängt wurden und die man in eine schwingende Drehbewegung versetzte, so daß die so hin- und hergewiegten Dragees mit Zucker umhüllt wurden. Das Ergebnis war recht grob und die Rentabilität eher schwach. Ab 1840 wurde der Umhüllungsvorgang durch das Erscheinen verbesserter Maschinen, wie denen von Moulefarine (1845), Lizer-Mayeur (1845), Routin (1846), Riveron (1846) usw. beschleunigt. Doch erst ab 1860 erlebte sie eine entscheidende Weiterentwicklung mit der „Turbine", die 1846 von Peysson erfunden worden war und in der Zusammenarbeit mit dem begabten Mechaniker Joseph-Julien Jacquin in der Firma Peysson-Delaborde et Jacquin verwirklicht wurde. Diese Turbine in Form eines großen, kugelförmigen Kupfergefäßes empfing durch ihre weite Öffnung die aufeinanderfolgenden Sirups, die man über die zuvor im Inneren ausgelegten Kerne goß. Sie drehte sich mehr oder weniger schnell um die eigene Achse und wurde durch ein Schlangenrohr erhitzt, in dem Dampf zirkulierte, um somit den Sirup in der richtigen Temperatur zu halten. Ein am Rand des Kessels gelegenes Luftloch gestattete es, warme Luft während der Herstellung ins Innere zu blasen, um den Zucker auszutrocknen, wenn dies nötig war. Ein Verteilersystem gestattet eine gleichmäßige Verteilung des Zuckersirups auf der Oberfläche der Kerne. In jedem Zyklus gewährleistet nach vollendeter Umhüllung ein Gebläse das Verdampfen des Wassers. Denn die „Grossissage" dauert wenigstens einen Tag lang und findet in einer Reihe von Stufen statt, – deren Anzahl sich nach der gewünschten Dicke der Zuckerschicht richtet.

Die Endbearbeitung der Dragees erfolgt kalt durch Glätten. Dieser Vorgang, der ihnen ein schönes, porzellanartiges Aussehen verleiht, besteht darin, die Dragees mit einem Zuckersirup in schwacher Konzentration zu überziehen. Die eventuelle Aromatisierung und Färbung der Bonbons erfolgt in diesem Stadium ihrer Herstellung. Heute ist die Mandel nicht mehr der ausschließliche Kern des Dragees, es gibt auch unzählige weitere Dragee-Variationen. Oft werden sie um eine Haselnuß oder Pistazie herum geschaffen. Sie sind mit Schokolade gefüllt, mit Krokant, Fondant, Mandelpaste, Fruchtgelee, Likör u. a. Zutaten versehen

Die Mittelmeerländer sind große Dragee-Verbraucher: Peladillas in Spanien und Confetti in Italien.

Köstliche Anisdragees

Der Anis, der im Orient seit dem Altertum bekannt ist, ist ein stark duftendes Doldengewächs. Seine Samen waren schon sehr früh als „warm" und „austrocknend" bekannt. Im Mittelalter priesen die großen Gelehrten der Schule von Salerno seine Wohltaten. Es wurden ihm

VOR EINEM JAHRHUNDERT ...

„Aix hat das Monopol und die Spezialisierung für die Sortierung der Mandeln, die für die Drageeherstellung bestimmt sind. (...) Keine Sorte besitzt den Geschmack, den Duft, das köstliche Aroma der Mandeln aus Frankreich, und ganz besonders derer, die in der unteren Provence, in der Ebene von Aix, geerntet werden. (...) Paris ist die einzige Stadt der Welt, die es sich leistet, die sortierten Mandeln erster Wahl teuer zu bezahlen; nun erfreuen sich aber auch die Pariser Dragees einer weltweiten Beliebtheit. Weder London noch Berlin noch Wien kann sich mit ihnen vergleichen, denn zu der ausgewählten Mandel, die Paris kauft, werden die Confiseure von Arbeitern unterstützt, die wahre Künstler sind."

Revue encyclopédique, 25. Juni 1898

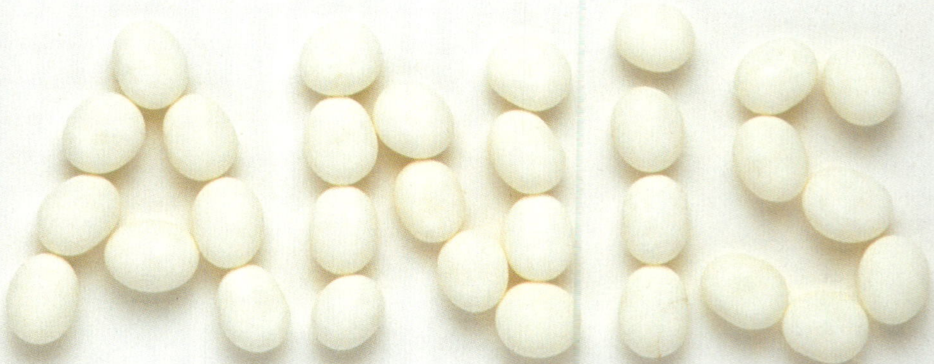

herz-, magen-, brust-, verdauungsstärkende und blähungstreibende Wirkungen zugeschrieben. Dies trug zum Verbrauch von Anisdragees bei, um so mehr, als die Kreuzfahrer die Gewohnheit aus dem Morgenland heimbrachten, kleine Süßigkeiten auf Anisgrundlage zu knabbern.

Bis in die 20er Jahre des 19. Jahrhunderts war das Dragee ausschließlich weiß. Die einzige Farbe, mit der es sich gelegentlich (jedenfalls selten) schmückte, war Rosa. Nur Perldragees und Nonpareilles bekamen Farbe. Die Idee, das Dragee in Farbe zu kleiden, kam von einem gewissen Grieumard aus Toulouse, der die Technik der Färbung entwickelte. Der Erfolg war umwerfend, und die Mode war im Gang!

Am Anfang des 20. Jahrhunderts fand Anis Eingang in die Zuckerwarenherstellung. Der Anis aus Malta galt als der beste. Man begann, Bonbons aus gekochtem Zucker, Pastillen und Lakritzpaste zu aromatisieren; doch vor allem kleine Dragees, die einen Samen oder eine feste Anispaste mit Zucker umgaben, herzustellen. Zur Zeit wird diese Dragee-Tradition mit den Anisbonbons aus der Abtei von Flavigny fortgesetzt, einer der ältesten Spezialitäten der französischen Süßwarenherstellung.

Die erste Erwähnung des Anis stammt aus der zweiten Hälfte des 9. Jahrhunderts, als die Mönche aus Flavigny-sur-Ozerain dem Papst Johann VIII., der sich in ihrer Abtei aufhielt, drei Pfund Anis zum Geschenk machten.

Der Anbau dieser Pflanze in diesem Teil Burgunds geht also noch weiter zurück. Und der Brauch, allen bedeutenden Gästen, die sich auf der Durchreise in dieser Gegend befanden, Anis zu schenken, dauerte über Jahrhunderte fort.

Doch erst im 17. Jahrhundert richteten die in der alten Stadt Flavigny beheimateten Ursulinerinnen die Fabrikation von Anisbonbons ein, die die Größe einer Erbse hatten, wobei sie sich offensichtlich auf ein altes Rezept beriefen. Heute gibt es diese kleinen, runden Anisdragees in allen möglichen Geschmacksrichtungen: Veilchen, Himbeere, Kaffee, Zitrone, Minze, Rose usw.

Sie haben sich dem Geschmack des 20. Jahrhunderts angepaßt, ohne dabei ihre jahrhundertealte Tradition und das Rezept aus den Augen zu verlieren.

PINGNOLE UND PIÑONES

Um eine Kiefernzapfenmandel ... Im Mittelalter findet eine Süßigkeit namens Pingnole aus Mandeln, Pistazien oder Pinienkernen und Zucker Erwähnung. Zweifellos handelt es sich hier um eine Art Nougat. Aber im 13. Jahrhundert erwähnt Arnaud de Villeneuve das Pignolat, das auf gewisse Weise an die heutigen spanischen Piñones erinnert.

Das Dragee kann zu Kies, Kiesel, Geröll usw. werden. Die Füllung wird in Stärke gegossen, bevor es gummiert und dragiert wird. Zu dieser Art Bonbons gehören Kieselsteine aller Art, aus denen die Quellgebiete eine Spezialität gemacht haben.

Gebrannte Mandeln: knackige Hülle

Es gibt seltene traditionelle Bonbons, die die Epochen und Moden überdauern, ohne die geringste Einbuße in ihrer Beliebtheit zu erfahren. Zu ihnen gehört die gebrannten Mandeln. Es werden rosafarbene, rote, weiße, graue usw. hergestellt. Jede Varietät hat ihren Geschmack. Die grauen schmecken nach Vanille, die weißen nach Orangenblüten, doch es gibt auch weiße gebrannte Mandeln mit Ingwer, rosafarbene mit Rosenwasser, gelbe mit Zitrone, usw. Früher wurden die Pariser Mandeln mit Rosenwasser aromatisiert. Auf den Volksfesten werden sie in großen Kupferkesseln gekocht und verbreiten einen köstlichen Duft nach Karamel. Selbst wenn sie nur so aussehen wie gebrannte Mandeln – denn ihr Inneres besteht häufiger aus Erdnüssen –, gehören sie doch zur Süßigkeitenwelt der Kindheit.

Die echte gebrannte Mandel hat eine dunkelbraune Hülle, die ringsum Beulen auf-

weist und an ihrem typischen Wohlgeschmack zu erkennen ist. Weniger bekannt ist, wie diese köstliche Karamelzucker-umhüllte Mandel entstanden ist. Das ergab sich, wie man weiß, unter der Regentschaft Ludwigs XIII. im Hause des Marschalls von Frankreich, César, des Herzogs von Choiseul, Grafen von Plessis-Praslin (1598-1675). Der Bediente des

EIN VÖLLIG EINGEBORENER WOHLGESCHMACK

Marie-Rose war rothaarig wie ein Herbststrauß, lang, schlank und aus Montargis gebürtig. Ich begleitete sie eines Tages zu ihrer Mutter, die auf dem großen Platz ein Geschäft für gebrannte Mandeln hatte. Hier fand ich Gelegenheit, die Erinnerung der prunkliebenden Herren von früher zu preisen, denn schließlich, wenn der Herzog von Praslin nicht naschhaft gewesen wäre, dann hätten wir diese kleinen Brocken mit Honiggeschmack nicht gekannt. Gebrannte Mandeln sind in ganz Frankreich zu finden, doch in Montargis allein haben sie diesen eingeborenen Wohlgeschmack, diesen Geschmack des Bodens, in dem sich ein echter Liebhaber nicht täuscht.

In dem dämmerigen Laden, unter einem alten, ausladenden Dach, war Marie-Rose als Kind aufgewachsen, in einem guten Duft nach Zucker; sie hatte, so stelle ich mir vor, gebrannte Mandeln aus allen Säcken stibitzt und ihre schmierigen Finger mit Wonne abgelutscht. Deshalb fuhr sie, als sie höhere Würden erreichte und nach eigener Wahl zur Köchin befördert war damit fort, mit Süßigkeiten, Leckereien und Naschereien zu glänzen.

Robert-Robert, *Le Gourmand vagabond*, 1928

Marschalls, Clément Jaluzot, „die Blume" genannt, soll den Bonbon entwickelt haben, und der Herzog, der ihn sehr gelungen fand, soll ihn berühmt gemacht haben, indem er ihn großzügig an die Damen bei Hofe verschenkt hatte ...

Wie dem auch sei, im Jahre 1630, als er den Dienst bei seinem Herrn verließ, der nunmehr zum außerordentlichen Gesandten in Turin ernannt worden war, ließ sich der Koch in Montargis nieder und gründete dort das Maison de la Prasline („Haus der gebrannten Mandel") „im Hause nahe der Kirche vor der linken Seitentür". Eine nicht ganz zufällige Wahl ... Es scheint, daß Jaluzot aus der Gegend stammte. Außerdem hatte der Graf von Praslin auch ein Schloß in Nogent-sur-

EIN BONBON AUS DEM SÜDEN

Da die gebrannte Mandel nicht ohne ihren Kern bestehen kann, stammt sie wohl aus dem Süden Europas – vielleicht aus Italien, aus Venedig, wo sie früher von kleinen Händlern an die Touristen verkauft wurde.

„Leicht geröstet, wird die Mandel mit einer sehr dünnen Schicht recht durchsichtigen Zuckers bedeckt, um die durch das Rösten entstandenen Muster durchscheinen zu lassen."

Manuel-Roret du confiseur et chocolatier

Links:
Das Maison de la Prasline in Montargis wurde seit seiner Gründung mehrmals umgetauft: La Confiserie du Roy, La Confiserie du Château etc. Ganz zu Beginn des 20. Jahrhunderts wurde es von Léon Mazet übernommen und in einem anderen herrschaftlichen Stadthaus auf dem Kirchplatz eingerichtet; es erwarb nunmehr seinen heutigen Namen: Au Duc de Praslin. Im damaligen Geschmack wieder aufgebaut, ist das Innere der Confiserie ein wahres Museum. Zwischen Rüstungen und Hellebarden, alten Fayencen und Malereien aus dem 18. Jahrhundert kann man hier den monumentalen Kamin aus dem Saal der Wachen im Palast von Jacques Coeur sehen.

Vernisson, in der Nähe dieser kleinen Stadt, und sein Küchenchef hatte dadurch Gelegenheit, dort anläßlich der üppigen Empfänge sein Talent zu offenbaren, besonders in der Jagdzeit. Die Kundschaft für die Süßigkeit war also, wenigstens zum Teil, gefunden!

Der französische Name des Bonbons, „Praline“, der auf das Jahr 1662 zurückzuführen ist, wurde von dem des Herzogs von Praslin abgeleitet. Übrigens war lange die genaue Schreibweise „Prasline“, bevor sie zu „Prâline“ und dann „Praline“ wurde.

Von da an begann man, die Herstellung gebrannter Mandeln als „Pralinage“ zu bezeichnen. Jedenfalls, wenn auch der Zuckerguß, der in der Gebäckherstellung viel verwendet wird, aus gehackten gebrannten Mandeln gemacht werden kann, so wird er meist auf der Grundlage gerösteter Mandeln mit gekochtem Zucker hergestellt. Und Vorsicht: Wenn man eine belgische Süßwarenhandlung betritt, erhält man unter der Bezeichnung „Praline“ Süßigkeiten aus Schokolade.

DER ZUCKERÜBERZUG

„Man nehme ein Pfund neuer Mandeln, die gut gereinigt und geschält sind. Man gebe in einen Tiegel ein Pfund Zucker mit den Mandeln, ein Glas Wasser und etwas Karmin; auf das Feuer setzen. Wenn die Mandeln prasseln, nehme man sie vom Feuer und rühre um, bis der Zucker fest ist und sich gut von den Mandeln gelöst. Man entferne einen Teil des Zuckers. Die Mandeln werden wieder auf das Feuer gesetzt und dabei leicht umgerührt. Sie nehmen den Zucker auf. Nicht zu starkem Feuer aussetzen! Wenn der Zucker aufgenommen ist, füge man den hinzu, der zuvor entfernt worden ist. Man fahre mit dem Rösten fort, bis der ganze Zucker aufgenommen ist. Zum Abkühlen auf ein Papier geben. Man kann alle Trockenfrüchte mit Zucker überziehen: Mandeln, Haselnüsse, Pistazien, Erdnüsse, Walnüsse usw.“

Le Livre de la pâtisserie,
éditions du CEP, 1948

„Praslines d'Orléans“, „Pralines d'amandes blanches de Grenoble“, „Feuilleté praliné“ – der Name des Herzogs von Praslin wird häufig für Bonbons verwendet, die zuweilen nichts mehr mit dem Originalrezept zu tun haben.

Nougat-Variationen

Unter dem Begriff „Nougat“ wird in Frankreich üblicherweise der weiße Nougat verstanden, der in Deutschland als „Montélimar“ oder auch als „türkischer Honig“ bezeichnet wird. Paradoxerweise bleiben die Ursprünge der Geschichte ausgerechnet einer der in der ganzen Welt berühmtesten Süßigkeiten bis heute im Dunkeln. Man weiß nur, daß das Wort „Nougat“ als Quelle das lateinische Wort „nucatum“ hat („aus Nüssen gemacht“), obwohl ihn manche von dem griechischen Begriff „nôgalon“ ableiten möchten, der „Süßigkeit“ bedeutet. All dies läßt vermuten, daß schon in der Antike im Mittelmeerraum Nougat hergestellt wurde. Marseille hatte lange das Fabrikations-Monopol inne, bevor es vom 16. Jahrhundert an durch Montélimar verdrängt wurde, als Olivier de Serres den Anbau von Mandelbäumen in der Gegend förderte. Es ist also nicht weiter verwunderlich, daß Montélimar dazu berufen war, die Hauptstadt des Nougats zu werden. Der Boden des Tricastin war schon lange berühmt für seinen köstlichen Lavendelhonig, und er wurde es auch vom 18. Jahrhundert an für seine Mandel- und Nußbäume.

Die ersten schriftlichen Spuren für die Präsenz des Nougats in Montélimar sind übrigens bis ganz an den Anfang des Jahrhunderts der Aufklärung zurückzuverfolgen. Sie belegen, daß die Stadtverwaltung ihren bedeutenden Gästen eine Zusammenstellung von Süßigkeiten, darunter kandierte Früchte und weißen Nougat schenkte.

Das 19. Jahrhundert erlebte also den Aufschwung dieser örtlichen Produktion durch die im Laufe des vorigen Jahrhun-

EIN LEGENDÄRES NOUGAT

Da das Geheimnis der Entstehung des Nougat aus Montélimar nicht erhellt werden konnte, bildete sich eine legendäre Aura ...

Wer in Montélimar kennt nicht die Legende von Tante Manon, die am Ende des 17. Jahrhunderts in dieser Stadt gelebt hat?

Ihre Talente in der Gebäck- und Süßwarenherstellung wurden von ihren Neffen und Nichten sehr geschätzt ... Ihre Spezialität war eine Leckerei, deren Rezept sie sorgfältig verschwieg und die die Kinder mit Begeisterung in Empfang nahmen.

„Tante Manon, tu nous gâtes“ („du verwöhnst uns“), sagten sie. Doch die alte Tante kam ans Sterben und hinterließ der jüngsten ihrer Nichten, Lina, ein Meßbuch mit dem Vermerk, das sie erst an ihrem 18. Geburtstag öffnen dürfe. Was Lina auch tat.

Sie entdeckte darin, zwischen die Seiten geschoben, ein Blatt mit dem folgenden Text: „Mein Liebling, ich hinterlasse Dir das Rezept von ‚tu nous gâtes‘. Bewahre es sorgfältig auf bis zum gesegneten Tag, wo Du es dem Erwählten Deines Herzens anvertrauen kannst. Um den Freudenruf unsterblich zu machen, mit dem Ihr meine Süßigkeit begrüßtet, sollt Ihr es Nougat nennen.“

derts geschaffenen Firmen (besonders durch die Familien von „Nougatiers“ Michel 1740 und Mège-Stoupany vierzig Jahre später), wie auch mit dem Auftauchen neuer Unternehmen (wie 1837 Arnaud-Soubeyran). Am Ende des 19. Jahrhunderts konnte man neun Fabriken auflisten. Um 1910 betrug ihre gesamte wöchentliche Produktion 500 bis 600 kg. Doch angesichts der regen Anfrage genügte die handwerkliche Methode nicht mehr ...

Die entscheidende Entwicklung begann nach dem Ersten Weltkrieg auf Anregung des Konditors und Süßwarenherstellers Charles Chabert aus Montélimar und seines Schwagers Henri Guillot, die 1913 ein Nougatgeschäft erworben hatten, „La Ruche d’or“, das seit 1848 bestand. Das Unternehmen Chabert et Guillot gab diesem Teil der Süßwarenherstellung einen neuen Anschwung. Darauf bedacht, ihre Produktivität zu erhöhen, war es 1928 das erste, das eine Falzmaschine benutzte. Außerdem zielte es darauf hin, über ein ganz neues kommerzielles Vorgehen, den Nougat aus dem „Universum“ der Volksfeste herauszuholen, wo er sozusagen fest verankert war.

Am Vorabend des Zweiten Weltkrieges zählte Montélimar 15 Firmen, die täglich eine Gesamtproduktion von 4000 kg Nougat gewährleisteten! Der Anschwung war angekurbelt. Heute liegt die Tagesproduktion weit über 10 Tonnen , auch wenn die Zahl der „Nougatiers“ sich kaum erhöht hat ...

„Man nehme ein Pfund süßer Mandeln; man weiche sie zehn Minuten in kochendem Wasser ein, um die Haut abzulösen; dann werden sie in kaltes Wasser getaucht, abgetrocknet und anschließend in kleine Stücke geschnitten; man nehme ein Pfund Zucker (gewöhnlich verwendet man das gleiche Gewicht an Zucker wie Mandeln), kläre ihn ab und koche ihn zu Karamel, das heißt, er soll von einem dunklen Goldton sein; man gebe die Mandeln hinzu, rühre sie mit einem Löffel um, damit sie den Zucker aufnehmen, und nehme sie sofort vom Feuer, aus Furcht, daß der Zucker anbrenne; die Kasserolle oder die Form, in der man den Nougat bereiten will, wird gut mit Öl eingerieben; danach breitet man rundherum und auf dem Boden die Mandeln aus, stets eine geringe Menge auf einmal, doch in der Art, daß das Ganze gut gestaltet sei und zusammenhält. Dieser Vorgang muß mit ziemlicher Raschheit erfolgen, damit der Zucker keine Zeit hat abzukühlen, denn statt sich auszubreiten würde er nur zerbrechen; wenn dies indessen vorkäme, müßte man den Zucker wieder auf das Feuer stellen, um ihn wieder weich zu bekommen; nun muß man noch Sorge tragen, daß der Nougat bei der Bildung oft um die Form gedreht wird, um zu verhindern, daß er daran anbackt; wenn dies getan ist, stürzt man die Form umgekehrt auf einen Teller und serviere …
Um zu vermeiden, daß man sich verbrennt, bedient man sich gewöhnlich eines Holzlöffels oder einer gut trockenen Zitrone, um die Mandeln zu verteilen; doch welchen Gegenstand man auch immer benutzt, er darf zu nichts anderem zuvor verwendet worden sein.“

Louis-Eustache Audot, *La cuisinière de la campagne et de la ville*, 1841

WEISSER NOUGAT

Zutaten: 250 g Zucker, 20 dl Wasser, 300 g Honig, 3 Eiweiß, 200 g Mandeln, 100 g Pistazien, 100 g rosafarbene gebrannte Mandeln, 100 g Backoblaten.

„Zunächst schäle man die Mandeln. Dazu gebe man sie in einen Topf mit kochendem Wasser und ziehe diesen auf die Seite. Zwei Minuten später schrecke man sie ab und lasse sie abtropfen, dann entferne man die Haut, was recht leicht geht, wenn man die Mandeln zwischen den Fingern drückt. Diese Mandeln werden im Backofen getrocknet, bis sie zerbrechlich werden. Man halte sie dann warm.

Man entferne ebenfalls die Haut der Pistazien, indem man so verfährt wie bei den Mandeln, und halte sie ebenfalls bereit. Man schneide den Zucker in Stücke. Man gebe ihn in einen Tiegel aus rotem Kupfer, befeuchte ihn mit 2 dl Wasser. Wenn er vollständig geschmolzen ist, stelle man den Tiegel auf das Feuer. Man bringe ihn zum Kochen, wobei man vom ersten Aufwallen an abschäumt.

Das Kochen muß gut überwacht werden, um im rechten Augenblick abgebrochen zu werden: wenn man den Sirup zwischen Daumen und Zeigefinger nimmt und die Finger sofort in kaltes Wasser taucht und nun der daran haftende Zucker zu Kugeln gerollt werden kann; wenn er dann zwischen die Zähne genommen wird, zerbricht er glatt, ohne zu kleben. Nun nimmt man augenblicklich den Topf vom Feuer. Dieser Kochgrad wird als Ballen bezeichnet.

In einen anderen Tiegel hat man 300 g Honig zum Kochen gebracht, der gleichzeitig mit dem Zucker überwacht wird. Wenn er auf demselben Kochgrad angelangt ist wie dieser, was man durch dieselbe Probe nachprüfen kann, mische man die beiden Elemente und höre mit dem Kochen auf.

Nun schlage man die 3 Eiweiß sehr fest in einer Kupferschüssel, wobei man vor allem darauf achte, daß sie nicht körnig sind, sondern schön glatt. Falls dieses Mißgeschick einzutreten droht, kann man es verhindern, indem man zwei oder drei Prisen Zucker hinzugibt, jedoch ohne je mit dem Schlagen aufzuhören.

Wenn der Eischnee schön fest und glatt ist, gieße man nach und nach die kochend gehaltene Zucker-Honig-Mischung dazu in den Kessel und rühre sie dabei sorgfältig unter; dann bearbeite man das Ganze mit einem Kochlöffel, wobei man bei jeder Bewegung den Teig vom Grunde heraufhole, so daß die ganze Masse gleichmäßig kochen kann. Diese Arbeit muß auf sehr schwachem Feuer erfolgen, auf der Ecke des Herdes, oder noch besser, indem man den Kessel auf einen halbvollen Topf mit kochendem Wasser stellt, aber so, daß der Boden des Kessels nicht mit dem kochenden Wasser in Berührung kommt.

Wenn dieser Teig fest geworden ist, was normalerweise 20 Minuten dauern kann, mische man die warmgehaltenen Mandeln und Pistazien darunter, desgleichen die gebrannten Mandeln. Diese letzteren können, auch wenn sie nicht so groß sind, durchgeschnitten werden. Wenn das Ganze gut gemischt ist, gieße man es in einen Holzrahmen von der Größe, die der Menge der bereiteten Komposition entspricht.

Der Rahmen muß ungefähr 5 cm Tiefe haben; der Boden muß mit Oblaten belegt werden, und auch an die Wände werden mit Oblatenstreifen versehen. Der Teig wird also in den Rahmen oder die Form gegossen, gut angedrückt, um die Oberfläche gleichmäßig und gerade auf der Höhe des Rahmens zu erhalten. Darauf werden einige Oblaten gelegt, um das Nougat gut zu bedecken; darauf kommt ein Brett; man beschwere es mit einem ausreichenden Gewicht und lasse alles vollständig erkalten.

Man nehme das Nougat aus der Form, um es in Streifen oder Stücke von 5 cm Breite und 15 bis 20 cm Länge zu schneiden.

Man kann es ebenso in Stäbe von 2 cm^2 Dicke mit 9 bis 10 cm Länge zerschneiden. Das muß jedoch zuvor geplant werden, damit die Form nur die gewünschte Dicke erhält.

Um das Nougat eine Zeitlang aufzubewahren, werden die Stücke, Streifen oder Stangen einzeln in Stanniolpapier eingewickelt."

Le Pot-au-feu, 3. November 1906

„Der Nougat, der lange nur in der Provence und im Orient verzehrt wurde, ist heute in Paris wohlbekannt, wo man vor allem den Nougat aus Montélimar verzehrt", so ist im *Dictionnaire Larousse du XIXe siècle* zu lesen. Diese wachsende Bedeutung sollte zur Vermehrung der Rezepte beitragen und, unvermeidbar, zur Einführung einer Reglementierung, die die Spezialität aus Montélimar deutlich von anderen Nougats unterschied.

Der Honig war lange der Hauptbestandteil des Nougats, bis ihm der Zucker an Bedeutung gleichkam. Heute werden Honig und Zucker zusammen mit Eischnee in einer Knetmaschine gekocht. Die Mischung, die beim Rühren mit Vanille aromatisiert wird, wird anschließend durch Hinzufügen eines Zuckersirups stabilisiert. Am Ende der Kochzeit werden Mandeln und Pistazien untergerührt. Der erhaltene Teig wird in Holzformen gegossen, die mit Oblaten ausgelegt sind, dann gut zusammengedrückt und nach vollendeter Formung durch Sägen zerteilt (in Blöcke, Dominosteine, Würste usw.).

Die Reglementierung greift auf dem Gebiete der Zutaten ein. Der „Nougat de Montélimar" ist ein Nougat, dessen Teig mit Hilfe eines oder mehrerer zugelassener Lockerungsmittel (außer Milcheiweiß) luftig gemacht wird und dessen Einlage (mindestens 30 % des Endprodukts) ausschließlich aus geschälten und gerösteten süßen Mandeln (mindestens 28 %) und Pistazien (mindestens 2 %) besteht. Der Prozentsatz an Mandeln, die als gebrannte Mandeln untergerührt werden können, darf 3 % des Endproduktes nicht überschreiten.

Es gibt andere Nougats mit lockerem Teig, deren Einlage (mindestens 15 % des Endprodukts) aus süßen Mandeln, Haselnüssen und/oder Pistazien besteht. Sie dürfen die Bezeichnung „Nougat" nur unter Angabe der Einlage verwenden. Beim „Honignougat" bestehen die süßenden Inhaltsstoffe mindestens zu 20 % aus Honig.

Doch ursprünglich war die Nougatmasse nicht luftig, und diese alte Tradition hat den „Nougat de Provence" hervorgebracht, den provenzalischen Nougat. Es handelt sich hier um einen dunklen Nougat, der aus einem stark karamelisierten Zucker-Honig-Sirup besteht und aus einer Einlage von mindestens 30 % Mandeln oder Haselnüssen im Endprodukt, dazu kommen möglicherweise Koriander und/oder Aniskörner.

Der Honig stellt 20 % der süßenden Stoffe dar. In diese Kategorie gehört auch der „schwarze Nougat".

Im 17. Jahrhundert hatte das „Pignolat", ein Nougat mit Pinienkernen, großen Erfolg, vielleicht, weil man dem Pinienkern eine Wirkung als Aphrodisiakum zuschrieb.
Tatsächlich zählte der Dichter La Loyer ihn zu den zahlreichen Stimulantien, die zu kühlen Ehemännern verabreicht werden konnten:
„Daß man ihnen gegen Ende des Desserts roten Hypocras oder auch einen starken Wein bringe, die schwarze Trüffel mit der Frucht der Pinie."

„Der Nougat-Teig, der von harter oder weicher Beschaffenheit ist und in der Regel luftig, besteht aus Saccharose, der eines oder zwei der folgenden Süßungsmittel zugefügt werden: Honig, Invertzucker, verdichteter Glucosesirup, Traubenzucker oder Fruchtzucker". Die Bestimmung für Nougat präzisiert auch die Lockerungsmittel: Hühnereiweiß, Eialbumin, Milcheiweiß und Lebensmittelgelatine. Desgleichen wird die Füllung reglementiert. Sie besteht meistens aus süßen Mandeln, Haselnüssen und Pistazien, kann aber andere Zutaten zulassen: kandierte oder getrocknete Früchte, Cashewnüsse, Walnüsse, Mandeln mit weichem Kern, Pinienkerne, verschiedene Confiserieerzeugnisse, Erdnüsse, gepoppte Getreidekörner.

„In Montélimar denken Sie an M. Loubet, den von allen geachteten Patriarchen, und essen Sie Nougat. Bei jedem Schritt gibt es welchen, und man weiß nicht, welcher Konditorei man den Vorzug geben soll.
Vergessen Sie nicht, daß das echte Nougat aus Montélimar hart und schneeweiß sein muß, mit dem Grün der Pistazien und dem Rosa der gebrannten Mandeln belebt. Das Nougat aus Marseille mit Karamel ist dunkler. Ich spreche nur zum Gedächtnis der weichen Nougats, die übrigens sehr gefährlich für unsichere Gebisse sind. (...)
Ich habe so herzzerreißende Szenen erlebt. Einer meiner Freunde reiste mit seiner Verlobten und deren Bruder, einem jungen und schamhaften Seminaristen. Bei der Abreise aus Avignon wurde dem Priester heimtückisch ein schönes Stück Nougat überreicht. Der Unglückliche hatte es noch nicht im Mund, als die zwei Verliebten begannen, sich unter seinen Augen, und wenn man so sagen will, genau vor seiner Nase zu küssen. Der Gottesmann schwitzte vor Angst. Die Röte seiner Gesichtsfarbe zeigte allein seine Empörung, denn er war unfähig, auch nur ein Wort zu sprechen, da er damit beschäftigt war, sich mit seinem Nougat herumzuschlagen. Als er endlich damit zuende war, kam der Zug in Marseille an.
(...) Der Priester hält jetzt das Nougat für ein Werk des Teufels – worin er übertreibt."

Robert-Robert,
Le Gourmand vagabond, 1928

NOUGAT MIT KARAMELISIERTEM ZUCKER

„Man lasse in einem Backofen bei milder Hitze schöne, geschälte Haselnüsse oder süße Mandeln trocknen, trenne sie in zwei Teile, und wenn sie leicht getönt sind, lege man sie auf den Ofen.
Man nehme einen vorbereiteten Tiegel, gebe ein Glas Wasser hinein und setze ihn auf das Feuer; man füge 200 g Zucker hinzu und lasse ihn kochen, bis er eine dunkelgelbe Färbung annimmt; nun gebe man die Mandeln dazu und rühre sie um, ohne sie zu beschädigen; sobald die Mandeln den Zucker aufgenommen haben und gleichmäßig gefärbt sind, gebe man das Ganze auf eine leicht gebutterte Platte; man verteile den Nougat rasch und bestreue die Oberfläche mit 60 g grobem Zucker, ebensovielen Pistazien, die man in Streifen geschnitten hat, nachdem sie in der Backröhre getrocknet wurden.
Man bereite den Nougat auf folgende Art: Man gebe ihm 20 cm Länge auf 45 cm Breite; man nutze es aus, daß der Teig noch etwas lau ist, um ihn zu schneiden, ohne ihn zu zerbrechen; man löse den Rand durch zwei Schnitte und teile das Stück auf der Länge in zwei Streifen; man teile jeden Streifen in fünfzehn Teile. Man kann die Haselnüsse aber auch durch andere Zutaten wie Vanille, Anis, Rosinen usw. ersetzen."

Pierre Quentin, *La Pâtissière de la campagne et de la ville*, 1905

Im Lande des „Turrón“

In Spanien gibt es keinen festlichen Moment ohne Turrón. Diese große Spezialität ist untrennbar mit Weihnachten verbunden. Seit Jahrhunderten bieten zu dieser Zeit des Jahres die Auslagen der Marktstände und die Schaufenster der Süßigkeitengeschäfte eine Vielzahl von Variationen dar. Schon

TURRON, TORRÃO, TORRONE

Die Herkunft des kastilianischen Wortes „turrón“ ist wenigstens umstritten. Manche finden seinen Ursprung im lateinischen „torrere“, „rösten“. Andere behaupten, daß er über die Querverbindung über das katalanische „torro“ aus dem Spanischen gekommen und selbst von „terra“ abgeleitet worden sei; dieser Hypothese zufolge wird das Produkt wegen seiner Struktur mit Erde verglichen. Wieder andere haben darin eine Reminiszenz an den heiligen Martin gesehen, den Bischof von Tours; die Stadt der „Turons“ soll dem „panis turonis“ ihren Namen gegeben haben. Wie dem auch sei, das Wort hat die Grenzen überschritten.

Die Portugiesen haben es in Torrão umgewandelt. Die Italiener in Torrone – dieser erscheint erstmals in einem Text von 1726. Dem Sprachwissenschaftler A. Prati zufolge wurde die Süßigkeit während der spanischen Herrschaft über Neapel in Italien eingeführt. Schließlich hat das Turrón die französischen Grenzgebiete zu Spanien erreicht und den Namen Touron angenommen. Im Okzitanischen wird der weiße Nougat Tauroun genannt.

„Wenn ein Fremder vom 20. bis zum 24. Dezember nach Madrid käme, würde er die Hauptstadt von Spanien für eine der belebtesten und handelsfreudigsten Städte Europas halten. (...) Von allen Geschäften sind es, wie in Paris, vor allem die Süßwarengeschäfte, die vor Luxus und Eleganz erstrahlen; man findet hier alles, was der raffinierteste Nascher nur begehren kann.

Das große Bild, das bemerkenswerte und seltsame Schauspiel, das zu sehen ist, findet indessen nicht in den Straßen, sondern auf dem Großen Platz (Plaza Mayor) statt. (...)

Unter den Arkaden des Platzes befinden sich die Turroneros (Nougathändler), die die Vorübergehenden mit ihren Ausrufen betäuben; in Frankreich hat man keine Vorstellung davon, was der Turrón (Nougat) ist; es gibt ihn in allen Sorten und für jeden Geschmack, doch der feinste und bei seinen Anhängern beliebteste ist der Turrón de Jijona, der die wichtigste Industrie dieser kleinen Stadt in der Provinz Alicante ist.

Vor den Nougathändlern und den Obsthändlerinnen, die mit ihrer grellen Stimme die Käufer mit einem unendlichen Witz anfeuern, breiten sich in großen Körben die schönen Früchte der Jahreszeit, wie Äpfel, Birnen, Apfelsinen und Granatäpfel aus. Man verkauft auch Walnüsse, Haselnüsse, Mandeln und Maronen, die für das Weihnachtsessen unerläßlich sind. Schließlich sieht man noch die Händler von Mazapan (Marzipan) aus Toledo, die mit dem malerischen Kostüm ihrer Provinz bekleidet sind.“

Le Monde illustré, 23. Dezember 1871

1862 stellte Charles Davillier, der sich auf der Durchreise durch Madrid befand, in seinem *Voyage en Espagne* fest: „weiter weg wiegt der Turronera, der vor einem kleinen Tisch steht, in seiner Waage den Nougat aus Alicante.“ Ursprünglich war dies eine Süßigkeit, die Pinienkerne enthielt, die mit Honig und Mehl vermischt wurden. In Katalanien nannte man sie Pinyonada. In der Mitte des 16. Jahrhunderts wird von Nostradamus ein Rezept mit der Bezeichnung „pignolat en roche, touron d'Espagne“ auf der Grundlage von Pinienkernen überliefert. Tatsächlich trug der Turrón so seinen Namen seit über einem Jahrhundert; die älteste Erwähnung finden wir in der *Arte Cisoria* des Maquis von Villena aus dem Jahre 1423. Ebenfalls vom

Obst- und Nougat-Händlerin auf dem Weihnachtsmarkt auf der Plaza Mayor in Madrid. Stich nach einer Zeichnung von Rouargue, erschienen in *Le Magasin pittoresque* (Dezember 1855).

Beginn des 15. Jahrhunderts stammt das erste Rezept, das in in einer Abhandlung über katalanische Süßigkeiten, *Libre de totes maneres de confits* erschien. Die Mandeln hatten Pinienkerne ersetzt, und das Mehl wurde weggelassen.

Im allgemeinen hart (duro) und knusprig, verzehrt man den Turrón langsam. Man muß sich Zeit nehmen, ihn in aller Ruhe durchkauen, um seinen Wohlgeschmack schätzen zu können. Sein Teig wird traditionellerweise aus gerösteten Mandeln und Honig gemacht. Eiweiß wird zum Auflockern zugegeben. Er kann jedoch auch andere Zutaten enthalten, wie Pinienkerne, Walnüsse, Zimt oder Koriander.

EINE VERSCHWÖRUNG DES BÖSEN SCHICKSALS

Das Auftauchen des Turrón soll auf die schreckliche Pest von 1703 zurückgehen. Um gegen die psychologischen Folgen zu kämpfen, die diese verheerende Seuche bei den Überlebenden zurückließ, hatte man die Idee, einen Süßigkeitenwettbewerb zu veranstalten, bei dem aus Mandeln, Honig und Mehl Weihnachtsleckereien geschaffen werden sollten, die sich lange hielten und entweder an Stein oder Pergament erinnerten. Der erste Preis fiel einem gewissen Pere Torro zu, dessen Süßigkeit zeitgenössischen Texten zufolge an das Auge einer Schlange erinnerte, ganz gewiß, um das böse Schicksal abzuwenden. Und selbstverständlich nahm sie den Namen ihres Erfinders an: Turrón.

„FÜR DIE ZUBEREITUNG DES PIGNOLAT IM BLOCK, SPANISCHE TOURONS“

Man nehme von ihrer Schale gut gereinigte Pinienkerne. Man röste sie leicht, damit sie trocken sind und gut klingen. Man kann auch Pinienkerne mit ihrer Hülle nehmen, in gewünschter Menge diese in einen Korb geben und neben die Feuerböcke stellen; dort bleiben sie drei Tage, und mittels der Hitze des Feuers, die nach und nach eindringt, werden die Pinienkerne geröstet. Nun entfernt man ihre Schale und reinigt sie sehr gut; dann nehme man davon das Gewicht von zweieinhalb Pfund.
Dann nehme man ein Pfund schönen Madeirazuckers – oder feinen Zuckers – und lasse ihn mit ausreichend Rosenwasser schmelzen.
Man lasse ihn kochen, bis er die Form von Mus hat.
Im Winter oder bei feuchtem Wetter läßt man ihn länger kochen; im Sommer sollte er nur einfach aufgekocht werden; wenn man sieht, daß er nicht mehr aufsteigt sowie beim Kochen kein Geräusch mehr macht. Als ein Zeichen dafür, daß keine Feuchtigkeit mehr darin ist, ist er, wie gesagt, gar in Form von Mus.
Wenn er gar ist, ziehe man ihn vom Feuer und setze den Boden des Tiegels fest auf die Oberseite eines Tönnchens. Mit einem ziemlich langen Holzstößel rühre man heftig ununterbrochen um, bis er weiß ist.
Wenn er abzukühlen beginnt, gibt man ein Eiweiß hinein.
Dann beginnt man, ihn kräftig zu schlagen, und setzt ihn wieder auf das Feuer, um die Feuchtigkeit zu festigen, die das Eiweiß hineingebracht hat. Wenn man sieht, daß er schön weiß ist und zum ersten Kochgrad zurückgekehrt, dann gebe man alle Pinienkerne hinein, die gut trocken und gereinigt sind. Man gebe sie auf einmal in den Zucker und mische gut mit dem Stößel, bis die Pinienkerne und der Zucker gut vermischt sind. Man halte stets den Zucker auf dem Feuer, damit er nicht zu früh abkühlt.
Dann nehme man ein breites Holzmesser und nehme Stücke von ungefähr anderthalb Unzen heraus, höchstens von zwei knappen Unzen. Man breite sie auf Papier aus, bis sie kalt sind, dann gebe man etwas Goldblatt dazu.“

Nostradamus, 1555

Die Turrónes der echten Liebhaber sind:
- der Turrón aus Jijona, eine weiche Masse, die aus gemahlenen Mandeln, Honig und Zucker besteht;
- der Turrón aus Alicante, dessen Teig hart ist und aus ganzen Mandeln, Honig und Zucker besteht;
- der Turrón guirlache aus feinen ganzen Mandeln, Honig und karamelisiertem Zucker, der an den schwarzen Nougat der Provence erinnert;
- der Turrón yema tostada, der aus einer sahnigen, karamelisierten Mandelpaste besteht;
- der Turrón de chocolate, der aus ganzen Mandeln und Schokolade hergestellt wird;
- der Turrón nieve, ein weißer Nougat mit Mandeln und mit Zitronengeschmack.

JIJONA, DIE HAUPTSTADT DES TURRÓN

Die Provinz Alicante ist besonders berühmt für ihren Turrón. Es sind ihre Mandelbaumpflanzungen, die weltweit berühmt sind, ihr Honig von einem seltenen Duft, und ihr Zuckerrohranbau.
Die Herstellung des Turrón soll hier sehr weit zurückreichen, bis in die Zeit der arabischen Besetzung. Parallel zu dieser durch die Sarazenen eingeführte Leckerei stellte die jüdische Gemeinschaft in Sefara eine ähnliche Paste her, die Halva genannt wurde. Doch erst ab dem 15. Jahrhundert. erwarb der Turrón seinen Adelsbrief. Jijona, Alicante und Elche begannen nun, für diese Produktion bekannt zu werden.
Mandeln und Honig waren ausschließliche Bestandteile. Der Verbrauch wurde verallgemeinert. Dokumente aus dieser Zeit belegen, daß er in jedem Haus in Jijona hergestellt wurde. Nicht weniger als hundert Familien handelten damit. Es war die Süßigkeit der Feste. Auch zu Ehren der reichhaltigsten Mahle wurde er gereicht. So versäumte Antonio Martínez Martiño, der Hofkoch des Königs Philipp II. nicht, ihn auf der königlichen Tafel zu präsentieren.
Diese Berufung der Gegend besteht noch immer.

Tortas
Calidad Suprema
ALICANTE IMPERIAL
injiHesa
VIRGINIAS
ELABORACION
ARTESANA
CALIDAD SUPREMA
TURRON CROCANT CRISTAL 'AVELLANA DE REUS D.O.'
DOÑA JIMENA
ARTESANIA SUPREMA
Calidad Suprema
Delaviuda
TURRON
YEMA
TOSTADA

Der italienische „Torrone“

In Italien heißt der weiße Nougat Torrone. Der Überlieferung nach ist diese Süßigkeit im 16. Jahrhundert in der Lombardei entstanden, genauer: in Cremona. Indessen sind schon viel eher Spuren zu entdecken. Am 25. Oktober 1441 fand die prunkvolle Hochzeit des berühmten Condottiere (Heerführers) Francesco Sforza (1401-1466) mit Bianca Maria Visconti, der Tochter des Herzogs von Mailand statt, die ihm die Stadt Cremona als Hochzeitsgeschenk einbrachte. Bei dieser Gelegenheit beschlossen die Konditoren des Hofes, das üppige Bankett mit einem die Stadt darstellenden Kuchen abzuschließen. Sie kneteten Honig, Mandeln und Eiweiß und führten daraus eine Reproduktion des berühmten Uhrenturmes ihrer Stadt aus. Dieser Turm aus dem 13. Jahrhundert, der noch immer die Kathedrale von Cremona überragt, hieß der Torrazzo oder Torrione. Und daher wurde der Kuchen Torrone getauft.

Die aus ganz Europa gekommenen Gäste waren von dieser köstlichen Kreation ganz eingenommen und hörten, in ihre Länder zurückgekehrt, nicht auf, Loblieder auf ihren Wohlgeschmack zu singen. Die italienische Nougatmasse war geboren und über die Landesgrenzen hinweg berühmt.

Die ersten Rezepte erwähnen eine harmonische Mischung aus Honig, Mandeln und Eiweiß. Dann wurde die Zusammensetzung geändert, um dem Zucker, der in die Süßwarenfabrikation Einzug gehalten hatte, eine vorherrschende Rolle zuzuweisen. Später wurden verschiedene Versionen entwickelt, um so mehr, als andere Gegenden, wie die Abruzzen, die Campagnia oder Sizilien, ebenfalls Geschmack am Torrone gefunden hatten. Der aus Siena ist besonders berühmt. Er wurde ursprünglich nur in der Abgeschiedenheit der Klöster der mittelalterlichen Stadt hergestellt.

Haselnüsse, Pistazien, Schokolade, Liköre etc. – die Zutaten sind fortan vielfältig. Die Konsistenz des Nougats wird durch die Bezeichnungen „friabile“ (weich) oder „morbido“ (hart) angegeben. 9900 Tonnen wurden hergestellt.

Torroncini
Morbi
Ricoperti di
Fondente
Vaniglia
Latte
Flamigni
Sorelle Nurzia
L'Aquila
Italy
Sorelle Nurzia
L'Aquila
Casa fondata nel
SAMPLE NOT FOR SALE, FOR EXIBITION ONLY
Nougat Candy With Skinned Almonds
14 oz. e
Torrone Nurzia
Tenero al Cioccolato
Net weight: 1 1/3 oz. Peso netto: 40g
con mandorle
Perugina
Torrone
Torrone Artigianale
Gianduia
Ricoperto Di Cioccolato
Flamigni

Eine orientalische Geschmacksnote: Halva und Loukoum

„Die Cafedjis verstellten die öffentliche Straße mit ihren kleinen, stets besetzten Tische. Sie reichten nicht mehr aus, um die Narguilés, die Skiros, den Loukoum und den Raki zu servieren." Dieses Bild übermittelt uns Pierre Loti von den kleinen Händlern in den lärmenden Straßen der orientalischen Städte des 19. Jahrhunderts. Das Halva, das an Griechenland und die Türkei erinnert, entlehnt seinen Namen einem türkischen Wort, das „Süßigkeit" oder „Gebäck" bedeutet. Seine Struktur, die eher kompakt ist, rückt es in die Nähe des Nougats. Doch sein sehr süßer Geschmack mit einem Hauch Bitterkeit ist recht eigen. Es verdankt ihn den fein gemahlenen Sesamkörnern. Das Halva enthält über 30 % Fett und wird in Tafelform oder in Stücken angeboten, die in Metalldosen verpackt werden.
Das Loukoum, dessen ursprünglicher Name Rahut el holkoum lautet, bedeutet auf türkisch „die Wonne der Kehle" und „die Ruhe des Rachens". Das genügt wohl zur Beschreibung seiner Süße und Weichheit! Es handelt sich hier um eine weiche und transparente Paste aus Zucker, Glucosesirup, Honig und Maisstärke, der verschiedene Aromen und Farbstoffe beigefügt werden. Meistens rührt man Schalenfrüchte wie Pistazien oder Mandeln in den Teig ein, der von einer dünnen Schicht Puderzucker umhüllt ist.

„Sie legte ihre Hand auf meinen kindlichen Kopf
und gab mir Loukoums, wie ihre Finger gepudert."

Aragon, *Le Roman inachevé*, 1956

BEI HÉDIARD

„Während der geheimnisvollen Ausgänge, die Willy nachmittags veranstaltete, nahm ich Colette mit zum Einkaufen oder Kaffeetrinken (ein wenig, mein Gott, wie der jüngste Botschaftssekretär sich um den Tee der Botschaftersgattin kümmert. Nur war es für mich nicht eine Pflicht, sondern ein Vergnügen).
Wir gingen zu Hédiard Bananen holen, also eine exotische Frucht, Batatekonfitüre, Rahat Loucoum, das ganz mit feinem Zucker bestäubt war, und dieses köstliche ‚Halva' in öligen Dosen – hervorragende Süßigkeiten!"

X.M. Boulestin,
A Londres, naguère ..., 1946

DAS RAHOUT EL-HOLKOUM

Man nehme 1 kg Zucker auf 300 g Wasser; daraus bereite man einen recht dicken Sirup, dem man 6 g Zitronensaft hinzufügt; danach mischt man 125 g in etwas Wasser aufgelöste Stärke darunter; das Ganze wird auf das Feuer gesetzt und unter ständigem Rühren gekocht; wenn die Zubereitung dick ist, gieße man sie auf eine mit Stärke bestreute Platte, so daß sie eine Dicke von 4 cm bekommt, dann schneide man sie in Quadrate. Man kann auch, wenn man will, Mandeln, Pistazien oder Haselnüsse hinzufügen; man gibt sie, nachdem man sie geschält hat, gleichzeitig mit der Stärke hinzu; abkühlen lassen."

Émile Dumont, Le Parfait Pâtissier

Köstlicher Krokant

Knusprig und von ganz feinem Geschmack, wurde der Krokant früher in Form großer Pastillen hergestellt, auf deren einer Seite man mit Hilfe eines Pinsels helleren Zucker verteilt hatte. Heute wird dieser braune, sehr harte Nougat in einer ganz dünnen Schicht für die Umhüllung verschiedener Füllungen (Pralinen, Fruchtgelees usw.) verwendet; man ißt ihn einfach so, in Zigaretten- oder Dachziegelform. Krokant finden wir überall. Der aus Poitou ist berühmt, wie auch der aus Nevers. Dieser geht auf das Zweite Kaiserreich zurück.

Tatsächlich ließ sich L. J. Bourumeau, nachdem er alle Würden als Konditor erworben hatte, 1848 in Nevers nieder und entwickelte dort das Rezept für Krokant. Am 7. Juli 1862 entdeckten Napoleon III. und die Kaiserin Eugénie, die in Nevers zu Besuch waren, mit Entzücken diese Süßigkeit und ließen den ganzen Hof an dem Vergnügen teilhaben. Der Krokant aus Nevers war in die Öffentlichkeit getreten.

Die „Nougamandines“ aus Saint-Etienne sind Krokantschalen, die mit Pistazienzucker umhüllt und mit Praliné-Crème gefüllt sind.

Die „Grapillons“ aus dem Beaujolais sind mit Zucker gebrannte Krokantschalen, die mit einer Mandelcreme und einer Weintraube gefüllt sind.

Die „Kartoffeln“, die in Mondidier hergestellt und hübsch in Jutesäckchen angeboten werden, bestehen aus feinen Mandel-Haselnuß-Pralinen, die mit Krokant umhüllt und anschließend mit einer Schicht Mandelpaste umschlossen werden. Wie diese Spezialitäten zeigen, passen Krokant und Praline wunderbar zusammen.

Marzipan: Wunder aus Mandeln

Durch seine Zusammensetzung steht es der Makrone nahe; es kommen Mandeln, Roh- oder raffinierter Zucker, eventuell Honig, Eiweiß oder ganze Eier hinein, dazu oft Mehl oder Früchte in jeder Form. Das Marzipan hat in Frankreich den Ruf der Süßigkeiten aus Issoudun begründet, wo es von den Ursulinerinnen des Klosters in der Rue Basse „erfunden“ worden sein soll.

Nach der Revolution beobachtete eine der Schwestern seine Herstellung, und ihre „Sache“ sollte 1819 in die Hände eines Konditors namens Aufrère geraten. Er verhalf dieser Spezialität zu einem beachtlichen Ruf, denn er zählte zu seinen Kunden den russischen Hof, den Vatikan und – auf der Durchreise in dieser Gegend – Honoré de Balzac, der die Süßigkeit in *La Rabouilleuse* (1822) lobend erwähnte.

Luxuskonfekt, köstlicher Kuchen oder Petit Four? Das Marzipan gehört zu diesen nicht einzuordnenden Süßigkeiten. Gewiß, bereits 1732 erschien es zusammen mit Biskuitplätzchen in der *Nouvelle Instruction pour les confitures, les liqueurs et les fruits*:

„Marzipan ist eine Paste aus Mandeln und Zucker, die, wie Biskuit, das ganze Jahr über hergestellt wird; lediglich in den Jahreszeiten kann man sie nach den Früchten durch verschiedene Kompotte unterscheiden.“ Es folgen diverse Marzipanrezepte, gewöhnliche oder königliche, mit Pistazien, Schokolade, Zitrone oder Himbeer, glasiert oder gefüllt. Alle waren raffinierte Zubereitungen, deren Rezeptur aktuell erscheint und deren Echo man in den Marzipanen der Provence, des Roussillon, des Burgund, des Elsaß und anderer Gegenden wiederfindet.

Doch wenn auch das Marzipan früher als eine Art Biskuit empfunden wurde, so gehört es fortan doch

mehr in die Domäne der Süßigkeiten. Diese bevorzugte Süßigkeit der Gegenden, in denen Mandelbäume blühen, diese „Mandelpaste", läßt sich weit in der Zeit zurückverfolgen. Zur Zeit Platons symbolisierte sie den Reichtum der großen sizilianischen Familien. Im Mittelalter war sie sehr beliebt. Wir finden sie in der Einleitung von Boccaccios *Decamerone* erwähnt.

Zu dieser Zeit war es auf jeden Fall eine seltene Ware, denn der Zucker stellte einen wahren Luxus dar, und die Mandeln mußten nach Frankreich importiert werden, da der Mandelbaum erst um 1548 in dieses Land eingeführt wurde. Marzipan gehörte also zu den reichen Mählern und wurde auch durchreisenden hochgestellten Persönlichkeiten als Geschenk überreicht.

Zum Beispiel bestand der vierte Gang anläßlich eines Festessens, das der Marquis Josse de Trazegnies am 10. Februar 1482 zur Ehre Maximilians von Österreich gab, aus kandierten Damaskus-Pflaumen, Mandelpaste und süßen Mandeln. Drei Jahre später, 1485, schenkte die Stadt Brügge demselben Maximilian acht Pfund Marzipan.

Dagegen war im Mittelalter das Marzipan im Orient verbreitet. Von 1226 an hatte ein aus Bagdad stammendes arabisches Kochbuch ein Rezept angegeben: „Man läßt zusammen kochen: Zucker, Honig, Mandeln, Moschus, Rosenwasser und Stärkemehl, dann zerstößt man das Ganze, um einen gleichmäßigen Teig zu erhalten, den man gründlich knetet, bevor man ihn erkalten läßt und ihn dann in Holzmodeln drückt, die die Form von Brotlaiben oder Fischen haben."

KÖNIGLICHES MARZIPAN

„Man nehme 500 g süße Mandeln: man brühe sie ab, schäle sie, gebe sie anschließend in kaltes Wasser; man lasse sie in einem Sieb abtropfen und zerstoße sie in einem Mörser, um daraus einen sehr feinen Teig zu bereiten, den man nach und nach mit etwas Orangenblütenwasser begießt; die Mandeln mit 250 g gesiebten Zuckers in einen Tiegel geben und sie dort auf kleiner Flamme austrocknen lassen, bis der Teig nicht mehr am Tiegel haftet; durch Berühren mit dem Handrücken stellt man fest, ob er gar ist; wenn nichts dort haften bleibt, einmal mit feinem Zucker bestreuen; den Teig darauf geben und mit Zucker überstreuen; man lasse ihn einige Zeit in diesem Zustand ruhen und abkühlen; wenn er kalt ist, schneide man den Teig in Stücke, die man in Bänder von Fingerdicke rollt; anschließend schneide man diese Bänder in Ringe von der Dicke eines Eis; man nehme ein Eiweiß, 15 g gesiebten Zucker und etwas Orangenblütenwasser; man schlage das Ganze miteinander; dahinein tauche man die Ringe, lasse sie abtropfen und wälze sie in Zucker. Man richte die Marzipanringe auf einem Blatt Papier auf und backe sie bei geringer Hitze; wenn sie gar sind, lasse man sie abkühlen, löse sie von dem Papier und serviere sie."

Pierre Quentin, *La Pâtisserie de la campagne et de la ville*, 1905

Das 16. und 17. Jahrhundert schrieben dem Marzipan therapeutische Wirkungen zu, wie Dokumente belegen. Jedenfalls mußte noch abgewartet werden, daß der Zucker eine übliche Zutat werde, damit das Marzipan erschwinglicher wurde.

1555 erwähnt Nostradamus eine Mischung von Mandelpaste, Rosenwasser und Zucker. Auf seinen Spuren beschreibt Olivier de Serres in seinem *Théâtre d'agriculture et mesnage des champs*, das 1600 erschien, die Marzipane als Pasten aus gemahlenen Mandeln mit Rosenwasser. Es zählte weiterhin zu den Desserts auf Banketten. So beschreibt Nicolas de Bonnefons in *Les Délices de la campagne* (1654) die Anordnung eines Prunk-Dîners mit der Präsentation von „flüssigen Konfitüren in kleinen Pasteten aus Marzipan und auch auf den Tellern“ als letzten Gang.

1667 erwähnt *Le Parfait Confiturier* von La

MARZIPAN „NACH HAUSFRAUENART“

Man zerstößt 250 g süße, gehäutete- rund getrocknete Mandeln mit 250 g Zucker. Dazu gibt man ein Eiweiß und einen Löffel Orangenblütenwasser. Das Ganze wird gemischt. Aus dem Teig fertigt man kleinen Kugeln, die im lauwarmen Ofen auf einem bebutterten Blech getrocknet werden.

Spécialités Maison
AUX
MAROCAINS
confiseur
VICHY
Calidad Suprema
Delaviuda
MAZAPAN
ENVASADO INDIVIDUAL
FIGURITAS DE MAZAPAN
Delaviuda
Raa marcipan
Anthon Berg
ZENTIS
Echt Zentis Marzipan
NIEDEREGGER · LÜBECK
MARZIPAN-PASTETE MIT ANANAS
MARZIPAN-PASTETE MIT KIRSCHE
MARZIPAN-PASTETE MIT APRIKOSE
MARZIPAN-PASTETE MIT ERDBEERE
MIT MOCCA
MIT KROKANT

GEWÖHNLICHES MARZIPAN

„Mit zwei Pfund sorgfältig zerstoßenen süßen Mandeln und etwa einem halben Pfund Bittermandeln bereite man einen Teig, den man mit einem Eiweiß befeuchtet. In einem Kupfertopf zwei Pfund Zucker kochen lassen. Wenn er bis zum Kettenflug gekocht ist und man sich dessen vergewissert hat, nehme man den Topf vom Feuer und schütte die Mandelmasse hinein; man rühre diese Mischung ständig, um zu verhindern, daß sie ansetzt, dann bestreue man sie mit Zucker und schütte den Inhalt des Topfes aus. Den Teig abkühlen lassen und Marzipanteile fertigen, die jede gewünschte Form erhalten können, entweder mit der Hand oder mit der Ausstechform. Man lege sie auf ein Blatt Papier, glasiere sie mit Puderzucker und backe sie wie Biskuit bei sehr mildem Feuer. Man kann die Marzipanteile mit Zimtpulver, Orangenblütenwasser, geriebener Vanille oder auch geriebener Zitrone aromatisieren. Man kann das Aroma der Orangenblüte verstärken, indem man ein Orangenblütenmus herstellt, das man zu gleicher Zeit wie die Mandelmasse unter den Zucker rührt."

Mme Henriette,
Manuel de pâtisserie, 1908

Varenne fünfzehn Varietäten. Er geht von einer einfachen Mischung auf der Basis von Sirup aus, um anschließend kompliziertere Kombinationen zu nennen, bei denen Eiweiß, Glasuren und Fruchtgelees verwendet werden. Wenn die Rezepte auch nicht durchweg Neuerungen sind, so besticht doch der Beitrag des *Confiturier* in der Art, wie er die verschiedenen Elemente zusammenbringt.

Das 18. Jahrhundert schrieb dem Marzipan ebenfalls einen privilegierten Platz unter den Süßigkeiten zu. In der Jahrhundertmitte lieferte *Les Soupers de la cour* dreizehn verschiedene Rezepte. Desgleichen kommentiert Menon in *La Science du maître d'hôtel, confiseur* (1750) nicht weniger als siebzehn Rezepte. Die alte Mischung aus Mandelpulver und Zucker wird nunmehr mit kandierten Früchten (in Stücken oder als Mus) sowie mit einer Glasur aus Eiweiß und Zucker angereichert. Eine andere Variante war, Pistazien statt der Mandeln zu nehmen.

Mit dem folgenden Jahrhundert begann die Süßigkeit, sich zu demokratisieren.

Die Rezepte standen nun in Kochbüchern, die von der einfachen Hausfrau benutzt wurden. Das Marzipan ist entweder gewöhnlich oder mit Früchten angereichert. Im zweiten Falle wird es mit Fruchtsäften aromatisiert (Kirsche, Himbeere, Erdbeere, rote Johannisbeere usw.), die dem gekochten Zucker nach der Mandelpaste zugefügt werden. Das Pistazien-Marzipan verwendet statt der Mandeln Pistazien in gleicher Menge.

Heute ist der Anteil der süßen Mandeln und des Zuckers meist gleich groß. Doch das ideale Rezept für eine köstlich schmeckende Paste, die nicht Gefahr läuft, schnell auszutrocknen, enthält zwei Drittel Mandeln auf ein Drittel Zucker, ohne daß Eiweiß oder Glucose hinzugefügt werden müßten. In beiden Fällen muß sich die Masse nach Belieben kneten und formen lassen. Denn das Marzipan übernimmt die verschiedensten Formen und kann in Gestalt von Früchten, Gemüse, Lebensmitteln, Muscheln, Tieren, kleinen Figuren, Gegenständen aller Art modelliert werden.

SCHOKOLADENMARZIPAN

„Man brühe zwei Pfund süße Mandeln ab, wasche sie in frischem Wasser, zerstoße sie gut in einem Mörser; man bringe ein Pfund Zucker à la plume zum Kochen, gebe die Mandeln hinein; der Teig wird auf kleiner Flamme getrocknet; man nehme ihn aus dem Tiegel und lasse ihn abkühlen; und wenn er kalt ist, gebe man drei Unzen zerstoßener und gesiebter Schokolade und ein Eiweiß dazu und verknete alles miteinander; man kann aus einem Teil des besagten Teiges eine Pastete formen und sie mit Blechmodeln ausschneiden und auch einen Teil durch die Gebäckspritze geben; die, welche ausgestochen sind, kann man mit einer Königsglasur glasieren (...). Das Zimtmarzipan wird ebenso hergestellt."

François Massialot,
Nouvelle Instruction pour les confitures, les liqueurs et les fruits, 1732

In Italien heißt es Marzapane, in Frankreich Massepain, in England Marzipan, in den Niederlanden Marsepein, in Spanien Mazapan ... Die meisten Länder sind bedeutende Verbraucher. In manchen Gegenden, wie z. B. in Belgien, ist das Marzipan um Weihnachten und Neu-

„Um einen Marzipanteig zu bereiten, den Hermolaus in einer Epistel martios panes nennt, die, wie man in dieser Epistel sehen wird, leicht im Hause gebacken werden können oder an welchem Ort auch immer.
Man nehme geschälte, sehr saubere Mandeln, ein Pfund, zerstoße sie in einem Mörser aus Marmor mit einem halben Pfund Madeira-Zucker. Wenn sie gut miteinander zerstoßen sind, füge man etwas Rosenwasser dazu, denn sie geben Öl ab.
Wenn sie sehr gut zerstoßen sind, mache man daraus kleine, ganz runde Kuchen oder Törtchen und lege Oblaten darauf; man kann auch kleine Quadrate auf den Oblaten formen und sie im Ofen backen.
Wenn sie im Backofen halb gar sind, nehme man Puderzucker, verschlage ihn mit Eiweiß und etwas Orangensaft, und er soll sehr flüssig sein. Wenn der Kuchen fast gar ist, nehme man ihn aus dem Ofen und trage mit einer Feder etwas von diesem flüssigen Zucker darauf; dann schiebe man den Kuchen wieder in den Ofen, damit er Farbe bekommt.
Wenn er gar ist, wird man einen sehr angenehmen und aromatischen Geschmack feststellen.
(...) Hermolaus Barbarus nannte sie pains martiaux (‚Kriegsbrote'), die als Medizin dienen und zu jeder Stunde köstlich zu essen sind.
Manche werden sich ohne Zweifel darüber lustig machen, daß ich eine so geringe Sache beschrieben habe, die jeder Apotheker kennt. Doch ich habe sie für die Allgemeinheit des Volkes schriftlich festhalten wollen, für die Damen, die wißbegierig sind, und für alle Arten von Leuten, die, obwohl sie viel wissen, dies nicht wußten."

Nostradamus, 1555

PS: Diese Zubereitung besteht aus süßen, zerstoßenen Mandeln, denen Zucker und Rosenwasser zugegeben wird, auf Oblaten, die man in verschiedene Formen schnitt (rund, oval oder quadratisch) und die man nach halber Backzeit mit einer Art Baiser überzog, wurde im Mittelalter viel hergestellt und findet sich im Jahre 1600 im Théâtre d'agriculture *von Olivier de Serres wieder.*
Zur Vervollkommnung der Süßigkeit, so präzisiert Olivier de Serres, fügen manche feinstes Auszugsmehl hinzu. Dies wird von den heutigen Konditoren jedoch eher mißbilligt.

jahr herum besonders beliebt. Der Ursprung seines Namens ist immer noch ins Dunkel gehüllt. Oft leitet man ihn vom „marci pani" („Brot des Markus") des mittelalterlichen Venedig ab, wo der Brauch herrschte, am Namenstag des Schutzpatrons, des Heiligen Markus, wohlschmeckende Mandelbrote mit Zucker herzustellen.
War es, um dem Heiligen dafür zu danken, daß er die Bewohner vor der Hungersnot geschützt hatte oder um den Heiligen um Beistand gegen die Pest-Epidemien anzuflehen?
Andere Erklärungen leiten den Begriff „Marzipan" aus dem arabischen Wort

„mautha-ban" („sitzender König") ab, das eine byzantinische Münze mit dem Bildnis Christi auf seinem Thron bezeichnet. „Der Name wurde anschließend auf das Zehntel der Maß- und Gewichtseinheit übertragen, dann auf Schachteln mit diesem Gewicht und auf die darin enthaltene Ware, zum Beispiel auf Dosen mit einer Zubereitung aus Zucker und Mandeln, die im 14. Jahrhundert aus dem Morgenland nach Venedig eingeführt wurden", so erklärt J. Vercoullie.

Eine ähnliche Version wird uns aus dem Kastilien um Toledo geliefert, wo das Marzipan eine sehr geschätzte Süßigkeit ist: Die Araber drückten dort Geldstücke mit einem sitzenden König als Muster in Mandelpaste. Übrigens zeichnet in Sonseca in der Nähe von Toledo ein Mazapan-Museum die Geschichte und die Herstellung dieses Produktes nach, das bis zu ihrer Vertreibung 1490 die jüdische Gemeinde der Gegend für ihre religiösen Feste herstellte.

Dagegen siedelt sich der Ursprung des deutschen Marzipans weit von diesen Hypothesen entfernt an. Die Süßigkeit soll hier im 17. Jahrhundert (genauer: 1671) aufgetaucht sein, als ein gewisser Doktor Bunteköe aus Brandenburg seinem Koch Franz Marzip befahl, ihm ein Dessert auf Mandelgrundlage zu bereiten, das ihm nach dem Essen zu einem Glas Weißwein gereicht wurde.

Die Süßigkeit wurde so populär, daß Marzip zum Koch

des Kurfürsten Friedrich-Wilhelm ernannt wurde. Nach dessen Tod zog Marzip wieder in seine Geburtsstadt Lübeck zurück, wo er eine Marzipanfabrik gründete. Seitdem ist das Marzipan die bedeutende Spezialität der Stadt Lübeck.
In den deutschen Traditionen spielt es eine wichtige Rolle. Doch ob es nicht eher aus Venedig gekommen in Deutschland

BALZAC ALS SÜSSWARENHERSTELLER

In seinen *Indiscrétions de l'histoire* (Indiskretionen der Geschichte) erzählt der Doktor Cabanès, daß Balzac Anfang März 1844 zum Konditor erklärt wurde. Ein Rundschreiben war in der Hauptstadt verteilt worden:

„Geehrte Herren,
Ich habe soeben in der Rue Vivienne 38 b ein Geschäft für den Vertrieb dieses Produktes eröffnet, dessen Berühmtheit im Berry bald ein Jahrhundert lang Bestand hat und von dem der bemerkenswerte Romanschreiber unserer Zeit, M. de Balzac, in einem seiner Werke so sprach:
Diese würdige Frau hatte das Rezept dieser berühmten „Religieuses“ erhalten, denen man das Marzipan von Issoudoun verdankt, eine der größten Schöpfungen der französischen Süßwarenfabrikation, und das kein Küchenchef, Koch, Konditor, Confiturier hat nachmachen können. M. de Rivière, der Botschafter in Konstantinopel, bestellte es jedes Jahr in großen Mengen für den Serail des Sultans Mahmoud.“

Balzac empfahl die Confiserie in der Rue Vivienne, die einen Monat lang nicht mehr leer wurde ...

über die Häfen von Lübeck und Königsberg Einzug hielt? Wir wissen es nicht. Der Brauch, den Kindern am Nikolaustag Marzipan in Form von Gemüsen, Würsten, kleine Glücksschweinchen, Herzen, Früchten, Blumen usw. zu schenken, bürgerte sich ein.
Nach der deutschen Tradition hat sich der Brauch auch in Österreich und der deutschen Schweiz ausgebreitet. Das Marzipan ist allgegenwärtig – natur, geformt und aromatisiert, mit verschiedenen Biskuitteigen verbunden, als „Königsberger Herz“, Frankfurter Bethmännchen, Frankfurter Marzipanpyramiden oder Züricher Leckerli.
Geformtes Marzipan geht auf das 19. Jahrhundert zurück. Die Deutschen waren die Vorläufer und zeichneten sich sehr früh darin aus.
Die Belgier entdeckten diese Kunst auf der Weltausstellung in Antwerpen 1886, wo die deutschen Konditoren Blumen, Früchte und sogar Bilder ausstellten, die ganz aus Mandelpaste bestanden.

Ganz fein: der „Calisson“

Er gehört noch zur Welt des Marzipans, doch ist er einzigartig und unvergleichlich. Der Calisson ist die berühmte Spezialität aus Aix-en-Provence. Eine köstliche Rhombe aus Mandelpaste und kandierten Früchten, ein Geschmack voller Spitzfindigkeit und Finesse, ein Aroma, das an einheimische provenzalische Produkte erinnert ... und an eine lange Geschichte.
Tatsächlich muß man bis ins Mittelalter zurückgehen – nach Italien. Einem auf 1170 datierten Text zufolge taten sich die Einwohner von Padua an einem Kuchen gütlich, der aus Mehl und Mandeln gemacht wurde und der im mittelalterlichen Latein „Calisone“ genannt wurde. Ist dies dieselbe Süßigkeit, die ein Jahrhundert später Martino di Canale in seiner *Chronique des Vénitiens* erwähnte, als er bei der Beschreibung der Marienfeste im Januar von „Burschen, die Platten aus Silber voller Calisons trugen“ spricht und ausführt, daß diese „Calisons den Damen und Fräuleins gaben“? Seitdem hatten diese Calisoni eine religiöse Bedeutung, und die italienischen Mönche übernahmen ihre Herstellung. So tauchten sie in den Verteilungen von Süßigkeiten an die Frommen anläßlich der Feierlichkeiten in der Markuskirche auf.
Die Anfänge des Calisson in Frankreich sind noch ungewisser. In der heute bekannten Form soll er erstmals anläßlich der Vermählung von René d'Anjou, dem Grafen der Provence und König von Neapel, mit Jeanne de Laval 1473 aufgetaucht sein. Wie dem auch sei, am Ende des 16. Jahrhunderts war er bereits wohlbekannt.
Ansonsten taucht der Calisson 1628 in einer Schrift des Poeten Claude Brueys aus Aix auf, die den Titel *Jardin des muses provençales* trägt und in der das Schloß von Cocagne folgendermaßen beschrieben wird: „Man kam überein, daß die Wohnung aus Keksen gebaut und überall gut bedeckt werden sollte: die großen und kleinen Dächer aus Kuchen und aus Calissons und allen möglichen anderen Konfitüren.“
Wie in Italien wurde der Calisson in ein religiöses Ritual integriert. Dreimal im Jahr – zu Weihnachten, zu Ostern und am 1. September – wurde in der Kirche Notre-Dame-de-la-Seds in Aix-en-Provence zur Erinnerung an die Pest von 1630 ein Gedenkgottesdienst abgehalten. Bei dieser Gelegenheit wurden geweihte Calissons an die Gläubigen verteilt; man nahm an, daß sie die Eigenschaft hatten, vor dem „erlittenen Übel“ und aller „bösen Ansteckung“ zu schützen.
Dem Kapuzinerbruder Bonaventura zufolge, dem wir die Überlieferung dieses Brauchs verdanken, wurden die Süßigkeiten in Kirchengefäßen dargereicht, die die Form von Schiffen hatten und „Calisses“ genannt wurden. Daher stammt der Name für diese Süßigkeit. Andere behaupten, der französische Begriff stamme vom alten venizianischen Wort „calisoni“ ab. Andere wiederum meinen, daß seine Herkunft religiöser Natur sei und der Interpretation des Bruders Bonaventura nahekomme: Die Antwort der Gläubigen an den Priester im Augenblick der Weihe lautete „venite ad calicem“, wobei dieses letzte Wort auf provenzalisch „calissum“ ausgesprochen wurde. Eine weitere Hypothese besagt, daß das Wort „Calisson“ eine Verbindung zu dem griechischen „kalipto“ habe, das „ich bedecke“ bedeutet, woraus sich „ich wickele ein“ ergibt. Die Süßigkeit ist ja tatsächlich auch mit einer Oblate umhüllt.

Schließlich lautet die verbreitetste Version von Frédéric Mistral: Das Wort „Calisson" soll durch die Veränderung des provenzalischen „Canissoun" entstanden sein, das den „Canitz", das Schilfgeflecht bezeichnete, auf dem die Konditoren üblicherweise ihre Waren beförderten.

Zahlreiche Herkunftserklärungen also für eine Süßigkeit, deren ursprüngliche Zusammensetzung, wie es scheint, denkbar einfach war. Das Rezept, das Martino da Como um 1450 in seiner Abhandlung *De Arte coquinaria* angab, läßt vermuten, daß der „Calisson" in Wahrheit nur in dünnen Teig gewickeltes Marzipan war. Eine identische Zusammensetzung findet sich im 17. Jahrhundert aus der Feder des Bruders Bonaventura wieder, der eine „Art sehr zarten Biskuits mit Mandelpaste" beschreibt. Jedenfalls erwähnt *Le Théâtre d'agriculture* von Olivier de Serres (1600) eine der heutigen nahekommende Zusammensetzung.

Diese weist eine ausgeklügeltere Struktur auf. Eine feine Mischung aus süßen und Bittermandeln bildet den Ausgangspunkt – man wählt bevorzugt Mandeln aus der Provence, die am meisten Aroma haben. Dazu kommen Mark und Aroma von kandierten Früchte, in diesem Fall von Melonen und Apfelsinen. Diese köstliche Verbindung von Mandeln und Früchten ergibt einen feinen Teig, den man auf eine Oblate häuft und in eine königliche Glasur hüllt, die aus Zucker, Eiweiß und Vanille besteht und mit Karamel leicht getönt wird. Anschließend fährt man mit der traditionellen Zerteilung in Schiffchen fort. Doch Achtung, der Geschmack und die Qualität des Calisson hängen zum großen Teil von seiner Frische ab! Er verträgt es nicht, zu lange gelagert zu werden.

CALISSONS AUS AIX

„Für drei Dutzend:
- für den Calisson-Teig: 250 g Mandeln, 250 g Zucker, 5 cl Aprikosen-Sirup von 32 °C oder durch ein feines Sieb passiertes Aprikosenmus;
- für die Königsglasur: 100 g Puderzucker, 1 Eiweiß, 1 Kaffeelöffel Mehl, 2 Blatt Backoblaten.

Man gebe die Mandeln in kochendes Wasser, ziehe den Topf auf die Seite und kühle sie 2 Minuten später ab, um sie anschließend abtropfen zu lassen und die Haut abzuziehen. Dieser Vorgang ist recht leicht durchzuführen, wenn man die Mandeln eine nach der anderen zwischen Daumen und Zeigefinger drückt. Wenn sie alle abgezogen sind, lasse man sie bei geringer Hitze im Trockenofen oder anderswo trocknen, bis zu dem Punkt, wo sie zerbrechlich werden, doch dazu soll man sie nicht in den Backofen geben, es sei denn, dieser sei völlig heruntergebrannt, denn sie sollen ihre ganze Weiße behalten. Dieser Vorgang kann schon lange im voraus vorgenommen werden, und es ist sogar gut, stets einen gewissen Vorrat an diesen Mandeln bereit zu haben; in einer verschlossenen Büchse halten sie sich sehr gut.

Man gebe die getrockneten Mandeln in den Mörser, zerstoße sie mit der Hälfte des Zuckers. Durch ein feines Sieb geben. Man schütte das, was nicht durch das Sieb gegangen ist, mit einem Teil des übrigen Zuckers zurück in den Mörser; erneut zerstoßen und sieben. Endlich zerstoße man den im Sieb befindlichen Rest mit dem übrigen Zucker, bis alles durch das Sieb geht. Das ist das wirkungsvollste Mittel, um die Mandeln fein zu zerstoßen, ohne daß sie zu Öl werden.

Nun wird das Ganze wieder in den Mörser gegeben. Man fügt den Aprikosensirup oder das durch ein feines Sieb passierte Mus derselben Frucht hinzu. Dieser Sirup oder dieses Mus kann sehr gut durch die gleiche Menge Honig ersetzt werden. Die beiden Vorgehensweisen sind gleichermaßen üblich. Man zerstoße und vermenge alles gut miteinander; so erhält man einen weichen Teig, den man in einen Stieltopf gibt und mit einem Holzlöffel ununterbrochen zehn Minuten lang auf kleiner Flamme umrührt, um ihn auszutrocknen. Wenn dieser Teig so schön sämig und fest ist, nimmt man ihn vom Feuer, um ihn unter Rühren mit dem Löffel zur Hälfte abkühlen zu lassen.

Man breite ihn auf Oblatenbögen, die auf dem Marmor oder dem Tisch bereitliegen. Er soll eine Dicke von 1 cm bekommen; man glätte die Oberfläche gut mit der feuchten Klinge eines Messers und lasse alles vollständig abkühlen.

Indessen bereite man die Königsglasur.

Unter 100 g Puderzucker, die man in eine Schüssel gegeben hat, rühre man ein Eiweiß. 2 Minuten mit einem Löffel bearbeiten, um diese Mischung schön glatt zu bekommen, und am Ende einen knappen Kaffeelöffel Mehl dazugeben.

Diese Glasur muß recht dünn sein, damit man sie gut verstreichen kann, jedoch wiederum nicht so, daß sie über die Ränder der Calissons läuft, was dem kleinen Kuchen ein sehr unschönes Aussehen verleihen würde.

Wenn der Teig gut abgekühlt ist, schneide man ihn mit einer kleinen Ausstechform oder einem ovalen Teigschneider in soviele kleine Kuchen wie möglich, wobei man darauf achten sollte, daß das Förmchen jedesmal in kaltes Wasser getaucht wird. Dann sammle man die Teigreste, breite sie erneut auf einem anderen Stück Oblate aus und steche daraus noch einmal soviele Kuchen wie möglich aus.

Mit der Spitze eines kleinen Messers überziehe man die Oberfläche aller Happen mit einer dünnen Schicht Königsglasur; anschließend ordne man sie nebeneinander auf ein sauberes, leicht gebuttertes Blech.

Man backe die Teile 12 bis 15 Minuten lang im Ofen bei sehr schwacher Hitze."

Le Pot-au-feu, 18. August 1906

Süßigkeiten aus ganz Europa

DEUTSCHLAND: Kaugummi, bayerisches Blockmalz, Salmiakpastillen, Dragees, Fondanterzeugnisse, Gelee-Konfekt, Gummibonbons, Hartkaramellen, gefüllte Hartkaramellen, Hartlakritz, Honigbonbons, Ingwerprodukte (in Deutschand sind Süßwaren mit Ingwer sehr beliebt: Marzipan, Gelee, Ingwerbissen, kandierter Ingwer usw.), Kaubonbons, Kräuterbonbons, Krokant, Lakritze, Lutscher, Marshmallows, Marzipan (besonders in Lübeck), Milch-Karamellen, brauner Nougat, Pastillen, Pfefferminz, Toffees, Weichkaramellen, Weichlakritz u. a.

FRANKREICH: Cailloux du Rhin (Straßburg), Marzipan, gefüllte Backpflaumen (Pruneaux d'Agen), Touron (Baskenland), Pastillen (Vichy), Gerstenzucker, Anisbonbons (Burgund), Négus, Apfelbonbons, Algenbonbons, Karamel mit gesalzener Butter, Honigbonbons, Cotignacs, Forestines, weißer Nougat, Zitronatbonbons, Zitronatnougat (Korsika), Akazienlikör-Bonbons, Klatschmohn-, Rosenbonbons (Ile-de-France), Maronenbonbons, kandierte Früchte, glasierte Maronen, Lakritze, Touron mit kandierten Früchten, katalanischer Touron, Bonbons mit Haselnuß-Füllung, Kirschenzucker, Dragees, kandierte Mirabellen, Krokant, Berlingots, Cachou, Marquises toulousaines, gebrannte Mandeln, kristallisierte Veilchenblüten, Pfefferminzbonbons (Bêtises de Cambrai), Clochettes du carillon, Mandelpaste, Fruchtpaste, Apfelzucker, saure Drops, Kaffeebonbons, Marzipankartoffeln, kandierte Engelwurz, Engelwurzbonbons, Calissons, u. a.

GUT ZU WISSEN ...

- Deutschland ist das wichtigste Ausfuhrland für Konditoreiartikel der Welt. Es ist auch der größte Importeur für Konditoreiartikel der Welt. In Köln findet jährlich weltweit die wichtigste Industriemesse statt, die ISM (Internationale Süßwaren-Messe).
- In Frankreich bilden Bonbons (gefüllt und ungefüllt) aus gekochtem Zucker die wichtigste Produktion der Zuckerwarenherstellung und stehen knapp vor den Geleeartikeln. Darauf folgen Kaubonbons und Karamelbonbons.
- Die Vereinigten Staaten sind weltweit der größte Hersteller von Süßwaren. Dann folgen Deutschland, Großbritannien, Frankreich, Italien, die Niederlande und Belgien.
- In bezug auf den durchschnittlichen Jahres-pro Kopf-Verbrauch steht den Niederlanden der erste Platz zu, vor Deutschland, Großbritannien, Dänemark, Schweden, Belgien, den Vereinigten Staaten, Finnland, Irland und Frankreich.

BELGIEN: Babeluttes (Karamel; an der Nordseeküste), Marzipan, Fruchtgelees u. a.

SPANIEN: Caramelos (Karamelbonbons), Chupones (Lutscher), Frutas (kandierte Früchte), Grageados (Drageebonbons), Mazapán (Marzipan), Schaumzuckerwa-

ren, Peladillas (Mandeldragees), Piñones Dragee-Pinienkerne), Turrón (weißer Nougat; besonders in Alicante und Jijona) u. a.

GROSSBRITANNIEN: Anti cough drops (Brustbonbons), Boiled sweets (Bonbons aus gekochtem Zucker), Bubble gum (Kaugummi), Butterscotch (in Schottland), Chewing gum, Krokant, Dragees, Drops, Edinburgh Rocks (in Schottland), Fudges, Gums (Gummibonbons), Jelly confectionery (Geleekonfekt), Licorice (Lakritze), Lollipops (Lutscher), Lozenges (Pastillen), Marshmallow, Marzipan, Mint humbugs (Pfefferminzbonbons), Nougat candy (Nougat), Orchard fruits (Fruchtbonbons), Pebble-shaped dragees oder Candy-pebbles (Kieselsteine), Rocks, Toffees.

GRIECHENLAND: Halva, Loukoum.

IRLAND: Chewing gum, Gums (Gummibonbons), Jellies (Geleebonbons), Pastillen, Toffees.

ITALIEN: Caramèlle, Caramèlle al cafe, Caramèlle con estratto di malto d'orzo (Malzbonbons), Caramèlle fondante, Caremèlle riepiene (gefüllte Bonbons), Caramèlle senza zucchero saccarosio (Bonbons ohne Zucker), Caramèlli (Karamelbonbons), Confetti (Dragees), Gelatine (Geleebonbons), Liquirizia (Lakritze, besonders in Kalabrien), Marroni (glasierte Maronen), Marzapane (Marzipan, besonders in Siena), Menta (Minze), Succhiotti (Lutscher), Torrone (weißer Nougat, die große Spezialität von Cremona und Siena), Torroncini (weißer Nougat).

LUXEMBURG: Cailloux de la Sûre (Sûre-Kiesel), Marzipan.

NIEDERLANDE: Babelaars (Bonbons), Dragees, Drop (Lakritze; die gesalzene Lakritze), Gums (Gummibonbons), Engelse pepermunt (englische Pfefferminzpastillen), Hopje (Hartkaramellen), Kauwgom (Kaugummi), Lollies (Lutscher), Marsepein (Marzipan), Nougat, Pepermunt (Minze), Roomboters (Karamelbonbons, besonders in Zeeland), Salmiakpastilles, Schuimgommen (Geleeartikel), Spekken (Schaumzuckerwaren), Süssigkeiten (Bonbons aus gekochtem Zucker), Toffees, Vruchtenpastilles (Fruchtpastillen), Weingummi, Wilhelmina (Minzpastillen, in Dokkum).

PORTUGAL: Caramelos de fruta (Fruchtbonbons aus gekochtem Zucker), Chupas (Lutscher), Süßigkeiten aus Feigen (in der Algarve), Dragees, kandierte Früchte, Marzipan (in der Algarve), Mentol (Minze), Nougat, Pão de rala (Süßigkeit aus Mandelpaste, mit kandierter weißer Melone gefüllt), Toffees natas (Karamellen, in Tavira und an der Algarve).

SCHWEIZ: Kräuterbonbons, Milchkaramellen, Marzipan, Rahmtäfeli.

LES BONBONS

On se plaint de l'immoralité des romans ; que dira-t-on des bonbons ? Ouvrez-en dix au hasard, sur les dix devises, neuf parleront des *Nuits d'amour* dans la lagune.

— Comment, mon ami, tu n'as pas songé à m'offrir quelque chose au jour de l'an ?

— Si fait, j'ai bien songé à t'offrir un sac de marrons glacés, mais on me les a fait partout cinq francs la livre.

Au jour de l'an, mon vieil Ernest m'apporte une demi-douzaine de petits rouleaux enveloppés dans du papier d'argent : « Du chocolat, » me dit-il. Je déroule : six rouleaux de mille ! C'est ça aimer !

— N'ai-je oublié personne ?... Ah ! diable, et cette dame chez laquelle j'ai failli une fois aller entendre de la bonne musique.

— Comment n'êtes-vous pas plus inquiet de la santé de votre femme ? A votre place, je ferais bien vite appeler le médecin.

— Bah ! nous avons tout simplement trop mangé de bonbons.

« Et si d'aventure on s'enquête,
» Qui m'a valu cette conquête :
» C'est l'allure de mon cheval,
» Un compliment sur sa mantille
» Et des bonbons à la vanille,
» Par un beau soir de carnaval. »

(A. de Musset.)

— Maman, laisse-moi en manger un peu de ma Geneviève en sucre ?

— Mais ça l'abîmera.

— Oh ! non, rien que le nez.

— Et maintenant je vais donner des bonbons à mon petit Georges.

— Enfin !

DIE KULTUR DER BONBONS

Untrennbar mit der Geschichte des Zuckers verbunden ist die der Süßwarenherstellung. Bis zum Ende des 19. Jahrhunderts wurden beiden therapeutische Eigenschaften zugesprochen. Wenn der Zucker dann auch als ein überaus notwendiges Nahrungsmittel betrachtet wurde, so mußte die Süßwarenherstellung während der Kriege in den Hintergrund treten. In der zweiten Hälfte des 20. Jahrhunderts litt der Ruf der Süßigkeiten dann als Dickmacher und Kariesauslöser im Zuge der Gesundheitswelle.

Doch die Kultur der Bonbons, ist zugleich auch eine ganze literarische Kultur. Erste Ratgeber und Rezepte wurden von Ärzten und Apothekern in aktuellen Abhandlungen veröffentlicht, die sich bemühten, die Mechanismen des Geschmacks und des Naschverhaltens zu analysieren.

Von dem berühmten Werk von Lancelot de Casteau, *Ouverture de cuisine* (1604), in dem der Koch des Fürstbischofs von Lüttich als erster in französischer Sprache Originalrezepte veröffentlicht, bis zu den zeitgenössischen Sammlungen bringen die berümtesten Konditoren ihre Kunst zum Ausdruck.

Wichtig sind letztlich auch die Orte, wo alles, was die Süßwarenherstellung an wertvollen Gegenständen und anziehenden „Bildern" hervorbringen konnte, aufbewahrt und präsentiert wird, die das Gedächtnis dessen bewahren, was einmal die handwerkliche Herstellung der Bonbons von früher war.

Manche Süßigkeiten genießen so den Vorteil von Firmenmuseen – wie der holländische Hopje und der spanische Turrón. Doch es fehlt das große Süßigkeiten-Museum, das zusammenfassen könnte, was die Neugierde hier und da im Laufe der Spaziergänge durch die europäischen Museen aufgeschnappt hat. Denn die Bonbons haben eine Geschichte, die es verdienen würde, ausführlich und kontinuierlich erzählt zu werden ...

Links: Stich aus dem 19. Jahrhundert, erschienen in *Le Monde illustré* vom 31. März 1860.

Oben: Dragoir in Form einer geschwungenen Truhe aus dem 18. Jahrhundert, auf Goldunterlage, Paris, Musée Cognacq-Jay. Holz-Bonbonniere aus den 50er Jahren und Bonbonniere aus Silber vom Beginn des 20. Jahrhunderts.

Die wichtigste Zutat: der Zucker

Ohne Zucker (oder Saccharose) gibt es keine Konfitüre, und ohne wohlausgeführtes Kochen kein zufriedenstellendes Produkt.
Am Anfang der Raffinierung wird der Zucker in warmem Wasser gelöst, so daß sich ein Zuckersirup ergibt, dessen Konzentration je nach Bestimmung schwankt.

Der Anteil beträgt im allgemeinen 200 bis 250 ml Wasser auf 1 kg Raffinadezucker, dem manchmal etwas Glucose beigegeben wird, um das Kristallisieren des Zuckers während des Kochvorgangs zu verhindern. Das Kochen des Sirups auf dem Feuer ist anschließend äußerst heikel.
Die Kontrolle des „Fortschreitens" des Sirups erfolgt mit einem Dichtemeßgerät nach Baumé oder auch mit einem Zuckerthermometer, das die Temperatur des Zuckers in Celsius- und Réaumur-Graden anzeigt.

DIE VERSCHIEDENEN STADIEN BEIM ZUCKERKOCHEN

Stadium-	Celsius-einteilung °C	Dichte	Baumé	Bemerkungen
Läuter-zucker	100 °	1,240	28	Der durchscheinende Sirup beginnt zu kochen. Beim Eintauchen eines Schaumlöffels bildet sich an der Oberfläche eine Schicht.
Schwacher Faden	103-105 °	1,296	33	Wenn man die Finger in kaltes Wasser taucht und dann in den Sirup, so bildet dieser zwischen den Fingern einen sehr feinen und sehr zerbrechlichen Zuckerfaden von 2 mm.
Starker Faden	ab 107 °	1,319	35	Nach dem Eintauchen eines Schaumlöffels in den Topf entstehen große, feste Blasen, die wie Perlen aussehen. Der Faden, der sich zwischen den gespreizten Fingern bildet, zieht sich. Verwendung: Glasur von Maronen und Umhüllung von Kirschen.
Schwacher Flug	112,5 °		39	Man taucht eine kleine Drahtschlinge oder eine Gabel in die Lösung und pustet dagegen. Es werden Zuckerbläschen gebildet, die vom Gerät wegfliegen. Zunächst fliegen nur vereinzelte Bläschen weg.
Starker Kettenflug	120 °	1,344	43	Nach weiterem Kochen bilden oder sich bei demselben Test kettenförmige aneinanderhaftende Bläschen. Verwendung: Fondants, Fruchtglasuren.
Weicher Ballen	125 °	1,357	45-47	Nach weiterem Kochen entnimmt man der Lösung eine Zuckerprobe, taucht sie in kaltes Wasser und versucht, den Zucker in der Hand zu einem Ballen zu formen. Es bildet sich ein weicher Ballen. Verwendung: weicher Karamel, weißer Nougat, Zuckerdekorationen.
Starker Ballen	130 °		48	Es bildet sich ein fester Ballen.
Schwacher Bruch	135 °			Ein Tropfen Sirup, der in kaltes Wasser gegeben wird, erhärtet sofort, klebt jedoch etwas an den Zähnen. Von diesem Stadium an benutzt man nicht mehr die Sirupwaage.
Starker Bruch	145 °			In kaltes Wasser gegeben, werden die Siruptropfen hart, zerbrechlich wie Glas, kleben an den Zähnen; sie sind noch farblos. Bevor man eine Glasur beginnt, wartet man ab, bis der Zucker an den Rändern des Topfes eine leichte strohgelbe Färbung annimmt. Verwendung: Bonbons aus gekochtem Zucker (ungefüllte und gefüllte), Berlingots, Pastillen, Gerstenzucker, Lutscher, Hartkaramellen, Zuckerwatte, Zuckerblüten.
Heller Karamel	150 °			Der Sirup enthält so gut wie kein Wasser mehr. Er beginnt gelb zu werden. Verwendung: Bonbons, Krokant, Glasur gefüllter Früchte.
Dunkler Karamel	170 °			Der Zucker ist hellbraun. Beim Bräunen verliert der Sirup seine Süßkraft. Verwendung: Karamelaroma oder Farbstoff.

PS. Bei 180°C beginnt der Karamel zu verkohlen: Der Zucker wird schwarz, entwickelt einen beißenden Rauch und verbrennt. Ab 180° entsteht, mit Kaffee abgeschreckt, der Farbstoff Zuckercouleur.

Was bedeutet ...

• **Säuren:** Zitronen-, Weinstein- und Milchsäure dienen der Unterstützung der Fruchtaromen. Die Zitronensäure, ein Extrakt aus dem Saft saurer Früchte wie der Zitrone, der roten Johannisbeere oder der Ananas, wird für die Herstellung bestimmter Bonbons aus gekochtem Zucker und für Fruchtpastillen verwendet.

• **Stärke:** Ergebnis der Fermentierung von Getreidemehlen.
1821 entdeckte ein gewisser Gilé die erstaunliche Eigenschaft des Zuckersirups: nämlich, daß er die Stärke nicht feucht machte, und begann, dies für die Gestaltung von Bonbons in Form von Tieren, Blumen, Früchten usw. zu nutzen.
Ein rechteckiger, flacher Holzkasten wird mit sehr trockener Weizenstärke gefüllt. Die Oberfläche des Pulvers muß ausgesprochen glatt sein, denn darin werden mit Hilfe von Gips- oder Zinnformen, die auf einem Holzlineal befestigt sind, Hohlformen gedrückt.
Die Zubereitung, die flüssig oder teigig ist, wird in die Vertiefungen gegossen, worauf eine feine Schicht Stärke darüber gestreut wird, dann kommt der Kasten in den Trockenofen, der vor Erschütterungen geschützt sein muß. Eine Kalt-Kandierung (siehe S. 168) folgt dann häufig, um den Bonbons ein schönes und glänzendes Aussehen zu verleihen.
Wenn der Vorgang schon bei der Formung von z. B. Fondants oder Gummibonbons heikel ist, so ist er es erst recht bei der Herstellung der Bonbons mit flüssigem Inneren. Ein Zuckersirup, der genau richtig übersättigt und aromatisiert ist, wird in die Vertiefungen gegossen, worauf man ihn mit Stärke bedeckt. Der Aufenthalt im leicht geheizten Trockenofen bewirkt ein langsames Trocknen und dadurch eine gleichmäßige Kristallisation. Der Sirup gibt den Überschuß an Kristallzucker ab und bildet eine gesättigte Lösung oder einen Likör. Die Kristalle bilden eine dicke Wand, in deren Innerem die Flüssigkeit zurückgehalten wird.

• **Aromen:** Sie verleihen den Bonbons ihren besonderen Geschmack. Das Aroma

kann entweder aus Obst (Erdbeere, Zitrone usw.) oder aus aromatischen Pflanzen (Minze, Anis usw.) hergestellt sein bzw. als Extrakt, Alkoholauszug oder ein ätherisches Öl.

• **Kandis:** Dieser Zuckersirup, dessen Konzentration etwa 34 oder 35 Baumé-Grade beträgt, ist für die Umhüllung bestimmter Bonbons vorgesehen, einerseits zur Verbesserung ihres Aussehens, indem er ihnen Glanz verleiht, andererseits, um ihnen eine bessere Haltbarkeit zu verleihen. Die Kandierung besteht darin, die Bonbons in einem Kandierkasten, einem rechteckigen Becken aus Metall oder Plastik mit geringer Tiefe, unterzubringen und sie mit der kalten Zuckerlösung zu bedecken. Gelees, Pastillen, Früchte, Blumen usw. können auf diese Weise kandiert werden.

• **Farbstoffe:** Sie tragen dazu bei, die Bonbons anziehend zu machen. Sie sind entweder natürlich (Pflanzen- oder Fruchtauszüge) oder synthetisch.

• **Fondant:** Es handelt sich hier um einen dicken Zuckersirup, dem Glucosesirup und manchmal Invertzucker beigefügt wird. Er wird bis zum Flug gekocht (zwischen 110 °C und 120 °C), dann abgekühlt und bis zum Weißwerden geknetet (d. h. bis zur Kristallisierung der Mischung).
Als fertige Zutat kann diese Masse in Deutschland nur beim Bäcker oder über den Fachhandel bezogen werden, in Frankreich bekommt man sie in Metalldosen oder Plastikverpackung im Handel. Der Konditor muß sie nur noch im Wasserbad schmelzen lassen und sie bei einer Temperatur von 30 °C bis 35 °C verarbeiten.

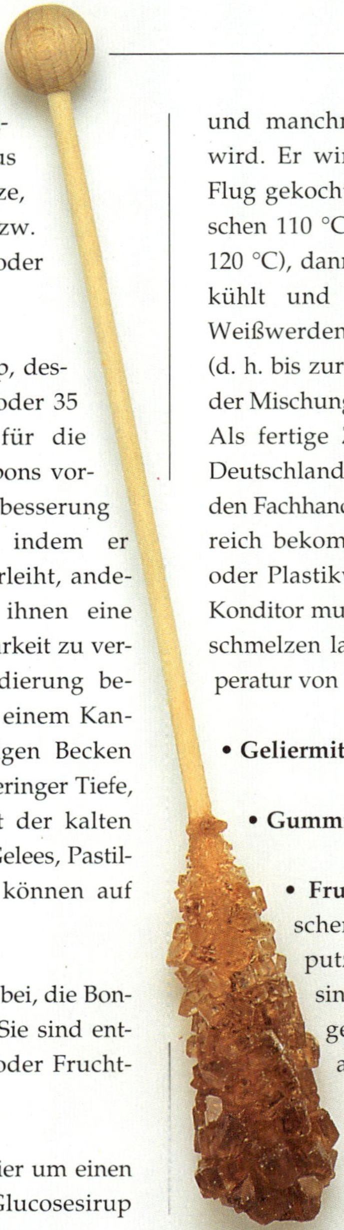

• **Geliermittel:** siehe S. 113

• **Gummiarabikum:** siehe S. 80

• **Fruchtfleisch:** eßbarer Teil frischer Früchte, die gereinigt, geputzt, entstielt, entkernt usw. sind. Sie werden durch ein Sieb gestrichen und zu Mus verarbeitet werden und anschließend ohne Zusätze aufbewahrt werden.

• **Glucosesirup:** Er ist transparent und zähflüssig; man erhält ihn durch Hydrolyse von Stärken und Stärkemehlen (besonders Mais- und Kartoffelstärke). Er verhindert die Kristallisierung des Zuckers und beeinflußt die Formbarkeit der Konfektmassen. Zum großen Teil ist es ihm zu verdanken, daß die verschiedenen Bonbonsorten entwickelt und daß ihre Haltbarkeit verlängert werden konnte.

• **Invertzucker:** Er weist etwa die gleiche Zusammensetzung an Zuckern und die gleiche Konzentration wie der Honig auf. Sein Geschmack ist süßer als der der Saccharose, von dem er, durch Hydrolyse, herstammt. Seinem Gehalt an Fruchtzucker ist es zu verdanken, daß er die Kristallisierung der Saccharose verhindert und das Wasser speichert (was es ermöglicht, die Zähflüssigkeit der Masse zu vermindern). Man verwendet ihn also besonders bei der Herstellung von Fo[illegible] und Mandelpasten.

Der zarte Schmelz des Fondants

Früher kam es häufig vor, daß zu Hause Bonbons hergestellt wurden, die man als „Fondant“ bezeichnete. Das Rezept war ganz einfach: Man vermischte Zucker und Walnüsse (oder Haselnüsse, auch Mandeln), bis man einen gleichmäßigen, glatten Teig erhielt, den man zu kleinen Kugeln formte. Diese Bonbons hielten sich etwa vier bis fünf Tage in einer Blechdose. Ihre Bezeichnung kam daher, daß sie im Munde schmolzen (französisch: fondre) und ein süßes Gefühl auf dem Gaumen hinterließen. Doch das echte Fondant ist etwas anderes.

Es wurde in den 20er Jahren des 19. Jahrhunderts von Gilé erfunden, der Werkmeister in der Firma Lemoine in der Rue des Lombards in Paris war, und bestand aus einer kleinen Menge Zucker, die bis zum starken Faden gekocht und dann in Stärke gegossen wurde (siehe S. 167). Alle Formen sind möglich, und im 19. Jahrhundert schuf man „Arabesken, Damenhüte, Pierrots, Schuhe, Stiefel, Holzschuhe, Körbe, Blumentöpfe, Vasen, Kissen, Hocker, Flakons, Flaschen, säuerliche Kugeln, gefleckte Pastillen“ (Barbier-Duval, *Art du confiseur moderne*, 1879). Ähnlich dem Marzipan ist auch das Fondant unendlich formbar …

Dadurch, daß der Teig so geschmeidig ist und nach der Formung per Hand durch Bemalen oder „Schminken“ verziert werden kann, haben sich die großen Feste des Jahres der Fondants bemächtigt. Pastellfarben passen am besten zu den Fondants, und wenn sie in ihrer „Naturform“ bleiben, macht ein Hauch Blau das Weiß noch leuchtender. Die gefleckten Fondants sind eine harmonische Mischung zweier verschiedenfarbiger Teige.

ZWISCHEN KARAMEL UND FONDANT

Sehr beliebt in den angelsächsischen Ländern, vereint der Fudge in seiner Zusammensetzung Fondant und Karamel. Vom ersten hat er die feine Struktur und vom zweiten den Milchgeschmack. Auf halbem Wege zwischen den beiden Bonbons siedelt sich seine eigene „Persönlichkeit“ an.

Diese Süßigkeit kommt aus den Vereinigten Staaten, wo sie von Studentinnen einer Universität erfunden worden sein soll … Großbritannien hat daraus eine seiner Spezialitäten gemacht. Manchmal nimmt sie den Namen Italian cream an (wenn sie kandiert ist). Nach dem Vorbild des Fondants gibt es den Fudge in verschiedensten Geschmacksrichtungen. Dennoch ähnelt seine Erscheinung wegen des Schnittes in Quadrate oder Barren der des Karamels.

Die Herstellung von Fondants

Der Honig: gestern und heute

Der Honig ging dem Zucker voran, und durch ihn gewann der Mensch Geschmack an Süßigkeiten. Der Honig wurde nach und nach aus der „Süßwarenherstellung“ herausgehalten, verlor aber nicht seinen Charakter als Lebensmittel, das mit bestimmten kulinarischen Zubereitungen und einigen Süßigkeiten, wie dem Nougat, verbunden blieb. Nachdem er ein paar Jahrhunderte lang in den Hintergrund gedrängt war, weiß man heute seine natürlichen therapeutischen Kräfte – zum Beispiel als Brustmittel – wieder zu schätzen.

Bonbons, Pastillen, Karamellen, Gummibonbons, weißer Nougat, orientalische Süßigkeiten etc.; der Gehalt des Honigs an Invertzucker gestattet nicht alle Verwendungsmöglichkeiten in der Süßwarenherstellung. Tatsächlich würde eine zu große Menge Honig in einem Bonbon seine Struktur verändern und seine Konservierung hemmen. Der Honig wird folglich hauptsächlich als aromatisierendes Element verwendet, oft in Verbindung mit anderen ebenfalls für ihre süßenden Eigenschaften beliebten Zutaten wie dem Süßholz oder dem Eukalyptus.

Nach der französischen Verordnung vom 22. Juli 1976 ist der Honig „das Lebensmittel, das durch Honigbienen aus Blütennektar oder Sekretionen von lebenden oder sich darauf befindlichen Pflanzenteilen produziert wird, den sie sammeln, umwandeln, mit spezifischen Eigenstoffen kombinieren, speichern und in den Waben des Stockes reifen lassen. Dieses Lebensmittel kann flüssig, dick oder kristallisiert sein“.
Von süßerem Geschmack als die Saccharose, muß der Honig mindestens 60 bis 65 % Invertzucker enthalten, höchstens 5 bis 10 % Saccharose und höchstens 21 bis 23 % Wasser. Je nach Herkunft variieren Farbe und Aroma mehr oder weniger spürbar.

Dr. C. Soldan®
HONIG-
Bonbons
gefüllt
Hergestellt nach bewährtem Rezept
Dr. C. Soldan
HONIG
Bonbons

Der Schutzpatron der Bonbons

Sein Namenstag wird am 6. Dezember gefeiert, und manche Länder geben ihm eine (fast) ebenso große Bedeutung wie dem Weihnachtsmann, da an diesem Tag Geschenke verteilt werden. So ist es in den Niederlanden, in Deutschland, in der Schweiz, desgleichen in Nord- und Ost-Frankreich. Hier ist Sankt Nikolaus einer der volkstümlichsten Heiligen und untrennbar mit Süßigkeiten verbunden, da er der Schutzpatron der Konditoren ist.

Sankt Nikolaus, der um 270 in Patras, am Eingang des Golfes von Korinth geboren wurde, war Bischof von Myra in Lykien, einem kleinen Land in Kleinasien. Während der Christenverfolgungen durch Diokletian wurde er ins Gefängnis geworfen. Nach seinem Tode um 342 setzte man ihn in einem Grabmal aus weißem Marmor in der Kathedrale von Myra bei, und sogleich drang ein wunderbares, duftendes Öl mit belebender Wirkung daraus hervor. Doch 1087 bemächtigten sich die Sarazenen Myras, und die Reliquien des Heiligen wurden nach Bari geschafft. Dort wurde eine prächtige Kathedrale, die zu seinen Ehren errichtet worden war, zur zweiten Pilgerstätte.

In Großbritannien, wie auch in den Vereinigten Staaten, ist der Schutzpatron der Konditoren Santa Claus. Das war die Folge einer Umwandlung des Bischofs von Myra in den Weihnachtsmann durch die niederländischen Protestanten, die nach Neu-Amsterdam (New York) emigriert waren.

Der heilige Nikolaus aus der Pfarrgemeinde Hurez in Cambrai

Der Heilige Nikolaus wurde zum Beschützer der kleinen Kinder, denen er jedes Jahr Spielzeug und Süßigkeiten bringt. Früher gab es zahlreiche Traditionen. So begab sich in Lothringen „ein grotesk gekleideter Mann mit einem langen falschen Bart aus Hanf oder Roßhaar gegen ein kleines Almosen in die Häuser, in denen es Kinder gab, und schenkte ihnen Kuchen, Spielsachen, Süßigkeiten, und in Silberpapier eingewickelte Holzkohlenstücke, die das Dienstmädchen ihm zu diesem Zwecke beim Hereinkommen in die Wohnung übergeben hatte.

Im allgemeinen war es ein Lastenträger oder ein alter Bettler, der diese Rolle übernahm, und wenn er ein bißchen Geist hatte, begleitete er seine Geschenke mit Ermahnungen, Lobreden und Ermunterungen, die einen nützlichen Effekt haben konnten" (*Le Magasin pittoresque*, August 1884).

Oh, großer, heiliger Nikolaus,
Legt mir Äpfel in mein Körbchen,
Ich will auch fromm sein wie ein Lämmchen
Ich will meine Gebete brav aufsagen, damit ich
von dir Bonbons bekomme.
(Alter Kindervers)

Doch die am weitesten verbreitete Feier bestand darin, am 6. Dezember den heiligen Nikolaus durch die Straßen jeder Stadt ziehen zu lassen – mit seinem Esel, der mit Körben beladen war – und seinem unzertrennlichen Begleiter, dem Knecht Ruprecht (oder Krampus). Nüsse und Bonbons belohnten jene, die dem Heiligen Gebete aufsagen konnten, während Knecht Ruprecht die Ungehorsamen bestrafte.

Viele der Traditionen um den heiligen Bischof sind heute verschwunden, doch da, wo sich die Erinnerung erhalten hat, ist es üblich, Kuchen und Süßigkeiten herzustellen, die nach dem Bildnis des Heiligen geformt und verziert werden. Bischofsmütze, Meßgewand und Krummstab gehören zum feierlichen Gehabe des Bischofs, der zuweilen mit zwei oder drei Kindern dargestellt wird.

Die Holländer verleihen ihm das Aussehen eines Mauren in der Tracht der Renaissance, und er trägt den Namen Zwarte Piet („Schwarzer Peter").

Bonbons bei Tisch

Neben ihrer Bedeutung als reine Leckerei wurden Bonbons mit der Mahlzeit und mit der Tischkunst in Verbindung gebracht: gewiß, weil ihre relative Seltenheit aus ihnen ein Symbol des Luxus und der Raffinesse machte; doch ebenso, weil ihre Formen und Farben äußerst harmonische Zusammenstellungen erlaubten.

Zahlreiche Berichte über das Leben im Mittelalter bezeugen die Präsenz von Süßigkeiten bei Prunkmahlen. Dabei ließen die Konditoren ihrer Phantasie freien Lauf. Sie schufen oft einzigartige Kreationen, um die Gäste zu überraschen. So ließ sich der Stellvertreter des Bischofs von Chartres, Guillaume de Ferrières, von der in Rom durch Kaiser Nero eingerichteten Tradition anregen, nach der in die Decke des Festsaales Öffnungen gebohrt wurden, damit „Vorstellungen" veranstaltet werden konnten: Aus der himmelblau gestrichenen Decke des Saales, in dem der Stellvertreter des Bischofs seine Gäste empfing, kamen Wolken, auf denen sich bei jedem Gang neue Gerichte auf die Tafeln senkten und wieder hochschwebten. Der Höhepunkt erschien beim Dessert mit einem Gewitter – mit einem Regen aus Rosenwasser mit süßlichem Duft und einem Hagel aus Dragees.

Den gleichen Willen zur Überraschung finden wir anläßlich eines üppigen Festmahls, das 1454 durch Philippe le Bon gegeben wurde. Wie der Chronist Mathieu de Coussy berichtet, waren die Tische reich verziert mit riesenhaften Etagentorten, und zum Dessert gab es, neben anderen Freuden, einen Drachen, der von der Decke herunterkam, wobei er Bonbons über die Gäste spie.

Das mittelalterliche Mahl enthielt im allgemeinen vier oder fünf Gänge, wobei der letzte aus Torten aller Art und aus Cremespeisen bestand. Bei den bedeutenden Herrschaften begaben sich die Gäste in einen anderen Saal, wo ihnen Spezereien, (trockene oder flüssige) Konfitüren, Dragees und Zuckerwerk aller Art angeboten wurden. Es kam auch vor, daß verschiedene Figuren in Menschen- oder Tiergestalt aus Zucker gestaltet wurden.

In Venedig war die Etagentorte aus Zucker die Regel bei den Festmählern der Großen. So wurden bei einem Dîner im Dogenpalast anno 1493 dreihundert Gerichte bei Trompetenschall kredenzt, die alle aus vergoldetem Zucker angefertigt waren! Ein anderes Beispiel dieses grenzenlosen Luxus wird uns von Francesco Matarazzo überliefert, einen Imbiß betreffend, der im Jahre 1500 in Perusia zum Abschluß von Hochzeitsfeierlichkeiten veranstaltet worden war: „Man glaubte seinen Augen kaum, man sah dort, aus Zucker geformt, alle Früchte der Erde, dann Frösche, Krebse, Schlangen, Eidechsen, Vögel jeder Art, wie auch andere Süßigkeiten, und all das war in solcher Fülle vorhanden, daß die Anwesenden einen großen Teil davon in kleinen Beuteln aus vergoldetem Leder forttrugen, obwohl sich alle daran sattgegessen hatten."

In der Renaissance hielt die Vorliebe für Bonbons bei Tische an. In seinen *Vies des dames galantes* beschreibt der Herr von Brantôme eines der üppigsten Feste der Epoche, das 1549 von Maria von Österreich, der Statthalterin der Niederlande zu Ehren Philipps II. in Bains gegeben wurde. Unter den Überraschungen für die Gäste waren: ein stufenförmiger Tisch, der mit Süßigkeiten in den verschiedensten Formen überhäuft war, und ein Mechanismus, der es erlaubte, die die Decke bildende Planeten und Sterne zu bewegen, ebenso wie einen Bonbon- und Duftregen auszulösen.

Bei den Süßigkeiten war der italienische Einfluß in der Renaissance spürbar. „Die durch Katharina von Medici bewirkten Veränderungen in der Organisation der Festlichkeiten am Hofe Frankreichs haben dazu beigetragen, die Bedeutung der Mähler zu steigern.

Eines der berühmtesten Beispiele ist das Festessen, das am 19. Juni 1549 zur Ehre Katharinas von Medici im bischöflichen Palais in Paris gegeben wurde. In einem Bericht über diese Veranstaltung wird eine Zahlung für „sechs Dutzend Bund Fenchel, kandiert und Nelkenkörner, Rosen und Sternanis, alles mit feinem Zucker vergoldet, in Form von Bäumen gefertigt, die in Schalen gepflanzt worden waren, in denen sich Dragees befanden," an den Apotheker und Gewürzhändler Pierre Siguier erwähnt. Ebenso reichhaltig waren die für Elisabeth von Österreich, die Frau Karls IX., bestimmten Empfänge anläßlich ihrer Ankunft in Paris im März 1570. Am 30. März wurde ein Fastenmahl zu ihrer Ehre gegeben. Mengen von Desserts und Süßigkeiten wurden hier auf Platten und in Schalen serviert, die vollständig aus Zucker bestanden. Man bemerkte hier außerdem Fische aus Zucker und sechs ziselierte Zierstücke aus Zucker, einer Art Flach-Reliefs, die wichtige Ereignisse im Leben der Göttin Minerva darstellten.

Zum Abschluß wurden an die weiblichen Gäste dreihundert schmuckvolle Körbe verteilt, die ganz aus Zucker nachgebildete Früchte enthielten. Doch die Bonbons waren nicht nur das Schicksal des Hofes. In Paris, wo das Brot unbezahlbar war, wurden prunkvollste Mahlzeiten veranstaltet, „während man von allen Seiten haufenweise die ärmeren Bürger in das städtische Hospitz brachte, die so ausgetrocknet und abgemagert waren, daß sie, kaum angekommen, schon verschieden, tanzte man in Paris und vermummte sich (...). Die Festmähler und Bankette wurden dort zu fünfundvierzig Ecus pro Speise abgehalten, mit herrlichen Gerichten mit drei Gängen, wo an Dragees, trockenen Konfitüren und Marzipan so wenig gespart wurde, daß die Damen und Fräuleins genötigt waren, den Pagen und Lakaien davon abzugeben, denen man sie ganz überließ." (*La Mosaïque*, 1876)

Die Zusammenstellung der Menüs war in anderen Ländern kaum unterschiedlich, wie Michel de Montaigne in seinem *Journal de voyage en Italie par la Suisse et l'Allemagne* (1580) bezeugt. „Es gibt kaum ein Mahl, bei dem man Ihnen keine Dragees und Konfitürendose anbietet", bemerkt er während seiner Reise durch Augsburg.

Eine Bestätigung dieses Brauchs stammt auch aus dem Italien zu Beginn des 17. Jahrhunderts. Tatsächlich wurde in Florenz von dem Großherzog der Toskana ein berühmt gebliebenes Festmahl anläßlich der Verlobung seiner Nichte Marie mit Heinrich IV. gegeben. Zur großen Überraschung der Gäste teilte sich die Tafel im Laufe des Banketts plötzlich in zwei Teile, und „aus der Erde erschien ein neuer Tisch, sehr erlesen beladen mit allen Sorten von Früchten, Dragees und Konfitüren."

> Der Tafelaufsatz für Süßwaren stellte im Laufe der Jahrhunderte eines der Meisterstücke des Prunktisches dar. Er stand in seinem Zentrum und war dazu bestimmt, in seinen stufenförmigen Schalen verschiedene Arten von Süßigkeiten aufzunehmen. Das 17. Jahrhundert entwarf ihn in Silber und machte ihn so kostbarer, als er zuvor gewesen war. Die Mythologie inspirierte häufig die Motive seiner Dekoration. Allegorische Figuren, Bäume und Blumen standen elegant nebeneinander. Manche dieser Gegenstände konnten sehr groß sein, bis zu einem Meter hoch, wie es der berühmte Tafelaufsatz aus der Sammlung Merkel zeigt, der von Wenzel Jamnitzer geschaffen wurde.
>
> Das Jahrhundert der Aufklärung erlebte den Triumph dieser „Tafelmitte", den es seinem Geschmack für Rokoko- und Schäferszenen anpaßte. Doch die Begeisterung für die vergänglichen Zucker-Architekturen sollte sich am Ende des 18. Jahrhunderts den Goldschmiede-Tafelaufsätzen zuwenden. Mittlerweile gewann dieser Gegenstand im Kaiserreich mit hervorragenden Goldschmieden wie Jean-Baptiste Odiot und Martin-Guillaume Biannais einige Gunst, ohne indessen das Ansehen der früheren Jahrhunderte wiederzuerlangen.

Im 17. Jahrhundert war die Tafel nicht mehr ohne Süßigkeiten vorstellbar. Als Beleg dient ein Fastnachts-Essen unter Ludwig XIV., so wie es von Nicolas de Bonnefons in *Les Délices de la campagne* (1652) beschrieben wird: „Achter Gang: das Ende wird aus allen Arten flüssiger und trockener Konfitüren bestehen, aus Marzipan, Konserven und Glasuren, auf den Tellern mit Zucker aller Farben bestreuten Fenchelzweigen, mit Zahnstochern versehen, und Muscadins oder Dragees aus Verdun in kleinen Pasteten aus Zucker mit Moschus- und Amberduft."

Zur selben Zeit wurden die Tischdekorationen immer edler, und die Süßigkeiten trugen weitgehend dazu bei. Auf Papp- oder Holzsockeln entfalteten sich wahrhaftige Miniaturlandschaften und -gärten aus Zuckerguß und Biskuitteig. Gefärbter Zucker imitierte Sand in verschiedenen Farben, und Statuetten aus Zucker belebten diese Wunderwelt. Währenddessen wurden um die Mitte des Jahrhunderts die Zuckerfigurinen durch köstliche Porzellangegenstände entthront.

Eine der Kompositionen ist noch immer berühmt: Am 18. Juli 1678 wurde im Park des Schlosses von Versailles ein Fest durch Colbert organisiert, und zu dieser Gelegenheit stellte man fünfzehn Tische als Buffets auf. Die Beschreibung davon ist uns durch *La Relation de la feste de Versailles* (1679) von André Félibien überliefert: „Einer dieser Tische stellte einen Berg dar; der andere war wie die Ansicht eines Palastes, der aus Marzipan und Zuckerteig gebaut war. Einer war mit Pyramiden aus trockenen Konfitüren beladen; ein anderer mit einer Unendlichkeit aus Gefäßen, die mit allen Arten von Likören gefüllt waren; und der letzte bestand aus Karamel. (...) Zwischen diesen Tischen war ein kleiner Rasen aus grünem Moos, der sich bis zu dem Becken erstreckte und auf dem man in einem großen Gefäß einen Orangenbaum sah, dessen Früchte kandiert waren: Jeder dieser Orangenbäume hatte neben sich zwei andere Bäume verschiedener Art, deren Früchte auf das vollkommenste kandiert waren." Was könnte man sich Prächtigeres erträumen?

Im Jahrhundert der Aufklärung verdrängte die Raffinesse die Fülle. Der Unterschied zeigte sich zwischen Tischen von Aristokraten und Tischen einfacher Notabeln. Um gelungen zu sein, mußte eine Mahlzeit luxuriös sein, gewiß, aber vor allem intim. Es scheint, daß nun die Bonbons begannen, den Tisch zu verlassen, um eine eigene Existenz zu führen. Gewiß kam es vor, daß sie anläßlich eines eleganten Essens noch gereicht wurden. Z. B. wurden während des Pariser Dîners, das Madame Laurette de la Malbussière bei ihrem ehemaligen Bankier in der Nähe der Barrière blanche am 20. Mai 1764 einnahm, Süßigkeiten gereicht. „Als Dessert hatten wir Erdbeeren mit Sahne, Windbeutel, Konfitüren, Bonbons, getrocknete Aprikosen", berichtet sie.

Im Kaiserreich gehörten Bonbons weiter zu den offiziellen Mahlzeiten in den Tuilerien. So wurden am Sonntag, als der Kaiser mit seiner Familie speiste, bei einem etwas üppigeren Essen als in der Woche, ihm vier Teller mit Bonbons gereicht (neben vieren mit Petits Fours, vieren mit Kompott und vieren mit Obst). Dieser Brauch sollte mit seiner zweiten Ehe verschwinden.

Wenn hingegen tendenziell die Bonbons bei Tische verschwanden, so wurden doch weiterhin Süßigkeiten zu dekorativen Zwecken verwendet. „Der Tisch strahlt um ein zentrales, aufsehenerregendes Stück, das ein Gegenstand aus Porzellan, feuervergoldetem Silber oder reinem Silber sein kann, ein historisch-konditorisches Bauwerk aus Nougat, Zucker, Kuchen, das berühmte Persönlichkeiten, Siege darstellt: die ‚Überschreitung der Brücke von Lodi' oder (…) die ‚Überquerung der Arcole-Brücke' machten den Konditor Lebau berühmt. Hergestellt aus einer Zusammensetzung von gesponnenem Zucker und weißem Nougat, konkurrierten seine Kreationen mit den nicht weniger spektakulären Reproduktionen des Restaurantbesitzers Duval: Der Fluß wälzt seine Sirupstrudel, während Napoleon und Alexander durch eine zuckerüberzogene Götterbotin entführt werden, die ihre Trompete aus Vanillezucker an den Mund setzt, mit einer Wolke aus Fondants umgeben.

Wenn die Etagentorten des Chef-Konditors Lebeau, der bis zum Schluß in den Diensten des Kaisers blieb, auch berühmt waren – die von Antonin Carême, die häufig durch Landschaften inspiriert waren und oft elegant verschiedene Teige, Nougat, Früchte, Sorbets und verschiedene Dekorationen miteinander verbanden, waren es nicht weniger. Dieser Brauch, großartige Konstruktionen herzustellen, die man sich – leider! – zu bewundern begnügte, sollte am Ende des 19. Jahrhunderts durch große Künstler fortgeführt werden – etwa durch Urbain Dubois, der Küchenchef der preußischen Herrscher war. Doch die Entwicklung des Geschmacks in Richtung auf eine raffiniertere Gastronomie hatte eine elegantere Tischkunst zur Folge. Was die Bonbons mit der Zeit aus der Dekoration entfernte …

Italienisches Haus aus Nougat, dem *Livre de la pâtisserie* von Jules Gouffé entnommen, das 1873 erschien.

Damals im naschhaften Paris

Im 18. und 19. Jahrhundert behauptete sich Paris als französische Hauptstadt der Bonbons. Zahlreiche Geschäfte für Süßigkeiten wurden dort eröffnet. Sie legten nun eine nie gesehene Phantasie an den Tag. Täglich erschienen neue Bonbons, die ausgesuchte, manchmal originelle, oftmals sogar alberne Namen erhielten. Die Konkurrenz war bereits unerbittlich, und es war nicht leicht, sich einen Platz zu behaupten – um so mehr, als diese neue Produktion das allgemeine Interesse hervorrief und den „gastronomischen" Rubriken der Zeitungen regelmäßig Nahrung lieferte. Die hervorragendsten Chronisten der Epoche machten in diesen Tempeln der Naschhaftigkeit Halt und gaben ihre Eindrücke in ihren Artikeln wieder.

Im Jahrhundert der Aufklärung waren die Geschäfte, die in der Rue des Lombards, der Rue Vivienne und unter den Galerien des Königspalastes aufgemacht hatten, die meistbesuchten. Besonders Konditoren mit den Namen Jussieux, Lesonne und L'Espine stellten dort sehr geschätzte Bonbons her. Über die Vornamen der Verkäuferinnen erzählt uns der unbekannte Autor von *Jour de l'an*, einem Werk in Versen aus dem Jahre 1788:

„Bei der zarten Lucile kauft
gebrannte Mandeln
Und bernsteinfarbene Pistazien
und große Haselnüsse.
Bei Aminthe nehmt
Délices du Coeur …"

Die Rue des Lombards, die als Wiege der Süßwarenindustrie angesehen wurde, blieb lange Zeit in Mode. „Die Rue des Lombards riecht nach Zucker", sollte später Honoré de Balzac über sie sagen. Es stimmt, daß Pecquet, der Konditor des Königs Ludwig XV., hier das moderne Dragee schuf und so zu seiner Berühmtheit beitrug. Eines der bekanntesten Geschäfte, das 1720 durch einen gewissen Berger gegründet wurde, trug ein Ladenschild mit der Aufschrift „Au fidèle Berger", und sein Slogan lautete: „Au Berger, soyons fidèles" (Dem Berger seien wir treu). Darumherum hatte sich die Konkurrenz angesiedelt: A la Pomme d'or (zum goldenen Apfel), A la Renommée de France (Zum guten Ruf Frankreichs), Aux Vieux Amis (Zu den alten Freunden), Au Grand Monarque (Zum großen Monarchen). Diese letztgenannte Confiserie wurde durch Duval betrieben, der ein Meister in der Kunst der Süßigkeiten war, der starke Werbung betrieb und sich durch seine üppigen Auslagen hervortat. Jedes Jahr im Januar zog ein Meisterwerk ganz Paris in seinen Laden. So, wie die *Mémoires secrets* von Bachaumont berichten, bot er dem faszinierten Blick der Passanten kühne Kompositionen aus Zucker. 1780 war es die „französische Flotte, als sie die Bucht von Chesapeac blockiert, die Einschließung von Yorck und Glocester durch die französischen und amerikanischen Truppen (...)" etc., 1781 „die anläßlich der Geburt des Thronfolgers beobachteten Feierlichkeiten, wo alle Prinzen und Prinzessinnen nachgebildet sind". Alle diese Stücke waren so gelungen, daß der Nachfolger Pecquets zum Bonbonnier der Königin ernannt wurde.

Im 18. Jahrhundert entwickelte sich der Brauch der Neujahrsgeschenke. Doch die Turbulenzen der Revolution warfen ihr Verbot über die Tradition. Deshalb wurde die Süßwarenherstellung in den Schatten verlegt, was manche ihrer Vertreter nicht daran hinderte, sich den Umständen anzupassen. Im *Journal de la mode et du goût* erwähnen Edmond und Jules de Goncourt einen gewissen Palloy, der die Idee hatte, aus den Steinen der Bastille Bonbonnieren herzustellen, und den Zeichner Crussaire, der „ernsthafte oder angenehme Gegenstände aller Art bezüglich der verschiedenen Umstände der Revolution für Schachteln, Bonbonnieren (...)" entwarf. Wie dem auch sei, als die Unruhen sich gelegt hatten, fand das Neujahrsfest seinen Glanz und seine Belebung wieder. „Die Läden der Konditoren, die mit – aus den Palästen und den Kirchen

EIN BERÜHMTER KONDITOR

Es gibt keine Zeitschrift aus der zweiten Hälfte des 19. Jahrhunderts, die sich nicht in dem einen oder anderen Augenblick bei dem prächtigen Geschäft von Paul Siraudin in der Rue de la Paix aufhielte. Dieser leckere Ort verdankte einen großen Teil seines Erfolges der Umstellung eines Schriftstellers, Autors scherzhafter Erfolgskomödien, in einen Konditor für ganz Paris. Seine Zuschauerschaft wurde sofort zu seiner Kundschaft.

In einer Zeit, da die Rue des Lombards gealtert war und sich nur noch der groben Arbeit und der Pastillenfabrikation widmete, gewann die Confiserie Siraudin den Rang eines Palastes der Naschereien. Der Ort war luxuriös und höchst einladend. Doch es war nicht nur dies ... Die Palette der Bonbons war riesig und die Raffiniertheit die Regel. Man hatte hier die Qual der Wahl: (aktuelle) Emma-Livry-Bonbons, Périgort-Bonbons, Dragees, Marquises, Karamellen, Nougat auf Herzoginnenart, glasierte Maronen, Fondants mit dem Namen „Don Juan de village", gebrannte „Club-Mandeln", kandierte Parma-Veilchen, zuckerumhüllte Kirschen, „Moskauer", Mandeln aus Aboukir, „Orangines" usw.

1860 prophezeite Charles Monselet diesem Geschäft eine schöne Zukunft: „M. Siraudin wird einer Kunst einen neuen Schwung und einen ungewöhnlichen Glanz verleihen, die Berührung mit allen Delikatessen und aller Poesie hat und die zugleich der Zauber des Sehens, des Riechens und des Schmeckens ist." Und das war der Fall. Alle Naschkatzen kamen hier auf ihre Kosten.

Links: Stich aus dem 19. Jahrhundert

Rechts: Eine Süßwarenhandlung am Boulevard de la Madeleine in Paris

entfernten – Kristallüstern reich beleuchtet waren durch unzählige Kerzen und bunte Lampions, dekoriert mit Blumengirlanden, wurden von der Menge belagert (…), abgesehen von den Bonbons gab es da glasierte Pistazien und Maronen, Flacons mit Düften von den Inseln, in undurchsichtige Flaschen eingeschlossene geistige Essenzen, ‚entflammte Herzen' in Orangenblüte, ‚Zuckerkapuziner' (...). Als das wahre Datum der Wiederauferstehung des Neujahrstages kann der 1. Januar 1797 bezeichnet werden, und da er in diesem Jahr auf einen Sonntag fiel, war die Reaktion vollkommen. Man entschädigte sich auf einmal für acht Jahre Enthaltsamkeit; alle Juweliergeschäfte, alle Süßwarenläden des Königspalastes und der Rue des Lombards, die bis aufs äußerste beleuchtet waren, voller unwiderstehlicher Verlockungen mit ihren Auslagen, die sie '94 unter die Guillotine gebracht hätten, wurden in Angriff genommen und ausgeplündert."

Der Autor der *Rues de Paris* (1879), Victor Fournel, liefert uns da eine interessante Erinnerung:

In dieser wiedergefundenen Freiheit wurden die Bonbons aktualisiert. Unter anderem fertigte man die „Bonbons der Grazien" mit Bändern in den Farben der französischen Republik. Duval machte sich daran, „verschiedene Bonbons wie durchsichtige Medaillen, à la Bonaparte, Allegorien der Freundschaft, der Hoffnung, mit fleißiger Begabung" herzustellen. Im Kaiserreich blühten Dragees à la Wagram, Pastillen à la Napoléonide, Austerlitz-Papillotes und andere Leckereien aus Zucker in der Form von Kanonen oder Säbeln. Mit der Restauration erschienen Pastillen à la Ludwig XVIII. und ein weißes Nougat, das „Rückkehr von den Inseln" getauft wurde.

Gleichzeitig mit diesen historischen und politischen Anspielungen war es üblich, daß man eine Persönlichkeit des öffentlichen Lebens, den Titel eines gerade modernen Theaterstückes oder eines Erfolgsromans in Bonbons herausbrachte, oder auch ein moralisches oder frommes Thema. „Man spürt das Herannahen des Neujahrstages; die Lieder-Almanache, die neuen Kalender fallen überall vom Himmel, und die Süßwarenhersteller quälen ihre Phantasie, um neue Dragees zu erfinden; man hat Lavater (den Schweizer Philosophen und Theologen) in Zucker gepackt; hundert verschiedene Stiche wickeln Pastillen ein, und man bekommt einen nach dem anderen den Ehrgeizigen als Schokoladenbonbon, den Tartuffe in Gerstenzucker und die Preziöse als gebrannte Mandel. Man kann sogar eine kleine Geschichts- und Botanikstunde abhalten mit zwei Tüten Bonbons", so ist in einer Nummer des *Constitutionnel* vom 29. Dezember 1819 zu lesen.

Zu Beginn des 19. Jahrhunderts hatten die Süßwarenfabrikanten der Rue des Lombards nichts von ihrem guten Ruf eingebüßt. „In der Rue des Lombards muß man die prunkvollsten, elegantesten Dekorationen ansehen und findet die besten Bonbons und die leckersten und neuesten Erfindungen", empfiehlt Grimod de la Reynière. Das Schild „Au Fidèle Berger" zog ebenso viele Süßigkeitenliebhaber an wie in der Vergangenheit. Hier „kauft der Pate die Dragees zur Taufe, und der zwanzigstklassige Autor bringt seine Scharaden, seine Rätsel und seine Bilderrätsel dorthin", schreibt Balzac.

Dennoch gelang es auch anderen Süßwarenherstellern, die über die Stadt verstreut waren, sich durchzusetzen. Mus aus glasierten Maronen und galante Fruchtpastillen ging man bei Bourdeau in der Rue Richelieu holen, Apfeldicksaftstangen und Sahnekaffee-Täfelchen bei Madame Durin in der Rue Tarranne, Apfelzucker in Tafeln bei Bouchard am Königspalast, eine Schaummasse, „die den Schnee beschämt", bei Tanrade in der Rue Le Peletier, und einen berühmten Bonbon mit dem Namen „à la Maréchale" bei Guelaud in der Rue Saint-Magloire. Der Süßwarenfabrikant Berthélemot bot neben anderen Spezialitäten köstliche Pistazien à la portugaise an. Sein Geschäft in der Rue de la Vieille-Lanterne war bekannt für die

LES ETRENNES PAR HENRY SOMM

Jeune homme, je le constate, vous avez été un employé plein de zèle, je tiens à récompenser les services, et n'hésiterai pas à vous serrer la main

..... et une bonne santé, mon cher oncle..
— Pareillement à toi, avec une meilleure conduite, mon cher neveu...

Ce cher Gontran a bien fait les choses

Ce pané de Gustave croit qu'on peut remplacer la fortune par de l'esprit... et quel esprit!..

Poupoule, ce sac de bonbons que les Durand viennent de t'envoyer pour tes étrennes ça sera nos éterennes aux Durand.

Pour ma belle-mère, hommage délicat d'un gendre affectueux et architecte.

Voyons, y a encore Louise, y a Marthe, y a Blanche, y a Anna, y a la vieille tante, y a Maria, y a Juliette, y a la petite Taupin, y a, y a... Ah! zut...

Y a déjà Gustave, y a Paul, y a Léon, y a Machin, les deux Chose. René, Albert, le petit vicomte, Totor, Ernest, Jules, Edouard... Pour les autres j'peux m' fouiller.

bemerkenswerten Kompositionen, die er hier jedes Jahr ausstellte; seine Nachbildung im Jahre 1788 von der „Ankunft Telemachs auf der Insel der Kalypso" blieb lange im Gedächtnis.

Die anderen Läden – in der Rue Coquillière (La Toilette de Psyché in der Nr. 43), auf dem Boulevard Montmartre (Lange in der Nr. 16), in der Rue Saint-Honoré (Lalouet Nr. 145; Terrier Nr. 154), der Rue des Fossés-Saint-Germain-des-Prés (Raymond Nr. 17), der Rue du Bac (Genesseaux Nr. 21; Girard, Nr. 40) usw. – hatten sich schließlich auch im Laufe der Jahre eine Kundschaft aus treuen Liebhabern ihrer Erzeugnisse geschaffen. Doch diese waren wohlhabend und begrenzt. Bonbons waren noch immer eine Luxusware.

SÜSSER SYLVESTER-TRAUM

„Ein großes, altes Gespenst von ziemlich dämlichem Aussehen erschien mir auf einem karamelglänzenden Wagen, der von vier Stuckpferden gezogen wurde, deren Zügel und Zaumzeug aus gehärtetem Narbonner Honig war. Sein langer Bart, weiß wie Taufdragees, verkündete sein hohes Alter; sein Kopf war von einer Krone aus Teufelchen umfangen; es hatte Bonbontüten an den Ohren; das Szepter, das es in der Hand hielt, war aus Vanille-Schokolade (…)

Ein Tempel, errichtet auf leichten Stäben aus Gerstenzucker, war in diesem Traum in der Entfernung zu sehen; der Sand, der vor dem Säulenumgang ausgestreut war, ebenso wie das Gelände selbst, war aus schönem, weißem Rohzucker; und die Liköre, die zwei Springbrunnen aus Aprikosenmus emporschießen ließen, waren aus Punsch- und Ananassirup. Zwei Füllhörner, die von zwei geflügelten Genien getragen wurden, verteilten in reichem Maße Bonbons à la Marie-Thérèse, Pistazien à la duchesse d'Angoulème, Apfelzucker à l'Héroïne de Bordeaux, Süßigkeiten à la Louis XVIII., bernsteinfarbene Hörnchen à la Paix, Olivenzucker à la Pie voleuse, Krokantstückchen au retour des lis, Fondants à la Jocrisse-chef de brigands, Pflaumengeleeschiffchen à la Jean-Bart, Eibischpaste auf russische Art, glasierte Pfirsiche à l'ours Martin und au cerf Coco, Brustpillen à la ci-devant Jeune Homme usw. usw."

Tableau du premier jour de l'an, anonymer Autor,
von Charles Monselet zitiert, 1867

In passende Bonbons gefaßt

Von Anfang an war die Zuckerwarenfabrikation an die Vorstellung von Luxus und Festen gebunden. Lange Privileg der wohlhabenden Klassen, sind sie heute allen Bevölkerungsschichten erreichbar. Doch ob diese Herstellung industriell oder handwerklich erfolgt – einige Erzeugnisse sind noch immer traditionell mit bestimmten Gelegenheiten des Jahres verbunden.

Der Dezember gehört dem Verzehr besonders glasierter Maronen, kandierter Früchte, Fondants und dem Marzipan. Das ist nicht weiter verwunderlich. Im Laufe der Jahrhunderte haben sich für diesen Monat immer mehr regionale Bräuche eingebürgert.

Dieser zwölfte Monat unseres Kalenders war ursprünglich, wie sein Name schon sagt, der zehnte Monat des römischen Jahres. Für die heidnische Antike war er wegen der Wintersonnenwende ein äußerst wichtiger Monat; man feierte nun die „Wiedergeburt" der Sonne, des Symbols des Lebens und Quelle des Gedeihens. Außerdem hatten ihn die Römer gewählt, um die Saturnalien, ihrem Saatgott gewidmete Feste zu begehen; dieser „Karneval", der für seinen eher „unordentlichen" Charakter bekannt war, wurde zunächst nur auf den 17. Dezember beschränkt, bevor er unter Caligula auf fünf Tage verlängert wurde, später dann auf sieben.

Die Wahl des 25. Dezember für die Feier der Geburt Christi ist ohne jeden Zweifel auf die schon vorher bestehenden Feierlichkeiten um das Königsgestirn zurückzuführen. Und so ersetzte ab 354 Weihnachten die heidnischen Veranstaltungen. Besonders Deutschland, die Niederlande, Belgien, die Schweiz, Österreich, Nord- und Ostfrankreich bleiben sehr der Feier des Nikolaustages verhaftet, der hier Gelegenheit für süße Geschenke (siehe S. 175) bietet. Gleichwohl hat in zahlreichen Ländern, besonders denen, die eine starke protestantische Gemeinde aufweisen der Weihnachtsmann den Nikolaus verdrängt.

Er ist in Frankreich im letzten Jahrzehnt des 19. Jahrhunderts aufgetaucht. Deutschland hatte ihn um 1850 entdeckt, England um 1870-1880. Skandinavien und Rußland adoptierten ihn ebenfalls. Schwer bepackt, zuweilen einen Tannenbaum in den Armen tragend, hat diese Persönlichkeit eine reichhaltige Bilderproduktion inspiriert, mit der oft die Bonbonschachteln um das Fest geschmückt sind, das ihm nunmehr gewidmet ist. Die geformten Artikel, die die Süßwarenfabrikanten herstellen, nehmen seine Attribute oder das, was sich mit seiner Tradition verbindet, wieder auf: Das sind Stiefel,

Kiepe, Holzschuhe, Holzscheite, Schneemänner usw.
Neujahr folgt eine Woche auf Weihnachten, und damit hat sich der uralte Brauch der Neujahrsgeschenke Platz geschaffen. Unter Titus Tatius, dem legendären Sabinerkönig, der mit Romulus über Rom herrschte, wurde es üblich, seinen Vorgesetzten ein Geschenk zu machen. Nachdem er am ersten Tag des Jahres Zweige aus einem der Göttin der Kraft, Strenua, geweihten Holz erhalten hatte, sah der König in dieser Gabe ein gutes Vorzeichen und wollte, daß sich alle jedes Jahr zur selben Zeit Geschenke machten: „strenae" – daraus leitet sich das französische Wort „étrennes" (Neujahrsgeschenk) ab. Und bald hatte man sich daran gewöhnt. Obwohl diese Tradition durch Kaiser Claudius (1. Jahrhundert n. Chr.) abgeschafft wurde, überlebte sie bis zur Anerkennung des Christentums als Staatsreligion durch Kaiser Konstantin im 4. Jahrhundert. Durch die Kirchenväter als heidnisch verurteilt und

IN JEDEM LAND:
DER WEIHNACHTSBAUM

Er ist das Wahrzeichen der Kindheit, strahlender Augenblicke des zuendegehenden Jahres und der Familienfeste, die er überragt. Als Träger der Hoffnung und der Freude, Bindestrich zwischen der Vergangenheit und der Zukunft, symbolisiert er zugleich die harmonische Einrichtung des Kosmos über die Struktur seines Stammes, des Blattwerks und seiner Wurzeln, und die dauernde Erneuerung durch sein stetes Grün. Doppelte Symbolik, deren Träger die privilegierte Tanne ist. An ihre Äste werden bunte Kugeln, dekorative Figürchen und Girlanden gehängt, aber auch unzählige Bonbons. Ein Ganzes, das die Kinder und sogar Erwachsene zum Träumen bringt ...
Der Weihnachtsbaum ist wahrscheinlich im Elsaß entstanden. Die erste Erwähnung erfolgte in Schlettstadt (Séléstat) 1521. Im 17. Jahrhundert war die Tradition fest verwurzelt. „Zu Weihnachten ist es in Straßburg üblich, Tannen in den Häusern aufzustellen; man befestigt Rosen aus Papier in verschiedenen Farben daran, Äpfel, und Zucker", berichtet der Straßburger Humanist Johann Konrad Dannhauer um 1642. Aus dem Elsaß wurde der Weihnachtsbaum in Deutschland eingeführt, wo er außerdem noch Tannenbaum, Christbaum oder Lichterbaum genannt wurde, denn er schmückte sich im Laufe des 18. Jahrhunderts mit Lichtern oder Kerzen. Nach Leipzig, wo Goethe sein Loblied sang, erreichte der Brauch Berlin (1775), Wien (1813), Danzig (1815) usw.
Auf Initiative der Prinzessin Helene von Mecklenburg 1837 in Paris eingeführt, wurde der Brauch zur gleichen Zeit durch deutsche Händler nach England importiert. Die Vereinigten Staaten waren in der zweiten Hälfte des 19. Jahrhunderts gewonnen.

daher verboten, verschwand dieser Brauch deshalb noch lange nicht.
Er gab Anlaß für so unfeine Maskeraden, daß das 2. Konzil von Tours (570) es für notwendig befand, den 1. Januar zu heiligen und den Jahrestag der Beschneidung darauf festzulegen. So hat sich der Brauch der Neujahrsgeschenke, bei denen Bonbons weiterhin einen Platz der Wahl einnehmen, bis in unsere hinein Tage erhalten können.
In wenigen Ländern wird heute noch das Dreikönigsfest mit Geschenken gefeiert.

Dieser Stich, der auf der ersten Umschlagseite des *Journals le Petit Français illustré* mit dem Datum vom 1. April 1893 erschien, illustriert schön den Fortbestand der kindlichen Naschhaftigkeit. Ein kleines Gedicht diente als Bildunterschrift:
„Papa führt Lili ganz, ganz fein
Zur Auswahl einer Leckerei
In den Bonbonladen rein.
Darf wählen sich ein Osterei.
Doch Lili denkt im Angesicht
Von Bonbons, Drops und Karamel,
An sich selber erst mal nicht.
Denkt bei Süßigkeiten schnell
An Georges, das kleine Brüderlein.
Sieht das schönste Ei, so groß,
Voll Dragees – das soll es sein!
Was, sagt Papa, soll das bloß,
Warum wählst du das größte aus?
Weißt', Papa, an wen ich denke?
Georges erwartet uns zu Haus
Freut sich, wenn ich ihm
was schenke!"

Diese Geschenke werden am Vorabend, am 5. Januar, von einer bösen Fee, der Befana in Italien, oder durch die Heiligen Drei Könige gebracht.
Ein anderes Fest, bei dem die Süßwarenhersteller zum Zuge kommen, ist der Valentinstag. Zwischen Dreikönigstag und Ostern gelegen, am 14. Februar, bewirkt er eine umfangreiche Produktion von Marzipanherzen mit oder ohne Widmung und geformten vierblättrigen Kleeblättern. Die Amerikaner versäumen es nicht (vielleicht mehr als die Europäer), dieses Fest der Verliebten zu begehen.
Endlich kommt Ostern mit seiner Ladung voll Eiern, Hühnern, Hasen und Fischen aus Marzipan, Krokant, Nougat u. a., die die Süßwarenfabrikation im Frühjahr wieder in Schwung bringen. Als Symbol der Ewigkeit und der Fruchtbarkeit seit der

„Ich sehe wieder die Aufregung des Tages, die herrlichen, bunten Eier – die Eier, die der Osterhase gelegt hatte. Die Hasen aus Zucker mit dem glänzenden Pelz, den ich – wobei der Speichel meine Lippen benetzte – geduldig auf dem Küchentisch in Stücke riß. Jahrelang hat mir Louise solche Hasen aus Zucker oder Marzipan geschickt und Eier mit einem kleinen, zeitlosen, fast kindlichen Begleitwort."

Pascal Quignard, *Le Salon du Wurtemberg*, 1986

frühesten Antike hat das Ei immer und überall an den Festen der Erneuerung der Natur teilgenommen.
Wenn es auch in den heidnischen Mythologien vorkommt, wie dem Eier-Dankopfer der Römer, das die Götter beruhigen oder ihre Gunst bewirken sollte, so ist es doch später von der christlichen Kirche übernommen und mit den Freudenfesten in Verbindung gebracht worden, die die Wiederauferstehung Christi begleiten. Manchmal wurden sie rot angemalt, um an das Opfer des Osterlammes zu erinnern.
Im 13. Jahrhundert zogen Studenten und Kirchengelehrte durch die Straßen von Paris mit Körben, in die Eier gelegt wurden. Auf dem Lande gingen die Dorfkinder von Tür zu Tür, wobei sie fröhlich die Auferstehung des Retters besangen und als Gegengabe Eier erhielten.
Unzählbar waren die mit den Ostereiern verbundenen Bräuche. Jedes Land hatte seine eigenen. Manche haben ihre Zeit überlebt. Heute werden die echten Eier meist durch süße Nachbildungen aus Schokolade, Marzipan, Fondant etc. ersetzt.

ZWEI AMERIKANISCHE FESTE

In den Vereinigten Staaten ist der Sweetest Day die Gelegenheit, Süßigkeiten und wohltätige Werke miteinander zu verbinden. Aus der Initiative einer Gruppe von Geschäftsleuten in Cleveland im Jahre 1920 entstanden, wird dieser „süßeste Tag“ am dritten Samstag im Oktober durch das Schenken von Süßigkeitenschachteln an benachteiligte Menschen wie auch an Bekannten und an Familienangehörige begangen.
Halloween, das am 31. Oktober gefeiert wird, ist das Fest der Kinder par excellence. Diese verkleiden sich als Zwerge oder Hexen und ziehen von Haus zu Haus. Wenn sie der Person, die ihnen die Tür öffnet, die rituelle Drohung „trick or treat“ („Streich oder Genuß“) entgegenschleudern, muß sie sich „freikaufen“, indem sie ihnen Bonbons schenkt.
Diese Tradition geht weit zurück. Die Altvorderen, die glaubten, daß in dieser Nacht der Gott des Todes die Seelen der im Laufe des vergangenen Jahres verstorbenen Bösen rufe, entfachten Freudenfeuer. Die Römer machten schließlich aus diesem Tag das Fest der Gartengöttin. Als er mit der christlichen Kirche zum Vorabend von Allerheiligen geworden war, behielt der 31. Oktober nichtsdestotrotz einen Platz im Aberglauben; Gespenster und Hexen sollen eine letzte Reise vor dem heiligen Fest des 1. November veranstalten.
Unnütz auszuführen, daß diese Feste ein „gefundenen Fressen“ für die Süßwarenhersteller sind. Das Halloween-Fest liegt in der Hierarchie des Süßigkeitenmarktes nach Weihnachten und vor Ostern, und deckt allein über ein Fünftel des gesamten Jahresverkaufs.

Kaugummi für alle Gelegenheiten

Am Ursprung dieses Produkts, das einen etwas abseitigen Platz in der Süßigkeitenherstellung einnimmt, steht das Chicle, ein Gummi, das aus einer Pflanze der Familie der Sapotengewächse gewonnen wird. Diese stammt aus Mexiko, wo sie in den sandigen Ebenen von Tlaxcala, Huamantla und Apan in Überfülle wächst. Die Indianer nannten sie „yerba del chicle“. Dieser Gummi war den Ureinwohnern bekannt, lange bevor das Kaugummi auftauchte. Es wurde folgendermaßen gewonnen: „Sie beginnen damit, das Kraut, das sie sammeln, zu mahlen, dann pressen sie es, um anschließend den Saft mittels Hitze bis zu der gewünschten Dichte zu konzentrieren. Sie gießen danach die Substanz in Formen, aus denen sie durch das Abkühlen in Form von Broten herauskommen, die so an den Handel geliefert werden“, liest man in einem *Journal des confiseurs* vom Ende des 19. Jahrhunderts.

Bei den Mexikanern war es üblich, kleine Streifen dieses Gummis den ganzen Tag über zu kauen. Das erklärt, daß der General Antonio López de Santa Anna, der durch die Revolution 1869 aus seinem Lande vertrieben wurde und als Exil die Vereinigten Staaten gewählt hatte, in New York mit einem großen Vorrat an Chicle im Gepäck ankam. Außerdem hoffte er, daß dieses Gummi ein Folgeprodukt des Kautschuks werden und er sein Glück machen könne. Seine Hoffnung wurde enttäuscht. Hingegen bewahrte Thomas Adams, ein Amerikaner aus New Jersey, der sich in Brooklyn niedergelassen hatte und den er mit der Behandlung der Sache beauftragt hatte, den Vorrat auf, als der General nach einer Amnestie in sein Land zurückkehrte. Als er ein Mädchen sah, wie es in einer Apotheke Paraffin kaute und sich an die Gewohnheit der Mexikaner erinnerte, Chicle zu kauen, kam er auf die Idee, eine neue Bonbonsorte zu schaffen, die er „Tutti frutti“ nannte, die jedoch bald eine ihrer Natur eher entsprechende Bezeichnung übernehmen sollte: „Chewing gum“, d. h. „Kaugummi“. Der Erfolg von Adams New York Chewing Gum war so groß, daß die Firma sie schließlich zu Millionen verkaufte, und um der Nachfrage Folge zu leisten, wurde eine richtungsweisende Fabrik ausschließlich für diese Produktion gegründet.

Unvermeidlicherweise interessierten sich auch bald andere „Fabrikanten“ für dieses Produkt, das in verschiedenen Formen angeboten wurde: Bonbons, Pastillen, usw. Ein Zahnarzt aus Mount Vernon in Ohio, namens Dr. William F. Semple, entwickelte auch ein

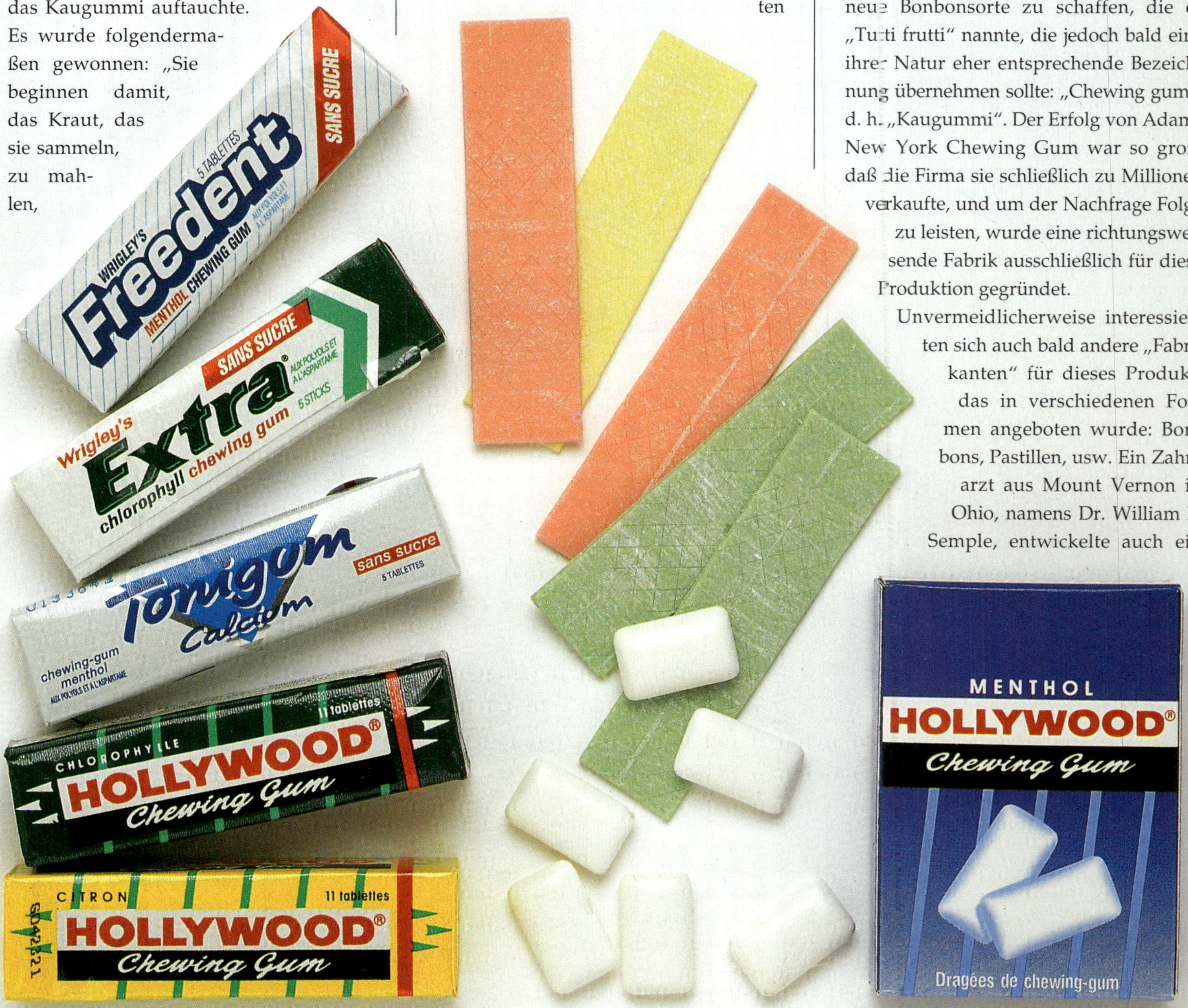

EIN ELASTISCHES GUMMI

Das Kaugummi besteht aus einer elastischen Grundlage, die nicht wasserlöslich ist, der in einem Rührwerk Zucker, Glucosesirup, Aromen und Farbstoffe zugefügt werden. Das Gummi, das als Grundlage dient, unterliegt strengen Bestimmungen; es ist entweder pflanzlichen Ursprungs, wird durch Synthese erhalten, oder gemischt. In seine sehr komplexe Zusammensetzung kommen verschiedene Gummis und Zusatzstoffe, wie Harze, Wachse, Antioxidationsmittel oder Konservierungsstoffe. Diese Zusammensetzung variiert je nach dem Typ des Artikels: Täfelchen, Dragees, Blasengummi (bubble gum). Die üblichsten Aromen sind Minze, Menthol und Chlorophyll. Die neueren Kaugummis mit Früchten (Zitrone, Erdbeer) haben sich jedoch eine nicht zu vernachlässigende Kundschaft unter den Jugendlichen schaffen können.

zahnpflegendes Kaugummi: Es bestand aus Gummi, das in Roh-Erdöl und Alkohol mit etwas Süßholz aufgelöst wurde. William Wrigley, der Pionier der Kaugummiwerbung, trug zum Aufschwung seines Verbrauchs in der ganzen Welt bei. Das Kaugummi wurde 1917 in Europa eingeführt, mit der Ankunft der Truppen des Generals Pershing in Frankreich; sein Erfolg war augenblicklich, dauerte jedoch nicht an.

Der Geschmack des Kaugummis bürgerte sich erst wirklich im Zweiten Weltkrieg ein, als die amerikanischen Truppen landeten, und er fand von den 50er Jahren an bei uns fast ebensoviele Anhänger wie jenseits des Atlantiks. C. E. Parfet, der europäische Generalagent der amerikanischen Gesellschaft Beechnut, schuf die erste französische Fabrikationseinheit und rief das erste französische Kaugummi ins Leben: Hollywood Chewing-Gum.

Heute gehört das Kaugummi zum Allgemeingut. Gewiß kann es nach einer Mahlzeit erfrischend sein, beruhigend, wenn man versucht, sich das Rauchen abzugewöhnen oder entspannend in einer Streßphase. Schon der General López de Santa Anna sagte: „Gummi kauen ist für den Mexikaner und für den Soldaten das beste Mittel, sein Schicksal anzunehmen. Das Chicle verscheucht die Wut, die Ängste, Kummer, beruhigt die Nerven.“ Doch ist es das Kauen und weniger das Produkt selbst, das diese wohltuenden Wirkungen auslöst. Denn Kauen ist ein natürliches Bedürfnis des Menschen, und dieser hat sich schon immer einen Pfriem gegönnt: vom Gummi aus der Rinde des Mastixbaumes bei den alten Griechen kauten bis zu den Betel- und Cocablättern oder den Kolanüssen. Wenn im Unterschied zu diesen traditionellen Kauprodukten das Kaugummi ein gewisses Naschbedürfnis befriedigt, so hat es noch einen weiteren Vorteil: es ist nicht schädlich. Tatsächlich haben Studien gezeigt, daß der im Kaugummi enthaltene Zucker sehr schnell verschwindet, um einem neutralen Produkt Platz zu machen – ohne Gefahr für die Zähne.

REGISTER

A

B

C

H

I

J

K

L

M

U

V

W

Z

Die Autorin dankt ganz besonders bei Frau Marie-Paule Bernardin, Herrn Guy Urbain und Herrn Christophe Chambeau-Fouquet für die wertvolle Hilfe, die sie ihr unablässig bei ihren Recherchen über die Süßwaren angedeihen ließen.

DANKSAGUNG NACH LÄNDERN GEORDNET:

DEUTSCHLAND: Baur Chocolat - Dragees aus weseke - Eurocandy - Hanns G. Werner's - Haribo - Herbert Kuroczik - J. G. Niederegger - Leaf GmbH - Ragolds Susswaren - Schoko-Dragee - Schwartauer Werke - Soldan GmbH - Stollwerck Sprengel - Wissoll - Zuckerwaren Fabrik

BELGIEN: Confiserie Rensonnet - Le chocolatier Bruyerre - P. & P. Jurgen Lernout.

DÄNEMARK: Anton Berg - Toms Chocolate Ltd.

SPANIEN: Fini-Sanchez Cano - Industrias Jijonencas - Industrias Rodriguez.

FRANKREICH: A. Settia - S.C.E.A. Abbaye de Timadeuc - Abbaye de la Trappe - Angeli-Cado - Arnaud Soubeyran - Jean Pfaff - Au Négus - Longuesserre et Fils - Brémond - Cachou Lajaunie - Calissons du Roy René - Candiflore Dedieu - Canteperdrix - CFCC - Chocolaterie de Puyricard - Choco Lyon - Chocolaterie Royale - Chocolaterie Saunion - Chocolats Roelandts Chuques du Nord - CICA - CIPRIAL - Compagnie Apicole - Comptoir France-Espagne - Confidou - Confiserie Bénier - Confiserie Bonté - Confiserie d'Entrécasteaux - Confiserie Le Drakkar - Confiserie Stanislas - Confiserie Thermale - Dragées Adjy - Emile Boudon - Etablissements Auzier-Chabenac - Etablissements Braquier - Etablissements Pecou - F. Eymery - Favols S.A. - Francois Doucet confiseur - Guy Verdier - Haribo-Ricqlès-Zan - Henri Le Roux - Hobby Décor - La Providence - Le Marron Royal - Les Niniches - Léonard Parli - Le Succès Berckois - Lyon Gourmand - Maison Auer - Maison Bonnat - Maison des Forestines - Maison Lalonde - Maison Olo - Maison Sauvadet - Maison Thurotte - Maison Troubat - Noël Cruzilles Aubert - Nougalet - Jacques Eugène S.A.R.L.- Olivier Confiseur - Paris Caramels - Pastillerie Malespine - Pâtisserie Boudsocq - Pâtisserie Dastarac - Etablissement Sabaton - Société VIlleneuve-Hardy - Suprem' Nougat - Vandamme-Pie qui chante - Vichy État Pastillerie.

GROSSBRITANNIEN: English Provender Company - Walkers' Nonsuch.

GRIECHENLAND: Papayiannis Bros SA.

ITALIEN: Amarelli - Flamigni - Gisol - Sperlari S.r.l. - Perrugina - Saila SPA - Sorelle Nurzia.

LUXEMBURG: Confiserie de Namur.

NIEDERLANDE: Hoepman - Klene Goedhart - Langenberg Fassin Bv - Marandi - Société Henri Willig.

PORTUGAL: Drops Nazaré.

SCHWEIZ: Domaco - Max Felchlin AG - Munz AG - Ricola - Willy Weber.

FOTONACHWEIS:

Alle abgebildete Fotografien in diesem Buch stammen von Matthieu Prier, mit Ausnahme der folgenden:
Arcadia: S. 31 (Erwan Le Marchand) - Candi Presse/Cedeus: S. 87 - Cholet (Renan): S. 89 - Sammlung der Autorin: S. 9; S. 10; S. 18, S. 19; S. 20; S. 21; S. 22 (oben); S. 23 (Mitte), S. 32; S. 33, S. 34 (oben); S. 36 (rechts); S. 70, S. 106 (links), S. 111 (oben), S. 114 (rechts), S. 115, S. 116; S. 117 (oben), S. 118; S. 120; S. 121 (Mitte), S. 124; S. 128 (rechts), S. 129, S. 131 (oben), S. 132; S. 143 (oben); S. 164; S. 167; S. 173; S. 177, S. 179; S. 180 (oben); S. 181 (links); S. 182 (oben) - Collection haribo, Ricqlès, Zan: S. 24 (Mitte), S. 26; S. 71 (rechts); S. 72 (oben, x2); S. 75 (x3) - Christofle; S. 30 (x2); S. 89 (rechts) - Edimédia: S. 27 (Mite, rechts); S. 82; S. 175; S. 16; S. 178 - Explorer: S. 83 (oben), Delpal; S. 83 (unten), Saucez - Giraudon: S. 8; S. 90; S. 91;S. 107; S. 172 - M. de Lorenzo, © by Spadem: S. 121 - Marco Polo: S. 76 (Mitte) - Photothèque des musées de la ville de Paris, © by Spadem: S. 28; S. 29; S. 125 (oben); S. 165 (Mitte); S. 121 (unten, links) - Photothèque du Musée international de la parfumerie, Grasse: S. 46; S. 47 (x2) - D.R.: S. 11; S. 12; S. 13; S. 14; S. 15; S. 98 (x5), S. 42 (x3); S. 169 (rechts, 2x) - APR: S. 34 (oben, links) J. Klein.